幌馬車之歌

藍博洲——著

目錄

史記

以紀實文學結算台灣的「戰後」

陳映真

抗日戰爭結束，台灣光復。從日本殖民地壓迫解放出來的台灣，立刻面對了中國大地上以國共內戰為形式展開的激烈的階級鬥爭。一九五〇年韓戰勃發，繼承英帝國主義上升為世界霸權的、美國所領導的戰後資本主義世界經濟體系，和以蘇共為首的全球性反體系運動的矛盾，攀上了頂峰，冷戰的世界構造形成。在「自由世界」裡，制度化的恐怖、逮捕、拷問、監禁和刑殺，狂濤一般地撲向各國各民族的共產黨人、進步知識分子、民族・民主運動家、作家、教授、學生和工農運動的幹部。在飄揚著「自由」「民主」「人權」「反共」這些五彩旌旗的「自由世界」裡，美國以政治、經濟和軍事力量，在各地支持和強化反共國家安全主義的、軍事次法西斯蒂國家，並且透過留學、人員交換、獎學金、基金會、大眾傳播、「哲學」和「社會科學」甚至於文學藝術，制度性地改寫、歪曲和湮滅歷史。

一九八〇年中期，蘇共中央一位超級諧星戈巴契夫，以全面投降「結束」了冷戰。蘇

1991年出版的《幌馬車之歌》封面

聯和東歐解體。但資本主義世界體系，儘管充滿了複雜的矛盾，面對著無法掩飾的衰退，卻絲毫沒有放鬆它在歷史、哲學、社會科學上的意識形態霸權機制，反有變本加厲之勢。在台灣，戒嚴的法律「解除」。但在廣泛的歷史、政治、文化、社會科學這些意識形態領域，卻依然或者更為反動。冷戰的思維——親美、反共、反中國、反民族的思維不但沒有受到系統的批判，反而在言論、高等教育……中鞏固和強化。

在這樣一個畸形的歷史背景中，藍博洲的《幌馬車之歌》所收關於五〇年代台灣典型地下黨人的紀實報告，成為極少數台灣「戰後反省」「戰後結算」和「戰後批判」的傑出作品之一，是認真的知識分子和讀書界案頭上絕不可少的一本書。

藍博洲在被冷戰政治所湮滅的荒湮的歷史棄塚中，重新發現了在一個狂飆般的時代中生活過、鬥爭過、掙扎過、憤怒過，也深情地愛過的人們。除了王添灯之外，鍾浩東、邱連球、林如堉、簡國賢都是中國共產黨的地下黨人。但藍博洲動人的紀實文學所高舉的，並不止乎是那一個黨的黨人，而是生活在那個最為黑暗、恐怖，充滿了最為凶殘的、組織化的國家和階級暴力的時代，猶原懷著對於幸福和光明最執拗的信念，在是非生死中做艱難的抉擇，為民族和階級的自由粉碎自己，在等候執行死刑前的生活中，猶款款地向自己深愛的妻兒透露無限情懷的一代的人間形象。王添灯是一位進步的殷實茶葉經營者。在二二八事變前，他斥資辦報，表現出在一個充滿非理和暴力時代中風骨嶙峋的報人的道德勇氣。在二二八事變過程中，王添灯和黨人合作無間，表現出一個優秀政治家的勇氣和膽識。及至形勢逆轉，他以大無畏的氣魄面對絕望和失敗，在屠夫面前猶正氣凜然，在被活生生燒死時還罵不絕口。鍾浩東（作家鍾理和的異母兄弟）放棄作為地主階級和殖民地社會中精英知識分子的前途，早早投身抗日烽煙中的祖國，備嘗艱辛。光復後返台，在主持基隆中學校務的同時，從事台灣的階級運動，成為國府在台展開政治肅清史上第一個被破壞的組織而獲案的黨人。韓戰發生後，獄中的他眼看全島組織紛紛破壞，黨人在刑場中前仆後繼。他下定就義的決心，在獄中拒絕「改造」，刻意求死，終於成仁。讀他和愛妻蔣碧玉女士訣別的遺書（原書頁一〇一），難不流淚。邱連球也是當時屏東客家俊秀子弟奔向革命的一例。他為他所熱愛的人民和祖國，對身後的妻子和三女一男，留下了「我愛你們！永遠！非此一時／非僅一日／非只一年／而是永遠。一九五三、三、二三」的吶喊，踏上刑場。林如堉是另一個典型。他出身望族紳豪之家，因資質秀異，進入台北二中，因日常生活中苛烈的民族矛盾，而嚮慕祖國，從少年時代就燃起投身民族解放運動的志向。及長，千方百計投奔抗日戰爭正熾的祖國。戰後返鄉，他和同時代的一些進步青年知識分子參與地下黨的活動，在大肅清中被捕，被拷問，在監禁中又從事獄中鬥爭，終而刑死。當他以青春之軀，在獄中等待赴死時寫給妹妹信子的信中說：

祝福你的幸福，珍惜時光，徹底享受你的一天一天吧。高唱歡喜之歌，狂跳悅樂之舞吧……

林如堉的一代，以激烈的青春，為人的解放，奔向惡魔的鋒鏑，一旦鎩羽而行將就刑，自然對青春有熱烈的嚮往。然而，他所熱烈謳歌的青春不是「尋歡求樂」「消耗」「生命」，而是「建設」，是「對以後的人生所儲存的活力和才能」……

和林如堉一樣，郭琇琮也是為了人真實的解放而背叛自己地主豪紳門第，放棄了似錦前程（台北帝大醫學部出身），跟從單純的反日民族意識，以他廣泛的才能和智慧，奔向當時崛起於全中國的新民主主義革命運動，縱橫全島，吸引了無數本島優秀青年革命家，至今受到尊崇和懷念的戰士。

以早歲留日期間同時深受日本淨土宗開山高僧親鸞上人和基督教社會主義者賀川豐彥的影響，而後成為地下黨人的台灣現實主義戲劇家簡國賢的腳蹤，則充滿了人間之愛，人格的芬芳和受難、虔信及實踐的深刻的倫理性質。

然而，我所不曾預期的是，這樣的一本與當下飽食、冷漠、犬儒的社會完全異質的書，竟而成為《聯合文學》雜誌八十年度十大文學好書作家票選榜首。

有人說過，十九世紀以降，小說這個文學形式的登場，使詩為之枯萎；二十世紀，電視等電子媒介的出現，又使小說趨於委頓。電視迅速地擴大視覺媒介的巨大影響，使文字媒介的文學和哲學的性質脫落，而淪為單純的信息符號，並且成為資本和商品、市場的循環過程中影響深遠的催化劑。於是生活中廣泛現場中的人與生活，歷史中蘊含的真實，都被這種強大的影視媒介，在商品化和世界經濟體系意識形態再生產的要求精巧地檢查、篩選、湮滅、歪曲、再製、廢棄和再包裝。文學商品化了，遊戲化了，從而也無力化了。在這樣的時代，逆流而上的「非小說」（non-fiction）、紀實文學（reportage，「報告文學」）孤軍深入資本主義傳播媒體工業獨裁下的禁區——即廣泛人民生活、勞動的現場民眾史的核心，會見並且重現在「現代」生活中遁跡的人與生活、人與歷史的真實，從而讓人重新感受「現代」生活中難以一見的激動、忿怒、感動、傷痛、哭泣……這些類乎悲劇所造成「清洗」靈魂的效果，而成為文學和學術全面日薄崦嵫的時代，唯一還能改變人生、指導人生……強而有力的文字形式。

從這樣的視角去思索，藍博洲的紀實文學集《幌馬車之歌》成為《聯合文學》作家票選十大好書，就很說明一些事情了。

由一個文學青年，以民眾史的眼界，以紀實文學的形式，在台灣的「戰後」，提出成功、深刻、感人而有力的「戰後結算」，這就是《幌馬車之歌》的突出而值得感謝的成就。

編按：本文原載一九九二年二月《聯合文學》第八卷第四期、總八十八期。文中所評一九九一年初版的《幌馬車之歌》收錄王添灯、郭琇琮、鍾浩東、邱連球、林如堉、簡國賢等在二二八事變及五〇年代白色恐怖時期犧牲的台灣歷史人物的第一手報導。本書僅收錄鍾浩東的部分。其他，關於郭琇琮，另見《消失的台灣醫界良心》（印刻，二〇〇五年）。王添灯另見《消逝在228迷霧中的王添灯》（印刻，二〇〇八年）。林如堉另見《尋找祖國三千里》（台灣人民，二〇一〇年）。邱連球另見《幌馬車之歌續曲》（印刻，二〇一六年）。簡國賢另見《壁》（印刻，二〇二三年）。

凡記下的就存在

侯孝賢

十六、十七年前，我們都在看《人間雜誌》的時候，看到了藍博洲的〈美好的世紀〉和〈幌馬車之歌〉。那兩篇東西真的是先驅。

也是那個時候，我拍了《悲情城市》。就電影技術上的突破而言，是台灣第一部採取「同步錄音」的電影，但某些部分仍得事後補錄或配音。譬如押房難友們唱的《幌馬車之歌》，要有空間聲，不能在錄音室錄，所以特別開拔到金瓜石礦區廢置的福利站空屋去唱，四個人，我、謝材俊、天心，和唯一會日文的天心的母親（劉慕沙），日文歌詞用注音符號標示發音，這樣錄成的。

之後，好像辜負了很多人的期待，我岔開去拍阿公李天祿的故事《戲夢人生》（阿公年紀太大不趕快拍會來不及），要到一九九五年《好男好女》，我才以《幌馬車之歌》為題材，把壓縮在《悲情城市》後半結局的時空重新再做處理。並且從預算中撥出資金拍受難人訪談的紀錄片《我們為什麼不歌唱》，由藍博洲和關曉榮負責執行。

《好男好女》開拍時蔣碧玉還在，次年一月十日她病逝，我們大隊人馬在廣東出外景，包括藍博洲（被我拉來飾演偕同鍾浩東、蔣碧玉夫婦投身大陸參加抗日的蕭道應醫生），大家聽到消息似都茫然無甚感慨。二十五日拍完回台灣，二十六日就是蔣碧玉出殯。喪禮上多是「台灣地區政治受難人互助會」的老同學們，我在分鏡筆記本上隨手寫：再過些年一切也淡忘了，一人只得一生，自然法則，生死成毀無可逃處。

這好像很無情。

對照當時我拍此片採取的結構手段，戲中戲，現實，與往事。戲中戲叫作《好男好女》，正在排練和準備開拍中，背景是一九四〇抗日戰爭到五〇年代白色恐怖大逮捕。現實是九〇年代台灣現狀。往事是飾演蔣碧玉的女演員，與男人一段短暫的同居時光，男人遭狙擊後，她拿到和解金存活至今。三條線最後交織成一起，女演員混淆了她與蔣碧玉，而男人的死似乎替代了鍾浩東。女演員已分不清是半世紀前年輕男女為革命奮鬥的理想世界呢？是半世紀後當下的現實？

看來形式複雜，野心很大，其實可能是一種閃躲。閃躲當時我自己在面對這個題目時候，其實身心各方面皆準備不足的困境。如果今天我來拍，我會直接而樸素的拍。

所以，世人將如何記得這些事呢？有人說：「我們從古至今都一個樣，沒有變得更好，也不會變得更好。歷史上因我們的罪而犧牲的人，簡直是死得輕如鴻毛，我們回報以更多的罪惡。」

那麼「歷史與現場」這套書系有何作用？藍博洲數十年來在這個題目上做的追蹤研究，不是枉然？

當然不是，從來就不是。

歷史就是要有像藍博洲這般一旦咬住就不鬆口的牛頭犬。在追蹤，在記錄，在釘孤枝。凡記下的就存在。

凡記下的，是活口，是證人，不要以為可以篡改或抹殺，這不就是歷史之眼嗎。我無法想像，沒有這雙眼睛的世界，會是怎麼樣的一個世界！

《幌馬車之歌》出版於一九九一年，今天新版再出，我謹以此文與藍博洲共勉。（二〇〇四年九月）

——二〇〇四年增訂版序

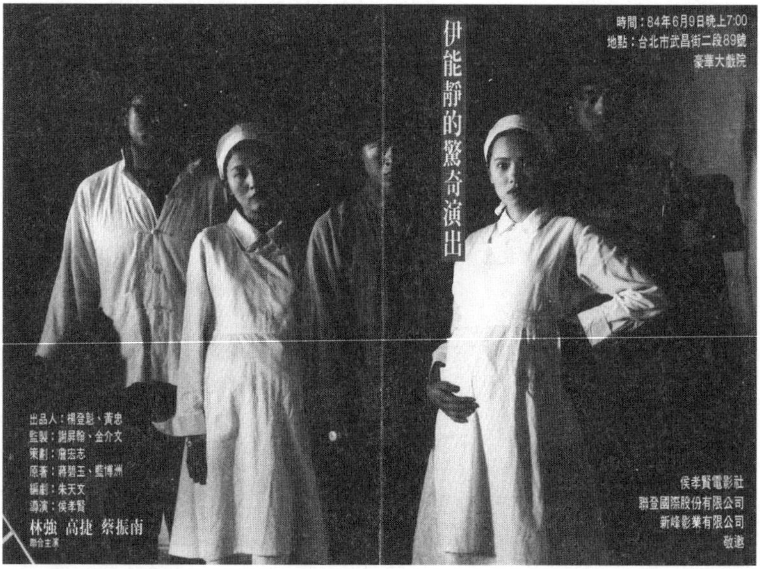

《好男好女》的海報翻拍

幌馬車之歌

序曲：伴著腳鏈聲的大合唱

一九五〇年十月十四日。台北青島東路軍法處看守所。

清晨六點整。剛吃過早餐，押房的門鎖便喀啦喀啦地響了。鐵門呀然地打開。

「鍾浩東、李蒼降、唐志堂，開庭。」

鐵門外兩個面孔猶嫌稚嫩的憲兵，端槍，立正，冷然地站立鐵門兩側。整個押房和門外的甬道，立時落入一種死寂的沉靜之中。原基隆中學校長鍾浩東安靜地向同房難友一一握手，然後在憲兵的扣押下，一邊唱著他最喜歡的〈幌馬車之歌〉，一邊從容地走出押房。於是，伴奏著校長行走時的腳鏈拖地聲，押房裡也響起了由輕聲而逐漸宏亮的大合唱……

蔣碧玉：我是鍾浩東的太太。這首〈幌馬車之歌〉很好聽，是我們剛認識時，浩東教我唱的。它的歌詞大概是說：黃昏時候，在樹葉散落的馬路上，目送你的馬車，在馬路上晃來晃去地消失在遙遠的彼方。在充滿回憶的小山上，遙望他國的天空，憶起在夢中消逝的一年，淚水忍不住流了下來。馬車的聲音，令人懷念，去年送走你的馬車，竟是永別。浩東是情感豐富的人，所以很喜歡唱這首歌。他曾經告訴我，說每次唱起這首歌，就會忍不住想起南部家鄉美麗的田園景色。

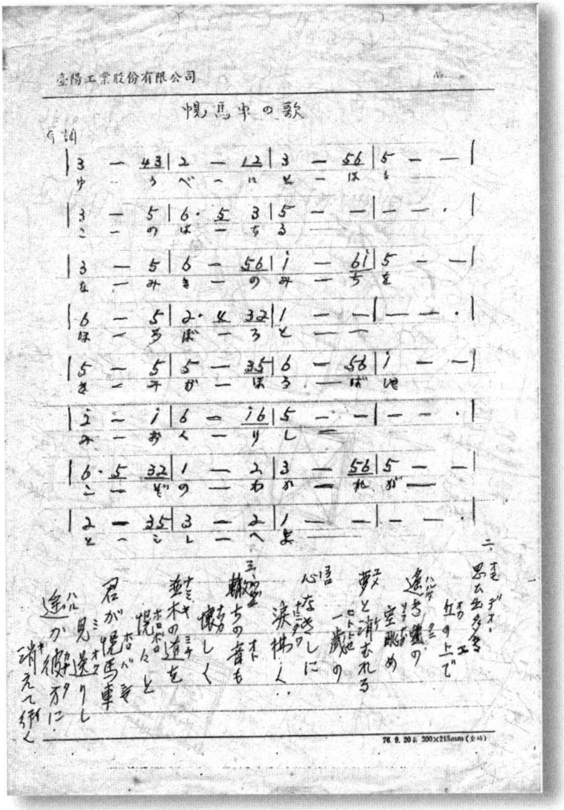

蔣碧玉手抄〈幌馬車之歌〉簡譜

1990年的蔣碧玉與1935年的鍾和鳴〔何經泰／攝影〕

第一樂章：故鄉

我少時有三個好友，其中一個是我異母兄弟，我們都有良好的理想。我們四個人中，三個人順利地升學了，一個人名落孫山，這個人就是我。這事給我的刺激很大，它深深地刺傷我的心，我私下抱起決定由別種途徑趕上他們的野心。這是最初的動機，但尚未成形。

有一次，我把改作後的第一篇短文〈雨夜花——描寫一個富家女淪落為妓的悲慘故事〉拿給我那位兄弟看。他默默看過後忽然對我說，也許我可以寫小說。我不明白他這句話究竟出於無心抑或有感而發，但對我來說，卻是一句極可怕的話。以後他便由台北，後來到日本時便由日本源源寄來世界文學及有關文藝理論的書籍（都是日文）給我。他的話不一定打動我的心，但他這種做法使我繼續不斷和文藝發生關係則是事實。我之從事文藝工作，他的鼓勵有很大的關係。

——鍾理和：〈我學習寫作的過程〉（一九五七年參加《自由談》雜誌徵文的自述）

有一次，我把試作的第一篇短文拿給我那位兄弟看。他點了頭，看過後忽然對我說：我可以寫小說。我不明白他這句話是出于無心抑有所感而言，但對我來說，却是一句極有份量的話。以後他便由台北、後來到日本時便由日本源源寄來世界文學及有關文藝理論的書籍——都是日文——給我。他的話不一定打動我的心，但他這種做法使我繼續不斷和文藝發生關係則是事實。我之從事文藝工作，他的鼓勵有大關係。

鍾理和〈我學習寫作的經過〉〔鍾鐵民／提供〕

鍾浩東，本名鍾和鳴，日據下的一九一五年十二月十五日（農曆九月二十五日），生於阿猴廳高樹庄大路關，也就是現在的屏東縣高樹鄉廣興村。鍾家祖籍廣東梅縣白渡鎮嵩溪村。世居屏東，代代業農。和鳴的父親鍾鎮榮娶了兩個老婆，大老婆育有和鳴與里義二子，小老婆則生有里虎、理和與里志三子。

鍾里義：父親因為不滿日本的殖民統治，在報戶口時，憤而改報為鍾蕃薯。蕃薯的意思當然是指台灣了。父親經常往來海峽兩岸做生意，後來（一九三二年）遷居現在的美濃尖山，經營農場。日據時代，屏東郡守看到父親，都要親自端椅，延請入座。六堆一帶的客家父老很少有不知道鍾蕃薯的。

蔣碧玉：浩東的母親，也就是我婆婆，曾經告訴我，說算命仙曾經勸她，要幫老公娶一個小老婆，不然他們夫婦倆有一個會先死。她相信了，就給公公娶個小老婆。

鍾里義：和鳴與理和差不多同時出世，前後只差二十多天而已。小時候聽母親說，剛出世時，理和白白胖胖的，因為屬狗，家裡人就暱稱他為「小狗鬼」或「阿戍」；和鳴卻又

鍾浩東的父親鍾鎮榮（1894-1943）〔鍾鐵民／提供〕

瘦又黑，像個小老鼠，家人就暱稱他「阿謝仔」。那時候，父親喜歡抱長得白白胖胖的理和；他眼裡還看不見和鳴。後來，我們幾個兄弟在私塾，跟著從原鄉來的，愛吃狗肉的劉公義先生讀漢書。

鍾理和：他人微胖，紅潤的臉孔，眼睛奕奕有神，右頰有顆大大黑黑的痣，聲音宏亮……只是很多痰，並且隨便亂吐。還有，愛吃狗肉，尤其是乳狗。那時村裡幾乎家家都養狗，要吃狗肉是極隨便的。因此不到兩年，他的身體更胖了，臉色更紅了，但痰更多了。

他在我們村裡教了三年書，後來脖上長了一個大瘡，百方醫治無效，便捲了行李走了。但據說，後來死在船上，屍首被拋進海裡。村人都說他吃狗肉吃得太多了，才生那

1981年鍾鐵民在家墓恭撰的「鎮榮公」行誼〔藍博洲／攝影〕

個瘡的。不過他教學有方，且又認真，是個好先生，因而村裡人都很以為惜。

鍾里義：兩年期間，阿謝背書，都可從頭到尾流利背誦，並且不漏一字。有一回，阿謝不小心漏背了一個字。坐在一旁監書的劉先生，立刻以手中的黃藤條，用力抽打阿謝的屁股。怎知，阿謝卻回頭，把拿在手上的書，對準劉先生甩了過去，憤憤地說：「兩年來，我背書從來沒有漏過字，為什麼現在不小心漏背一字，你就要打我。」阿謝這麼說，劉先生也沒因此再處罰他。當天晚上，劉先生還特地去面會父親，說：「鍾先生，你這個子弟十分天才。日後，你即使再困難，也一定要賣光財產，供給他讀書，好好栽培。」從此，父親才開始注意到小時候長得並不起眼的阿謝哥，非常重視他的教育。

在私塾讀了兩年的漢詩文後，和鳴與理和同進鹽埔公學校，改讀日本書。

鍾理和：到公學校五六年級，開始上地理課；日本老師時常把「支那」的事情說給我們聽。兩年之間，我們的耳朵裝滿了「支那」、「支那人」、「支那兵」各種名詞和故事。這些名詞都有它所代表的意義：支那代表衰老破敗；支那人代表鴉片鬼，卑鄙骯髒的人種；支那兵代表怯懦，不負責等等。

鍾里義：公學校畢業後，和鳴經校方推薦，不必經過考試即可保送長治公學校高等科。但日本人之所以設立二年制的高等科，其實暗含著「歧視教育」的用意。首先，它想利用「高等」的美名來籠絡台灣人民，使其不求上進；其次，高等科完全是簡易的職業教育，與上級學校缺少聯絡，對於有志升學的台灣人子弟設定了極大的限制。因此，和鳴拒絕保送，相偕與童年好友——邱連球、鍾九河及同年的異母兄弟理和，一起參加高雄中學的入學考試。結果，其他三個人都金榜題名，只有理和因體檢不通過而落第。這事很刺傷理和，但也因此使他日後成為一個作家。

蕭道應：我是鍾浩東的雄中同學。一九一六年出生於屏東佳冬，剛滿六歲便進入佳冬公學校就讀，然後循序由公學校、公學校高等科，而於一九二九年考進高雄中學校。

日本殖民體制的公學校教育充滿軍國主義色彩。它不但在教學方式上採取著眼於整齊和嚴肅的機械注入法，在訓導上採

1992年蔣碧玉在長治公學校高等科舊址〔藍博洲／攝影〕

鍾理和（中）及弟弟鍾里義（右一）與姑表邱連球（左一）〔鍾里義／提供〕

用嚴厲體罰的消極手段，而且通過學唱日本歌，培養兒童勇敢、好勝和鬥狠、蠻幹的體育教學等課程，灌輸台灣學童皇民意識。表面上似乎比以前有所進步了，實質上卻存在著民族歧視下的差別待遇，台日兒童不能共學，日本學童進的是修業年限八年的小學校，不論是課本程度、師資和學校設備都遠遠超過公學校。因此，小學校畢業生的升學率也大大勝過公學校畢業生。一九二二年，殖民當局新台灣教育令規定中等以上學校實行「內（日）台共學」制。表面上，日台學生之間在教育政策上的差別待遇大致撤除。但是，因為日台人新生錄取名額的差異，入學考題完全取自日人小學使用的教科書，以及主持所謂「錄取會議」日語口試的校長和教員大都是日本人等原因，台灣學生能夠進入中等以上學校的機會，還是遠遠不及日本學生。根據台灣總督府統計，我考進雄中那年，台灣一共有十所中學校，其中，教員二百二十三人，台灣人卻只有四名；學生四千五百九十七人，台灣人也只有一千八百七十五人。

我認為，日本帝國主義對台灣人的教育，無非是為了改變我們的心智，使得我們能夠更為有效地受它統治。我跟鍾浩東，基本上就是日本帝國主義通過麻醉教育，刻意要培養成為「皇民意識發揚」的一代人。但我出身抗日世家，民族意識強烈，就讀公學校期間即痛恨充滿軍國主義色彩的皇民教育，可年幼的我卻只能在內心咒罵來維持精神的獨立。到了中學時代，我開始自覺地抵抗日本的同化教育了。殖民當局非常注意中學校學生的生活管理與同化工作。我就故意違反學校規定，在入學一個月後，仍然一直穿著傳統的台灣衫上學。因為這樣的表現，我當然受到校方嚴厲的處罰。也因為這樣的抵抗姿態，我結識了同樣具有強烈民族意識的客籍同學鍾和鳴，日後並同赴大陸，投入祖國的抗日戰爭。

鍾理和：年事漸長，我自父親的談話中得知原鄉本叫作「中國」，原鄉人叫作「中國人」；中國有十八省，我們便是由中國廣東省嘉應州遷來的。後來，我又查出嘉應州是清制，如今已叫梅縣了。

雄中時期的蕭道應（第一排右一）〔蕭道應／提供〕

父親和二哥自不同的方向影響我。但真正啟發我對中國發生思想和感情的人，是我二哥（和鳴）。我這位二哥，少時即有一種可說是與生俱來的強烈傾向——傾慕祖國大陸。在高雄中學時，曾為「思想不穩」——反抗日本老師，及閱讀「不良書籍」——《三民主義》，而受到兩次記過處分，並累及父親被召至學校接受警告。

鍾里義：在雄中時，和鳴依舊喜歡和日籍老師辯論，那些日本人常常被他質問得無力回答。那時候，和鳴已經在偷偷閱讀《三民主義》了。有一回，和鳴在課堂上偷閱大陸作家的作品被老師當場抓到而遭到辱罵。和鳴不甘示弱地替自己辯護道：「做一個中國人，為什麼不能讀中文書。」日籍老師惱羞成怒，舉鞭抽打和鳴，大罵道：「無禮！清國奴！」和鳴不堪其辱罵，隨手抓起桌上的書，擲向那日籍老師。事後，校方通知家長到校約談。父親不理會日本人，就由里虎大哥前去。到了學校，里虎大哥直截了當地告訴校方管理人員，說子弟既然送給學校教育了，好壞都是學校的事，與我家無關。

經過這次事件的刺激，再加上平日閱讀《三民主義》及五四時代的作品的影響，和鳴因此產生憧憬祖國的情愫。中學校二年級時，和鳴即向父親提出欲赴大陸留學的計畫。父親因為做生意的關係，每年都會到大陸一趟，對大陸的情況比較瞭解，所以不贊成。但是和鳴的祖國情愫也感染了理和，致使他在後來帶著台妹私奔東北。

鍾理和：父親正在大陸做生意，每年都要去巡視一趟。他的足跡遍及沿海各省，上自青島、膠州灣，下至海南島。他對中國的見聞很廣，這些見聞有得自閱讀，有得自親身經歷。村人們喜歡聽父親敘述中國的事情。原鄉怎樣，怎樣，是他們百聽不厭的話題。父親敘述中國時，那口吻就和一個人在敘述從前顯赫而今沒落的舅舅家，帶了兩分嘲笑，三分尊敬，五分歎息。因而這裡就有不滿，有驕傲，有傷感。他們衷心願見舅舅家強盛，但現實的舅舅家卻令他們傷心，我常常聽見他們歎息：「原鄉！原鄉！」

鍾里義：父親勸阻和鳴，說大陸的教育並不比台灣發達，要他還是在台灣念吧。和鳴不以為然，說父親所看到的是幾年前的大陸，何況現在國家正需要青年投入才會進步發達。父親勸不過和鳴，就讓他去了。他從大陸遊歷歸來後同父親說：「的確！你說的一點沒錯。目前，大陸的教育事業是不比台灣發達。」

鍾理和：中學畢業那年，二哥終於請准父親的許可，償了他「看看中國」的心願。他在南京、上海等地暢遊了一個多月，回來時帶了一部留聲機，和許多蘇州、西湖等名勝古蹟的照片。那天夜裡，我家來了一庭子人。我把唱機搬上庭心，開給他們聽，讓他們盡情享受「原鄉的」歌曲。唱片有：梅蘭芳的《霸王別姬》、《廉錦楓》、《玉堂春》，和馬連良、荀慧生的一些片子。還有粵曲：〈小桃紅〉、〈昭君怨〉；此外不多的流行歌。

粵曲使我著迷；它所有的那低迴激盪、纏綿悱惻的情調聽得我如醉如癡，不知己身之何在。這些曲子，再加上那賞心悅目的名勝風景，大大的觸發了我的想像，加深了我對海峽對岸的嚮往。

鍾里義：和鳴前往大陸並沒有向學校請假或辦休學手續。校方原本欲以「行為不正」的理由給他退學處分。然而，因為和鳴的成績一直都維持在一至五名之內，校方覺得像他成績這樣好卻讓他退學，實在可惜。於是，經過協商後，放棄退學處分，改以那個學期全班最後一名的成績處罰他。

第二樂章：戰雲下的戀曲

知道了浩東的計畫後，我立即對他這項兼具嚴肅的民族主義與浪漫的革命情懷的行動，感到莫名的嚮往。有一天，他終於也來招募我了。

「你和棠華怎麼樣了？」他先是裝作無心地問說。

「什麼怎麼樣？」我回他說：「大家都是好朋友嘛！」

「我是不打算結婚的。」他突兀地說。

「笑話！」聽他這樣說，我忍不住不高興地回他說：「我又沒有說要嫁你！也不是因為這樣我才拒絕他們的。」

浩東沒說什麼，只是靜靜地看著我，然後嚴肅地對我說：

「跟我一起到大陸奮鬥吧！」

——蔣碧玉（一九八八年三月十九日）

病後初癒的青年鍾和鳴〔蔣碧玉／提供〕

初識鍾和鳴的少女護士蔣碧玉〔蔣碧玉／提供〕

一九三三年，修完高雄中學校四年課程後，蕭道應通過競爭激烈的入學考試，進入台北高等學校高等科第九屆理科乙類。鍾和鳴因為到大陸遊覽考察的關係，第二年，也就是一九三四年四月，才以同等學力的資格，考入台北高校第十屆文科乙類，同班共有三十名學生，其中日本人學生二十七名，台灣人學生三名，即鍾和鳴、林道生和出身台中一中的楊基銓。就讀台北高校期間，鍾和鳴因為生病住院而認識了擔任護士的蔣碧玉。

蕭道應：當時日本全國共有三十八所作為大學預備教育機關的高等學校，其中一所是一九二二年四月創設尋常科的台灣總督府台北高等學校（簡稱台北高校），一九二五年繼設高等科，分文、理兩科。

鍾和鳴（左脫帽者）與台北高校同學〔蔣碧玉／提供〕

文科學生的出路是進入大學的文學、法學、經濟學及商學等學部。理科則進入大學的醫學、理學、工學、農學等學部。各科均分甲、乙兩類。甲類以英文為第一外國語言，德文為第二外國語言。乙類則以德文為第一外國語言，英文為第二外國語言，均是必修課目。修業年限三年。入學資格為該校尋常科畢業或中學校修業四年者。考試科目與日本本土的高等學校大致相同。每年只招考應收新生人數（大約一百三十名）的一半，另外一半則由尋常科畢業生四十名和各公立中學校長推薦應屆畢業或四年肄業的優秀學生約十餘名免試入學。因為台北高校及各中學的校長都是日本人，所以日本學生進入台北高校的機會自然遠遠超過台灣學生。高等學校又是當時進入日本八所帝國大學的惟一途徑；非高等學校畢業生無法進入其中的任何一校。所以，高等學校是中學校學生最仰慕的學校。

蔣碧玉：高校生戴的帽子有兩條環繞帽徽的白線。戴上那頂帽子是很不容易的，尤其是台灣人。因此，那也是當時少女崇拜的對象。浩東與蕭道應、鍾九河等從南部來的客家青年的租所，就叫白線寮。

鍾里義：高校二年級時，和鳴寫信回家，說是患了肺病，住進台北醫院（今台大醫院）。父親非常痛惜這個兒子，生怕他病逝，竭盡心力要把他治好，買了好多高貴的藥材寄給他。幸好，九河回鄉時告訴父親，和鳴並沒有罹患肺病。父親這才放心。九河告訴父親，說和鳴在台北幾乎總是夜讀到深夜一、兩點，早上五、六點又爬起來讀書，因為用功

戴白線帽的鍾和鳴（以燈柱算起右四）與台北高校同學〔蔣碧玉／提供〕

過度，患了輕微的精神衰弱症，受了涼，咳嗽不止，就疑心自己患了肺病。父親於是要和鳴辦休學，住院，靜養半年才出院。也就在住院期間，和鳴認識了碧玉嫂。

蔣碧玉：我跟浩東是在戰爭低氣壓籠罩的時期認識的。那年，我才十六歲，在台北醫院看護婦養成所學習兩年後，按規定留院義務服務一年。那時，就讀台北高校的浩東，因為讀書過於用功，患有精神衰弱症而住院療養。那天，我依例到各個病房，探顧病人的狀況。當我巡看浩東的病房時，他突然與我寒暄。「你也姓鍾嗎？」他先是用日文問我。「是的。」因為鍾和蔣的日文發音相同，我於是回答他說：「我姓蔣，蔣介石的蔣。您呢？」「我姓鍾，不姓蔣。」他笑了笑，改口用閩南話回答我。「不過，你應該說是蔣渭水的蔣。」「沒錯！我就是蔣渭水的女兒。」我略顯驕傲地打斷他。然後向他解釋說，我並不是渭水先生的親生女兒。蔣渭水原本是我舅舅，因為他的二老婆阿甜（陳精文）喜歡我，八歲那年就過繼給他做女兒。

蕭道應：蔣渭水在台灣總督府醫學校就學期間就非常關心祖國的革命運動，畢業後在台北市太平町二丁目（今延平北路二段）開設大安醫院，以仁術濟世，並參與台灣議會請願運動，奔走四方，籌組台灣反日統一戰線的團體。一九二一年十月十七日，由台灣知識分子組織啟蒙會改組的新民會，聯合台灣其他進步團體和個人，在靜修女學校正式成立台灣文化協會，推舉林獻堂為總理，蔣渭水為專務理事，展開台灣抗日民族運動的文化鬥爭。一九二七年一月，台灣文化協會左右分裂；左派取得領導權。蔣渭水與林獻堂等人另創台灣民眾黨，主張確立民主政治建設、合理經濟組織、革除社會不良制度。一九三〇年八月，台灣民眾黨內林獻堂、楊肇嘉等一部分地主資產階級利益的代表，因為不同意蔣渭水一派重視勞工運動的傾向，於台中市醉月樓正式成立以「確立台灣地方自治」為目的的台灣地方自治聯盟，以林獻堂為顧問，並選出清水（舊稱牛罵頭）大地主家庭出身的楊肇嘉等人為常務理事。楊肇嘉前後主持台灣地方自治聯盟六年，曾經兩次攜帶改革台灣地方制度建議書上東京請願。一九三五年十一月十二日，殖民地台灣舉行改正地方自治制度第一次選舉，楊肇嘉領導聯盟在各地積極參選；選後並於台中市樂舞台召開選舉報告演講會，頗呈盛況。但自此以後，自治聯盟的存在就似有似無，竟不聞有任何活動消息了。

楊基銓：鍾和鳴君有濃厚的民族意識，為人熱情，意識形態略偏左傾，他對於前一輩的人士所做的民族社會運動，相當有認識。有一次，他問起我當時擔任台灣地方自治聯盟之負責人，而向日本政府爭取地方自治的堂叔楊肇嘉的思想。鍾君關心台灣關懷社會，實在難能可貴。

蔣碧玉：我聽說，生父戴旺枝是渭水先生非常要好的朋友，家裡很有錢，把自己幾乎所有的財產都拿來支持渭水先生，從事抗日運動。渭水先生也一手促成他和么妹（也就是我母親）的婚姻。

蔣渭水與陳甜（左一、二）〔蔣碧玉／提供〕

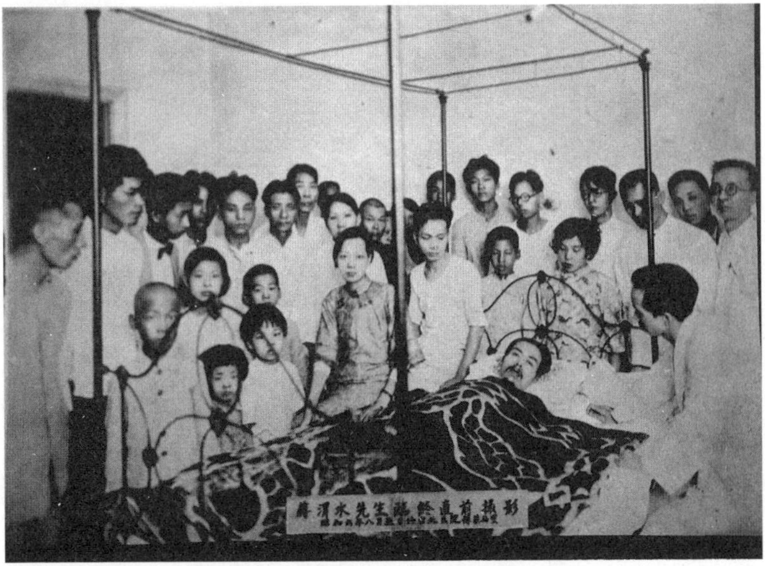

蔣渭水臨終前與親友同志於台北醫院〔蔣碧玉／提供〕

一九三一年二月民眾黨改組，反對總督統治、宣傳階級鬥爭；隨即遭到台灣總督府禁止結社的處分。同年八月，渭水先生不幸病逝台北醫院，遺囑交代：「台灣社會運動已進入第三期，無產階級的勝利迫在眉睫。凡我青年同志須極力奮鬥，舊同志要加倍團結，積極援助青年同志，期望為同胞之解放而努力。」

渭水先生病逝時才四十二歲。我剛滿十歲，就讀於蓬萊女子公學校，擅長唱歌跳舞。因為家裡馬上面臨的經濟壓力，我原先懷抱到日本上野音樂學校深造的理想也遭到阻礙。阿甜媽媽是有一點積蓄。可是想到自己還要好幾年才有資格考上野音樂學校，年幼的我實在也不忍心花費她的錢來滿足自己的興趣。因此，蓬萊高等科畢業後，我就放棄報考第三高女的機會，報考台北醫院看護婦養成所，開始了我少女護士的生涯。

這樣，我有機會遇到生病住院的浩東。更因為渭水先生，我和浩東有了初步的認識。在那天的談話中，我還記得，浩東告訴我，渭水先生逝世時，他剛好赴大陸瞭解祖國的社會狀況。噩報傳到上海，各界人士殊為惋惜，各大報館都有發表消息，並介紹他從事解放運動的概要。在台籍前輩石煥長、張月澄、莊希泉等人發起的追悼會上，浩東說，他還當場痛哭了好久。

基於殖民地青年共有的民族意識，相識以後，我們也就相交得更加密切而深刻。但是，台北醫院看護婦養成所規定，如果我們在義務服務期間被查到交男朋友便會遭到退學處罰，還得償還學費。浩東知道我是一九二一年在大安醫院出生的，就說他比我大六歲，兩人日文發音又是同姓，於是認我做妹妹。

浩東出院後，我經常利用下班時間到古亭町白線寮，找他與蕭道應、鍾九河等從南部來的客家青年。他們的民族意識很強，規定在白線寮不准講日語。我不是客家人，不會聽講客家話，所以例外。因為鍾、蕭、蔣的日語發音統統都是「秀」，於是經常聽到有人叫「秀」，就是不知道叫那一個「秀」。我就這樣在白線寮跟著浩東與他那些當時女孩子最為愛慕的、戴白線帽的高校青年讀書，討論，聽古典音樂。假日，我們則相約去郊遊爬山。

蕭道應：一九三六年一月一日台北帝國

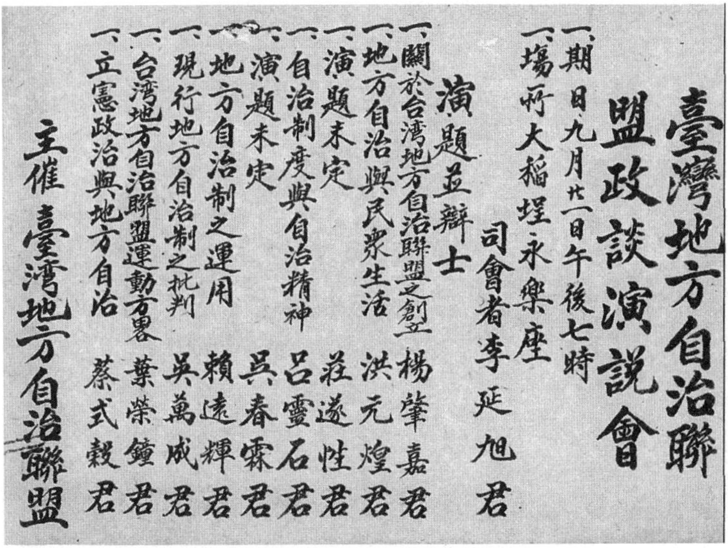
臺灣地方自治聯盟政談演說會

一、期日 九月廿一日午後七時

一、場所 大稻埕永樂座

司會者 李延旭君

演題並辯士

一、關於台灣地方自治聯盟之創立 楊肇嘉君

一、地方自治與民衆生活 洪元煌君

一、演題未定 莊遂性君

一、自治制度與自治精神 呂靈石君

一、演題未定 吳春霖君

一、地方自治制之運用 賴遠輝君

一、現行地方自治制之批判 吳萬成君

一、台灣地方自治聯盟運動方畧 葉榮鐘君

一、立憲政治與地方自治 蔡式穀君

主催 臺灣地方自治聯盟

自治聯盟報告演講會節目表〔台灣民眾文化工作室收藏〕

大學增設醫學部。同年三月台北高校畢業後我又考進醫學部第一屆。來自南部的許強和邱林淵（李辰）等講閩南話的同學，也因此常常出入白線寮。通過學習討論，我們在認識事物的觀念上都認為觀察世上的一切事物與現象要採取運動的觀點——因為今日之我並非明日之我，今日之友並非明日之友；世界上沒有一概不動、一成不變的事物。任何事物都有發生、發展和滅亡的歷史，都要經歷一個運動過程。運動是物質的存在形式和根本屬性，靜止則是物質運動的特殊形態。世界上沒有絕對靜止的東西，任何事物都在變。變是絕對的、永恆的、無條件的，而靜止則是相對的、暫時的、有條件的。我們日常所討論的主要思想問題包括：如何通過互相排除排外的動物本能，而摒棄閩客之

蔣碧玉（右一）與殖民地台灣的「南丁格爾」〔蔣碧玉／提供〕

就讀護士學校的蔣碧玉（左）與同學〔蔣碧玉／提供〕

間狹窄的族群意識。在迷信、命運、家庭和宗教的問題上，反迷信和反宗教都只是形式，本質是要反對封建意識。在反對日本殖民統治的課題上，我們一致反對一切以改良主義手段或爭取台灣人權利為名的合法鬥爭。在民族的身分認同上，我們都認為自己是中國人，是華僑，不是日本人。在台灣的日本人都認為台灣是他們的，所以自稱「內地人」，台灣人則是「本島人」。對此，我們最消極的態度就是稱他們為「日本人」，絕不稱呼「內地人」。當我們跟他們對話，不得不提到「日本人」時，都改用「你們」來稱呼；提到「台灣人」時，就用「我們」來稱呼。這些雖然只是生活上無關緊要的小節，可我們卻很認真地對待。整個問題的重點是，不要忘了我們是中國人的事實。這樣的思想認識，自然就規定了我們以後必走的反帝反封建的正確道路。

一九三七年，殖民地台灣的「皇民化運動」進一步展開。台灣總督府規定：四月一日起，一切學校、商業機關都不准使用漢文，台灣各報章雜誌的漢文版也一律撤廢。七月七日，日本帝國主義發動盧溝橋事變，全面侵略中國。八月十日起，台北實施燈火管制；十五日，日本帝國台灣軍司令部宣布：全台灣進入戰時體制。與此同時，學北京話竟然成為台北的風尚。為了準備日後回大陸參加抗戰，我們也請了一個女老師黃素貞來白線寮教北京話。

黃素貞：我是汐止人，四五歲時隨養父遷居福州。中日戰爭爆發後，日本當局強制台

1921年蔣碧玉在大安醫院二樓出生〔蔣碧玉／提供〕

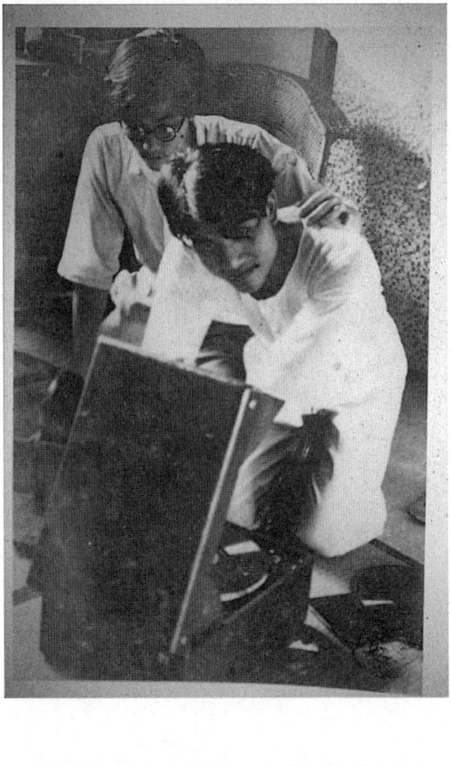

在白線寮的鍾和鳴（前）與蕭道應〔蔣碧玉／提供〕

蔣碧玉與鍾九河（戴白線帽者）等人郊遊〔蔣碧玉／提供〕

蔣碧玉與鍾和鳴爬面天山〔蔣碧玉／提供〕

童年時代
我是1921年生在台灣台北市延平北路二段現在是義美西餅
店二樓。過去日治時代太平町二丁目大安医院(先父開的)
二樓，一共三個店面中間是大安医院左間是文化書局、右
間是台灣民報社。我不是蔣渭水先生親生的，是他小妹生
給他們。因為他們到台北來都住在一起，故我是在他家生
生的長大。聽說生父戴旺枝是先父渭水的很要好的朋
友，故這个妹夫是他找給妹妹的。生父家是很有錢，他的
伯父是秀才，生父人很老實。他把所有的財產都獻給他做
抗日民族解放運動的資本。當然他本身也參加革命行列。
不過他都是在幕後，是一个幕後英雄。相信很多抗日前
輩都認識他，記得我六歲那年他們都離開大安医院搬出外

蔣碧玉晚年回憶殘稿之一

灣人撤出福州。我於八月十九日隨家人搭船返台後，就經由一位朋友介紹，成為鍾和鳴、鍾九河、蕭道應等幾個客家青年，還有台南佳里人的許強等青年學生的北京話老師。他們的民族意識強烈，熱愛祖國。我除了教他們北京話之外，也教他們唱〈總理紀念歌〉，以及抗戰歌曲。例如，描寫九一八事變後大批革命青年流亡到上海和全國各地，從事抗日救亡運動的電影《風雲兒女》的主題歌，也就是田漢作詞、聶耳作曲的〈義勇軍進行曲〉。因為大家年紀差不多，下了課，大家就會討論思想問題，以及中日戰爭的最新局勢。他們認為，這次的中日戰爭實質就是關係著中華民族生死存亡之戰，我們與其在台灣這樣活下去，不如回大陸參加抗戰。這也是他們學北京話的目的。後來，大家決議：既然大部分人是學醫的，那麼，就乾脆組個醫療服務團。

蔣碧玉：通過在白線寮認識的朋友們的分析，我知道了日本帝國主義侵略中國的戰爭真相。有一次，我們一起參加不得不參加的慶祝「勝利」的提燈遊行，當隊伍走到西門町圓環時，許強指著噴水池中四個噴水的水牛銅像對我說：「你看，我們台灣人民就像那四隻水牛。」我不解地問怎麼說呢？他就說，我們辛勤勞動的收穫，就像水一

黃素貞〔黃素貞／提供〕

樣，在日本帝國主義的壓榨剝削下，統統都吐出來了。當隊伍經過總督府時，他又故意讓燈燒掉，以示抗議。我也跟著這樣做。

因為大陸的戰事關係，日本帝國台灣總督府發布命令，說要挑選一批派赴廣東戰區的軍伕，這當中，通廣東話的客家青年是優先考慮徵調的對象。尚未完成高校學業的浩東於是離開台灣，前往日本，並以同等學力的資格考上明治大學，攻讀政治經濟。

楊基銓：鍾和鳴於二年級暑假後就突然失蹤，不再來校。我雖感意外，但由他個性來看，我想必有其原因。

蔣碧玉：浩東回台省親時，我跟他談到有關盧溝橋事變的真相等種種事情。浩東聽了驚訝地問說誰告訴你這些事的？我回答說是許強。他於是感慨地說：「他為什麼現在就讓你知道這些事？我還希望能讓你多快樂一兩年呢。」我這才知道，浩東之所以逃到日本，是為了尋找奔赴祖國大陸參加抗戰的道路。也因為決心投入抗戰的行列，他早就抱著獨身主義的決心了。有一次，我們一群人去

台灣殖民當局的宣傳畫報〔台灣民眾文化工作室收藏〕

許強（1913-1950）〔劉順娣／提供〕

草山，我與浩東脫隊，結果迷路了。當我們走到山裡的旅館時，天已經暗了。由於沒有路燈，下山危險。他就訂了一個房間，打算休息一晚，天一亮就下山。因為累了，我一躺下來就要睡著了。可浩東躺了一會就爬起來。「起來。」他一邊搖我一邊說：「不管怎樣，我們今晚一定要下山。不然會出事的……」我聽不懂他話裡的意思，不肯起來。他不管我如何撒賴，非要我起來不可。最後，我只好爬起來，跟著他摸黑走下山。那時候，少女的我對男女情愛猶渾然不解，也不知什麼時候起竟不自禁地愛上浩東。然而，他一直暗中撮合我與他的同鄉好友鍾九河之間的愛情。九河是個優秀的客家青年。他曾經對我說，他在聽貝多芬的〈田園交響曲〉時，腦海中自然會浮現穿著白衣的我從花園中走出來的畫面，非常漂亮。也許是我已不自覺地愛上浩東之故吧！我終究不曾對九河有過男女愛戀之意。九河知我對他沒什麼意思，非常難過。因為這樣，身體不好，患有腎臟病而不能喝酒的他，竟然在高校畢業那天，喝了好多的酒。

鍾潤生：我們家三兄弟，我是老大。九河是老三，從小長得好，念公

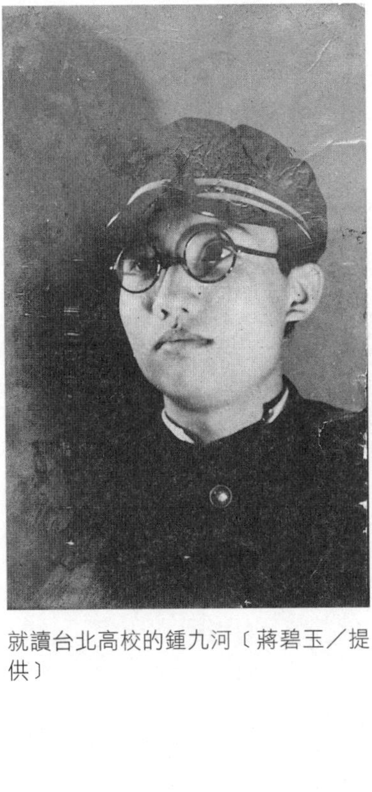

就讀台北高校的鍾九河〔蔣碧玉／提供〕

學校時，日本人校長還誇他是美男子。他在雄中讀書時喜歡划船。因為運動過度，腰仔受了內傷。鄉下醫生診斷錯誤，拖延醫治，就變成慢性的腎臟炎了。這種病，沒藥醫，就是要注意忌口，不能吃鹹。和鳴這些人也很照顧他。我記得，九河讀台北高校時，跟和鳴他們住一起。我曾經到台北看過他。他們雖然請了一個歐巴桑煮飯，卻吃得很清淡。客家人的口味一般都比較吃鹹。為了九河的健康，他們的菜都不放鹽；要吃鹹，就另外蘸醬油。年輕人重吃，和鳴他們能做到這樣，真是難得。

蔣碧玉：浩東離台前，看我與九河之間的感情並沒有進展的可能，又撮合我與另外一個好友，也是優秀有志的客家青年鍾棠華。在日本的他仍然常常給我寫信，談學問，分析中國的戰局等等。我也一如以往，常到古亭町找棠華、九河等人，讀書，討論，或者郊遊爬山。可我並沒有想到男女情愛之事。有一回，棠華邀我到南部老家玩。我因為沒去過南部，就跟著去了。我記得，鍾家的婦人家還笑我，說這個台北小姐連大鍋蓋都打不開。我不知道他們這些玩笑話背後有什麼特別的意思。後來，我說給浩東聽。浩東就笑我說你去給人家看新娘還不知

1992年鍾潤生與二弟在屏東長治鄉〔藍博洲／攝影〕

道。

鍾里義：後來，九河兄就因腎炎病故了。他留下自己長年戴著的手錶，說要給和鳴做紀念。臨死前，他還特別向里虎哥要求道：「和鳴以後若缺錢用，希望里虎兄一定要給予援助。」我們家的財務向來是里虎哥在管。中學時代，和鳴每月的生活費都必須經過里虎哥之手申請，而里虎哥總是要七折八扣後才給他。九河兄因此經常援助和鳴。我想，九河兄即使不早逝，日後必定也會與和鳴走上同樣的道路吧。

鍾潤生：高校畢業後，九河本來要去讀京都帝大法學部，因為病了，就沒過去。那時，台北帝大農學部第三屆畢業的二弟也剛好生病。九河病逝後，接連的厄運就讓父親相信家裡的地理、風水不好，於是聽從風水師建議，把九河葬在母親的風水裡頭。九河沒有結婚生子。父親說，這樣，他以後就不會沒人祭拜而變成孤魂野鬼了。

蔣碧玉：浩東從日本回來，一定都會去找九河。可是他卻從沒告訴九河要去大陸參加抗戰的計畫。浩東那人很會考慮東，考慮西。他怕九河難過，所以沒有告訴他。九河知道了，因此有點氣浩東。後來，他也才向我透露正在籌備的計畫：暫停學業，積極招募同志，一起奔赴祖國大陸，投入抗日戰爭。我立即對他這項兼具嚴肅的民族主義與浪漫的革命情懷的行動，感到莫名的嚮往。有一天，他終於也來招募我了。你和棠華怎麼樣了？他先是裝作無心地問我。什麼怎麼樣？我回他說，大家都是好朋友嘛。我是不打算結婚的。

他突兀地說。笑話！聽他這樣說，我忍不住不高興地回他說我又沒有說要嫁你。也不是因為這樣，我才拒絕他們的。他沒說什麼，只是靜靜地看著我，然後嚴肅地對我說：跟我一起到大陸奮鬥吧！當下，我竟毫不考慮就答應他了。

鍾理和：七七事變發生，日本舉國騷亂；未幾，我被編入防衛團……戰事愈演愈烈，防衛團的活動範圍愈來愈廣；送出征軍人、提燈遊行、防空演習、交通管制。四個月間，北平、天津、太原，相繼淪陷，屏東的日本人歡喜若狂，夜間燈火滿街飛，歡呼之聲通宵不歇。

二哥自日本匆匆回來了。看上去，他昂奮而緊張，眼睛充血，好像不曾好好睡覺。他因何返台，父親不解，他也沒有說明。他每日東奔西走，異常忙碌，幾置寢食於不顧。有一次，他領我到鄉下一家人家，有十幾個年輕人聚在一間屋

1992年蔣碧玉與鍾九河的二哥在長治鄉〔藍博洲／攝影〕

子裡，好像預先有過約定。屋裡有一張大床鋪，大家隨便坐著；除開表兄一個，全與我面生。他們用流利的日語彼此辯論著，他們時常提起文化協會、六十三條、中國、民族、殖民地等名詞。這些名詞一直是我不感興趣的，因而，這時聽起來半懂不懂。兩小時後討論會毫無所獲而散。二哥似乎很失望。

同日晚上，二哥邀父親在我隔壁父親臥室中談話。起初兩人的談話聽起來似乎還和諧融洽，但是越談兩人的聲音越高，後來終於變成爭論。我聽得見二哥激昂而熱情的話聲。然後爭執戛然而止。二哥出來時怏怏不樂；兩隻眼睛彷彿兩把烈火。是夜，我睡了一覺醒來，還看見二哥一個人伏在桌上寫東西。

數日後，二哥便回日本去了。臨行，父親諄諄叮囑：你讀書人只管讀書，不要管國家大事。

籌組抗戰醫療服務團的蕭道應、鍾九河、許燦煌、鍾和鳴與吳文華（左起）〔黃素貞／提供〕

父親的口氣帶有愧歉和安慰的成分。但二哥情思悄然，對父親的話，充耳不聞。

李南鋒：我是鍾浩東的表弟，他母親是我的大姑媽。一九一九年，我出生於高雄州屏東郡高樹庄大路關。我爸是個漢文老師。公學校畢業後，我就進入村裡的私塾，跟隨我爸和另外請的老師讀四書、五經之類的漢文。在私塾學習漢文的這兩年，我的反日民族意識和熱愛祖國的情懷也被啟發而覺醒了。我和浩東是一起長大的玩伴。他的民族意識比我還強，讀台北高校時，經常跟日本學生打架。後來，他去日本留學，只要放假回來，我們都會聚在一起，東南西北地聊。例如，他就和我談過，日本帝國主義佔領台灣之後，於一八九六年三月三十一日對殖民地台灣施行所謂「六三法」的特別法令；也就是以日本法律第六十三號委任立法權於

李南鋒（1919-2012）〔何經泰／攝影〕

台灣總督之手。其中第一條規定：「台灣總督於其管轄區域內，得發布與法律同等效力之命令」；第三條規定：「台灣總督於臨時緊急必要之時……得即時發布第一條之命令」。這就是說，台灣總督在台灣所發的緊急命令，與日本天皇公布的緊急敕令，有同等效力。台灣於是成為總督專制獨裁的殖民地。那時候，浩東考慮到，日本帝國主義正瘋狂地侵略中國，在台灣已經很難從事反日運動了。所以他有意招募醫療團，到大陸為抗戰服務。後來，這個計畫因為參加的醫學生太少，無法成行。他就找了蔣碧玉、就讀帝大醫學部的蕭道應與黃素貞和我，另外組團，到大陸參加抗戰。

鍾理和：二哥再度自日本回來時，人已平靜、安詳，不再像前一次的激動了。這時國民政府已遷至重慶，時局漸成膠著狀態。二哥說日本人已在做久遠的打算；中國也似決意抗戰到底，戰事將拖延下去。他已決定要去大陸。很奇怪的，父親也不再固執己見了，但也不表高興。

鍾潤生：我因為跟鍾蕃薯合股做生意的關係，跟和鳴幾個兄弟也算熟。就我所知，鍾里虎開布店所賺的錢都被他小姨控制，不容易拿。所以，和鳴去大陸的錢都找我幫他打理。

「潤生哥，」臨行前，和鳴來向我辭行。「我什麼東西都弄好了。我要走了……可是我有一件事不知怎麼辦。」

「我幫得上忙嗎？」我直接問他。

「我不孝。」和鳴自責說。「我不放心母親。如果她已過世，也就算了。可是她還在。我放心不下……」

「你放心走吧！」我立刻向他保證。「我會給你看著的。」

後來，和鳴的母親果然思子成疾，經常失神地在路上走，見了熟人，就問人家知道和鳴去哪裡嗎？我於是專程去找她談話。我一邊安慰她，說和鳴不會有事，很快就會回來看她；同時一邊勸解她，多去老潭頭（屏東長治鄉潭頭村）大女兒家或是大路關娘家走走。她就說她曉得聽了。

鍾理和：我和表兄（邱連球）送二哥到高雄；他已和北部的伙伴約好在台北碰頭。一路上都有新兵的送行行列。新兵肩繫紅巾，

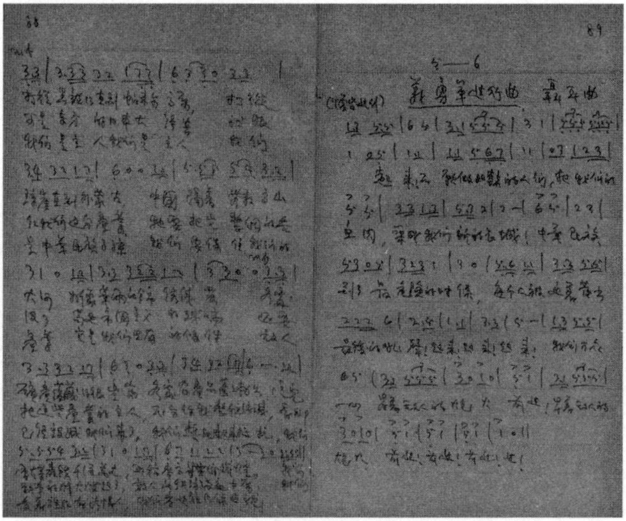

蔣碧玉收藏的〈義勇軍進行曲〉簡譜

頻頻向人們點首微笑。送行的人一齊拉長了脖子在唱〈陸軍進行曲〉：「替天討役不義，我三軍忠勇無比……」二哥深深地埋身車座裡，表情嚴肅，緘默不語。我平日欽仰二哥，此時更意識到他的軒昂超越。我告訴他我也要去大陸。二哥微露笑意，靜靜低低地說：好，好，我歡迎你來。

蔣碧玉：那天，我回家就向生父戴旺枝稟報跟浩東到大陸的事情。

「你知道人家要走的是什麼路嗎？」父親先是以一種過來人的語氣問我，然後才又說：「一個女孩子，沒有訂婚，沒有做餅，怎可就跟著他過大陸？」

我於是把這個意見告知浩東。

「要做餅就做嘛！」浩東笑了笑說。「看要做多少？拿錢去做就是了。」

電影《好男好女》蔣碧玉向生父稟報參加抗戰的劇照〔蔡正泰／攝影〕

原本為了革命志業而抱獨身主義的浩東，為了我，竟在傳統的壓力下，放棄原則，同我們家下聘。

當餅做好時，他特地委請他的表兄弟邱連球及弟弟理和，代表鍾家，親自送到我的生身父母面前。這樣，我們就算是訂了婚。當天，戴家父母還特地辦了兩桌酒席，宴請親朋。一方面算是喜酒，一方面則算是給我們餞行。

第三樂章：原鄉人的血

我不是愛國主義者，但是原鄉人的血必須流返原鄉，才會停止沸騰！
二哥如此，我亦沒有例外。

——鍾理和：《原鄉人》（一九五九年一月）

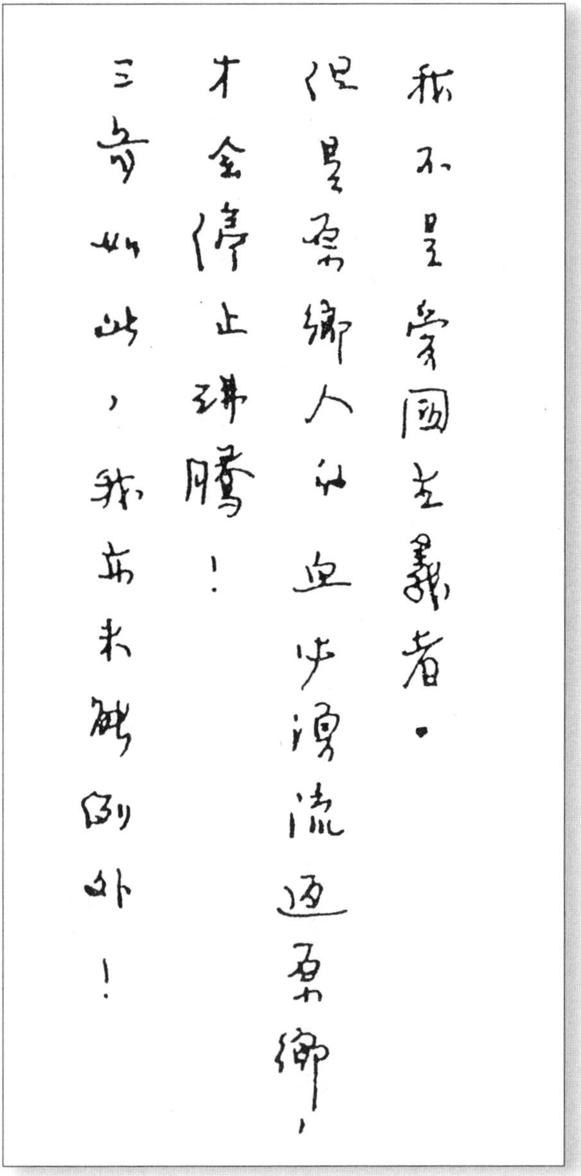
我不是愛國主義者。但是原鄉人的血必須流返原鄉，才會停止沸騰！三弟如此，我亦未能例外！

鍾理和手跡〔鍾鐵民／提供〕

一九三八年九月十六日，台灣殖民當局簡化台民赴大陸旅行護照手續。同年十月二十七日日軍佔領武漢。抗日戰爭進入戰略相持階段。十一月三日，日本近衛政府發表第二次聲明，改變不以蔣介石政權為對手的方針。同月二十二日又發表第三次聲明，要求中國政府承認「滿洲國」，放棄抗日。十二月二十九日：汪精衛發表「豔電」，公開叛國。

一九三九年一月，國民黨第五屆五中全會決定由聯共抗日轉向消極抗日、積極反共，制定「溶共、防共、限共、反共」方針。六月，國民黨制定秘密的《共產黨處置辦法》，加緊限共、反共活動。

鍾和鳴從蔣碧玉的生父戴旺枝那裡得知，原台灣民眾黨秘書長兼機關報《台灣民報》主筆謝春木，在一九三一年被台灣殖民當局列為「要犯」後攜眷內渡上海，仍然在從事地下抗日活動。他們討論後認為，到了上海，只要找到謝春木，就能找到參加抗戰的路。於是，一九四〇年元月，鍾和鳴就帶領新婚的蔣碧玉和表弟李南鋒先赴上海，尋訪謝春木。

卜居上海後的謝春木改名謝南光。他於一九四一年十一月十日填寫的福建省政府《公務員履歷表》載稱，一九三二年四月至一九三六年十二月期間，他在上海曾任華聯通訊社社長、《中外論壇》社社長與華僑聯合會常委。日人情報「在滬特要（特甲）台灣人謝春木」另載：南京國民政府以外交部名義資助經費的華聯通訊社位於法租界呂班路鴻安坊二號，主要工作是反日情報的調查（透過被日方注意的台灣人收集是其一）、編輯、印刷與分送給「中國新聞社及其他主要中國人」。事務所設在福熙路七二〇弄五號的《中外論壇》社則於一九三四年五月九日創刊《中外論壇》週刊，以中國反日為中心的軍事、國際關係，以及其他各種時事問題論說為主要內容。華僑聯合會主席則為「台灣人許冀公」。另外，日人情報掌握的謝春木在上海的交友關係包括也被列為「特甲」的原民眾黨重要幹部石煥長與黃旺成，「要注意人」王白淵等等，因有共產黨嫌疑受到監禁的張錫鈞等，以及中華國貨維持會主席、自稱社會主義者的江亢虎、復旦大學校長李登輝等等。然而，謝南光填寫的「履歷」，從一九三七年一月至一九三八年七月間是一片空白。一九三八年八月起才又改任蔣介石授命王芃生在重慶成立的軍事委員會國際問題

蔣渭水（坐右二）、謝春木（謝南光，坐右七）及其同志們〔蔣碧玉／提供〕

研究所高等顧問，從事國民政府戰時情報體系的工作。

這也就是說，當鍾和鳴三人到達上海時，他們所要尋找的謝春木早就已經離開了。所以他於一月二十七日登記的戶口身分是米商，住址是北四川路三新里五號。

鍾理和：二哥走後不久，憲兵和特務時常來家盤查他的消息。他們追究二哥到那裡去及做什麼事。我們一概答以不知。事實上二哥去後杳無音信，我們連他是否到了大陸也不知道。

蔣碧玉：到了上海，我們一時之間找不到謝春木，只好一邊探尋到內陸參加抗日組織的路，一邊等待四月畢業的蕭道應，與黃素貞同來會合。

黃素貞：一九三九年春天，管區警察強要我去報考台灣廣播電台的對華廣播員。老蕭擔心我不自覺地成了日本帝國主義的幫凶，於是建議我以「即將結婚，不方便到外頭工作」的理由推辭。我跟父母商量。他們也覺得老蕭的建議可行。為了取信管區警察，老蕭和鍾九河便搬入大龍峒我家，跟我們共同租屋生活。一段時間以後，我和老蕭便順理成章由「同居」而結婚了。

蔣碧玉：三月三十日，汪精衛在南京粉墨登台。上海全市學生舉行總罷課，展開熱烈的反汪運動。我跟著浩東與李南鋒來到南京路、愛多亞路（今延安路）一帶，看到很多商店和住戶的門窗上都貼著反汪標語，並且目睹學生在街頭散發反汪傳單，張貼反汪標語、

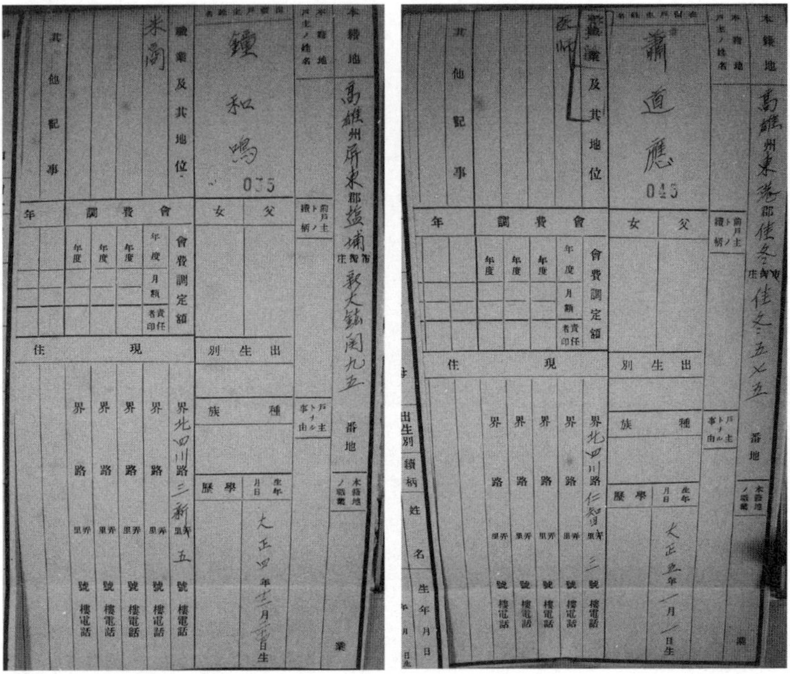

鍾和鳴與蕭道應的上海戶口〔藍博洲／攝影〕

漫畫，高呼反汪口號的愛國景象。這樣，我們更加急於找到參加抗戰組織的路。

浩東希望老蕭能夠籌組醫療隊來大陸。可是，到了四月，應該前來會合的老蕭夫婦，不知為什麼竟遲遲未到。

臨行前，為了籌措路費，我們曾經幾次前往瑞芳九份買黃金。那時候，日本殖民政府不但禁止黃金買賣，而且出境時所能帶的現金，也有嚴苛的限額。黃金買來後，我們聽從老蕭的意見，把黃金燒熔成細條狀，然後讓浩東、南鋒及老蕭三位男同志塞入肛門，先後夾帶出境。

然而，我們總不能在上海時就把帶來的黃金所變賣的錢花光。浩東於是想到與日本人做生意，買米來轉賣給日本人開的工廠。他說要賺日本人的錢來維持生活。可他還是有原則的，那就是，絕對不到租界買米，只到虹口淪陷區買，以免造成租界區的米糧短缺。這個生意，一直做到我們離開上海時才停止。那時，我覺得放棄可惜，就同浩東提議，要他轉交經常往來海峽兩岸做生意的公公接管。浩東不但不採納我的意見，還痛罵我一頓，說我們是為了生活，不得已才和日本人做這種生意。爸爸和我們不同，怎麼可以讓他來做這種事呢？

黃素貞：因為種種原因，那個抗戰醫療服務隊沒有組成。老蕭台北帝大醫學部畢業後，我們隨即以「畢業後考察」為名，辦理赴大陸旅行的護照。但是台北北署的刑事警察百般刁難，我們送了半打葡萄酒之後才打通關節。臨行前，南部家鄉卻傳來老蕭的老祖母病危的消息。我們只好延期出發，趕回佳冬探視。

老祖母脫離險境後，我仍留在老家照顧她。老蕭回台北，到河石教授主持的第二外科學習外科醫術，以備戰地之需要。他同時利用每個星期假日，徒步到草山或淡水，積極為即將投入的抗戰，鍛鍊身體。

蔣碧玉：五月，我們三人在日本佔領區已待不下去了，於是就搬到英租界。同時更積極地找尋和重慶的中央政府聯絡的關係。但是，始終一點門路也沒有。

上海
No1
離開台灣回大陸
1939年年底為了要籌第一筆回大陸的經費，我和浩东来往瑞芳九份幾次
去買黃金，那个時候黃金買賣是日本政府禁止的，那時
要出境所能帶的現金有限額也不能帶多少，我們就想辦法
買來的黃金用熱火燒鎔後讓他們三位同志（蕭鍾李）塞入肛
内後帶走。1940年元月我和浩东及他的表弟李南峰就先到上
海。因老蕭台大醫學院未畢業，他是四月才会畢業。
在上海探尋回內陸的路綫，一方面等老蕭蕭兩夫婦，在這
期間終不能把帶來的黃金變賣的錢用掉，老鍾就和日本人做
生意，買米賣給日人開的工廠，他說要賺日本人的錢來生
活。同時決对不去租界買米，一定在日本佔領这買，應該
四月畢業就能來的老蕭夫婦等到五月都沒來，這个時候我

蔣碧玉晚年回憶殘稿之二

1940年的上海外灘

1990年蔣碧玉重返上海〔藍博洲／攝影〕

七月，日本佔領區越來越大了。這時候，欲進入內陸，只有繞道香港，從廣東進去了。然而，老蕭夫婦仍然不見人影。浩東急了，於是決定自己一個人先到香港，同時也結束買賣米的生意。

浩東要我與南鋒待在上海，等老蕭夫婦。臨行前，他特別交代我們，如果一星期之內，老蕭兩人還不來的話，你們兩個就回台灣吧。他說他打算一個人進去內地。我知道，浩東是一個堅定的愛國者，如若不能回到祖國參加抗戰，是活不下去的。所以，浩東這樣說，我也不敢和他爭論。可我內心卻痛苦地想，事情要真的演變到這種地步，我與浩東就不知何時才能再見面。甚至，就將從此永別了。還好，他走後兩三天不到，老蕭夫婦終於來了。

黃素貞：七月前後，老蕭收到老鍾的來信。信上說，日本佔領區越來越大，通往重慶的路，也封鎖得更加嚴密了。他要我們在八月一日前趕到上海。老蕭和我心裡清楚，情勢緊迫，不容再延遲了。這時，老祖母的病情也已穩定下來了。我們決心立即前往上海，於是在基隆上了船，航行三天後，平安抵達上海。下了船，我們看到只有碧玉和南鋒前來迎接。

蔣碧玉：浩東走後，我就茶飯不思，頻頻想吐。我原先以為是身體病了，不舒服。一直要到老蕭來了，幫我檢查以後，我才知道是懷孕，害喜。

我們四人然後就化裝成客家華僑，馬上動身，搭船前往香港。為了表示回國抗日的決心，在船上，我們把身上的日本護照都丟到大海裡頭。

船到香港時，天已經黑了。我們依照浩東的約定，住進中華旅館。到了旅館，我們卻找不到浩東的身影。真是教人焦急萬分。如果真找不到他，在這人地生疏的地方，我們真不知如何是好？我們只好終夜等待。

我徹夜不眠，熬到天亮，憂心忡忡，怔忪盼望著浩東會突然奇蹟般出現。九點多鐘時，旅館的服務生告訴我們說鍾先生剛來電話，問上海有沒有信來？服務生又說：「他說，他的行李已搬到回上海的船上，準備回去看個究竟。我們告訴他，你們已到香港了。他就說，要你們到九龍跟他會合。」

鍾和鳴（右一，林強飾）、蔣碧玉（右二，伊能靜飾）、蕭道應（左一，藍博洲飾）等人在九龍會合的電影劇照〔蔡正泰／攝影〕

真是謝天謝地。這劫難終究沒鑄成。當晚，我們就帶著行李，到九龍與浩東會合，準備進入我們日夜思念的祖國大陸。

第二天，我們搭乘廣九鐵路線的火車進入廣東，然後一路北上，中途在一個叫元浪的小站下車，搭船到一個叫沙奐村的地方，開始步行。沿途，觸目所見的景象，盡是被日機轟炸得破破爛爛的鄉村房舍。這才使我真正體會到戰爭的殘酷。我們走了好幾個鐘頭，趕在天黑前，走到一個叫淡水的小村落過夜。

李南鋒：我記得，我們從九龍到淡水，是搭船，不是坐火車。但是，事隔太久了，我不敢說我一定對。我的記性向來不頂好，也許是我的記憶有問題吧。我記得，從香港到大陸內地，浩東所能找到的只是一條走私的路。在不得已的情勢下，

No.2
一早，我們憂心忡忡地怕怕地等待着續出現、九龍多鈉旅館
的人說鍾先生來電話向上海有沒信來、他的行李已搬到回
上海的船上準備回上海去有過究竟：真謝天謝地、這劫難
沒鑄成、我們這晚就搬去九龍去住、次二天就坐廣九鐵路到
沙魚村、沙魚村到淡水要走好幾個鐘頭一路上看到鄉村的
房屋都被日機轟炸得破破爛爛、真體會到戰爭的殘酷性
在淡水過一夜、第二天又坐船到惠陽、這一天的木船好大大
概可容納二三百人、這就是在當有名航運主幹的珠江、江
面很寬、有二三十名船夫用大纜索套在肩膀上有規則的
咿呀咿呀的唱着歌向前一步一步地沿江邊走、天黑了
才到惠陽、到了惠陽就有惠陽前線指揮部的人來接我們
記、我們當然沒有就告訴他們我們是由台灣回來要參加抗

蔣碧玉從九龍至惠陽的回憶手稿

我們五人在九龍會合後，於是雇用一艘走私船，經由大鵬灣，到達惠州淡水。當晚就在淡水過夜。我還是搞不懂，這段路，蔣碧玉的記憶為什麼會跟我的出入那麼大。

蔣碧玉：第二天，我們改搭一艘大約可容納兩三百人的木船，沿著舉世聞名的廣東航運主幹珠江的支流——東江，前往惠陽。東江的江面寬廣。一路上，大約二、三十名船伕，以大繩索套在肩膀上，沿著江邊，咿呀咿呀，節奏有致地哼著船歌，拉著木船，一步一步地向前走。船到惠陽。天已經黑了。剛下船，馬上就有士兵前來檢查我們的身分證。我們當然沒有身分證。浩東同他們解釋，說我們為了參加抗戰，從台灣回來。請他們帶我們到國民黨縣黨部。

黃素貞：我們熱血澎湃，卻不瞭解國內複雜的政治環境。我們只知道國民黨的蔣介石在領導抗日。在路上，我們又聽說國民黨縣黨部在惠陽，於是天真地想著：到了惠陽，就可以通過黨部安排，前往重慶。然而，當我們抵達一座大祠堂時，卻因為沒有良民證，身分不明，而被扣押下來。

蔣碧玉：身分檢查過後，其中一人就說，這麼晚了，就在指揮所過夜，明天再帶我們到縣黨部。我們於是很高興地雇了挑伕，把所帶的五個大皮箱及行李挑到指揮所。指揮所黑洞洞的，看起來，是一座大廟或大祠堂。我們叫了飯菜，吃了就睡。在朦朧的睡夢中，我總覺得外面好像有人，背著槍，走來走去。第二天醒來才知道，我們已被扣留，失去自由了。

我們後來知道，被扣的地方是駐防廣東的第四戰區十二集團軍所屬惠淡指揮所營部所在。我們被扣留了三天，前後有三名軍官審問。無論我們如何表明我們的動機、身分及救國的熱情，他們都沒有接受；一口認定我們是日本派來的間諜、漢奸，硬要把我們槍斃。我情緒激憤地想道，我們五個台灣青年，滿懷熱情，千里迢迢，從台灣到上海，再經香港而進入大陸，拎著五只皮箱及其他行李，在祖國的土地上尋找抗日組織，竟然被當成「日諜」看待！可笑的是，豈有像我們這種裝扮的間諜？

黃素貞：他們審問的內容主要是：哪裡人？為何回國？有何企圖？有何希望？台灣家人的情形等等。審問的軍官先用廣東話問，然後透過翻譯，用北京話譯給我們聽。我們用北京話回答，

抵達惠陽前線指揮所的電影劇照〔蔡正泰／攝影〕

再由通譯用廣東話譯給法官聽。這樣一來一往，語言的溝通有一定困難。所以，無論我們如何表白，法官都認為我們的「口供不一致」，無法採信，最後便一口咬定我們五人是「日諜」、「漢奸」，硬要槍決我們。老蕭聽了不服，當場就大聲抗議說：愛國有罪嗎？

蕭道應：後來，通過東區服務隊一些老隊員的告知，以及閱讀了一些相關材料，我才逐漸瞭解當時的歷史背景。那就是全國的抗日戰爭進入「戰略相持階段」之後，中共領導的敵後游擊的開展和抗日根據地的迅速擴大，嚴重威脅了日軍的後方。日軍不得不暫停對國民黨正面戰場的戰略進攻，改以主要力量對付共產黨領導的人民抗日武裝，並且

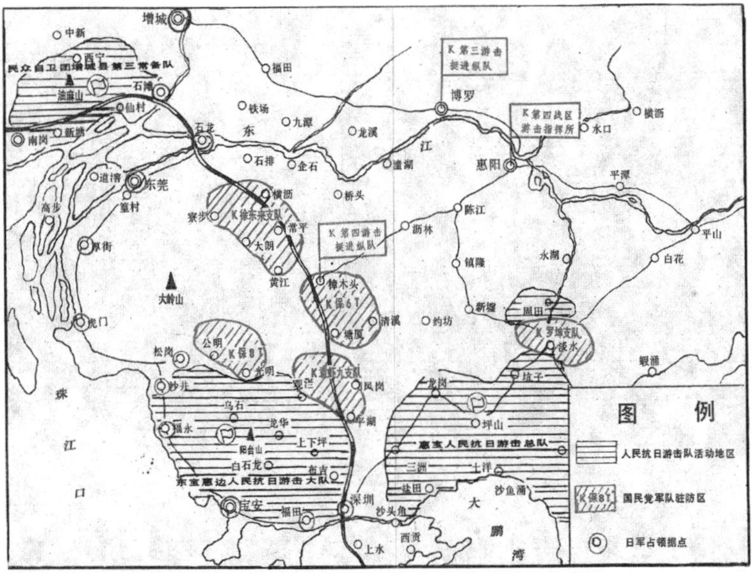

1938年10月至1940年3月的東江政治形勢示意圖

將戰爭初期對國民黨「軍事打擊為主、政治誘降為輔」的策略，改變為「政治誘降為主、軍事打擊為輔」的策略，加緊對國民黨誘降。國民黨於是在日本誘降、英美勸降之下，開始從「國共合作、共同抗日」，走向「消極抗日、積極反共」的道路。一九三九年一月，國民黨第五屆五中全會之後，隨即在各地製造一系列的反共事件，掀起抗日戰爭期間的第一次反共高潮。反共高潮從北南來，東江地區的形勢也隨著全國形勢的變化而變化著。日軍退出惠陽、博羅以後，東江地區出現了安定的局面。國民黨於是向共產黨人開刀。就在國共合作破裂的局勢下，我們幾個卻天真地闖入國共黨爭的戰場。我想，他們是因為沒有足夠的證據指稱我們「共產黨」，於是就給我們扣上「日諜」的罪名吧。

黃素貞：不久，我們便被扣押到指揮所的牢房。他們還用一條大約有一丈多長的大木頭，中間挖洞，再把他們三個男人的腳閘到裡頭。我們就這樣莫名其妙地變成待決的死刑犯了。

在三天的監禁生活中，我們遇到一批青年男女，其中，好幾位患了瘧疾，發高燒而呻吟著。老蕭是醫生，除了給他們一些建議，還送他們一些我們從台灣帶來的藥品。我們因此知道，他們也是愛國青年，由南洋的新加坡、馬來西亞、菲律賓結隊回國，組成東江華僑回鄉服務團，宣傳抗日。但是，春節前後，他們也因為入國手續不清楚，而被以「共產黨嫌疑」罪名拘留。這時，我們才知道中國國情的複雜。原來，中國神聖抗戰中還有兩黨的摩擦鬥爭，許多無辜的人們也因為黨爭而白白犧牲，不為人知。

蔣碧玉：後來，我才聽說，在前線抓到日本鬼仔或漢奸，可以領取一筆鉅額的賞金。也許，這些軍官就是為了這筆賞金，而毫不珍惜我們的抗日救國之心吧！我想。幸好，指揮所有一位陳姓軍法官，覺得我們五個怎麼看也不像間諜，堅持必須慎重調查，然後才能決定槍決與否。剛巧，丘念台先生走了兩天的路，從前線駐地到惠陽領軍餉。陳軍法官知道丘先生和台灣的關係很深，比較瞭解台灣，就把我們的事告訴丘先生。丘先生於是請求閩贛粵邊區總司令香翰屏，讓他跟我們見面談話。

黃素貞：我們五個人又被叫了出去，並被吩咐去挑回行李。當初，我們雙手反綁，被押到指揮所牢房。可是這次卻沒有，只是要我們跟著走。我們被帶進一間屋子。進門後，我看到桌上擺著一只手錶。衛兵命令我們在桌旁的椅子坐下，隨後就一個個被帶進另一個房間，單獨受訊。那位審問長身穿褪色的黑褲唐裝，單眼，留著一臉鬍鬚。後來，我們由站立在旁的侍衛口中得知，原來他是在羅浮山區領導東區服務隊的少將參議丘念台。當天，我們先後被審訊兩次。一

扣押的劇照〔蔡正泰／攝影〕

審訊的劇照〔蔡正泰／攝影〕

次是上午，個別審問。一次在下午，集體問話。這兩次，丘先生與我們之間的問答都用北京話。我們總算能好好表達自己的意思了。

蔣碧玉：見到丘先生，我們都堅決表示不是替日本工作，並各自述說愛慕祖國的熱誠摯意。丘先生不只認識先父蔣渭水，也認識浩東的父親和老蕭的伯父。於是，他叫我們各寫一份陳情書，呈送上級，並替我們請求暫免執行槍決，解往後方，察看偵審。這樣，丘先生就救了我們五人七命。因為我和蕭太太都懷孕了。

念台先生離開惠陽前，特別勉勵我們，說我們貿然回國參加抗戰，熱情雖然可嘉，但有幾點要好好考慮：第一、入國手續不清楚。第二、不諳國情，不認識任何人。第三、他雖然認識我們的家長，卻不認識我們，怎麼能替我們擔保？他又說，還好，他雖然不能完全保我們，至少我們已沒有生命的危險了。他強調，他將請求政府給我們表現的機會，我們也必須以行動證明的確是要來參加抗戰。接著，他又轉口問我們，說中國的抗戰是長期的、艱苦的，你們能吃苦嗎？他不等我們回答，又暗示說如果有任何困難，可以寫信給「黃復」，寄第七戰區轉達。他向我們一一握手，說後會有期，然後揮揮手，又回羅浮山區去了。

丘念台（1894-1967）

丘先生走後，我們在惠陽又關了一個多月，才由軍士解送桂林軍事委員會。一路上，有時坐船，有時坐貨車，但走路的時候較多。晚上，通常在當地監牢過夜。有時和普通犯人關在一起。有時卻讓我們五人睡一個房間。地上偶爾鋪上稻草，就算是最優待的了。那時的牢獄生活，想來真是活地獄：對犯人刻薄，吃的又都是拌有很多砂石的糙米飯。對已懷孕的我們來說，這飯實在難以下嚥。

黃素貞：我們從惠陽經河源，連平縣忠信、忠信墟、連平，一站交一站，解送到廣東戰時省會韶關，然後便被關押在一座石板建築的廟。那是國民黨第十二集團軍軍法處的芙蓉山監獄。十幾天後，我們被叫去聽訓。他們勉勵我們不要灰心，說中央一定會給我們安排工作。然後我們又被移送在鄉下的憲兵隊。那裡背山依水，風景優雅。我們的吃住都不錯，而且可以自由出入，打球運動。我們想，這可能是我們獲得自由的先聲吧。十二月初，我們又在憲兵隊一名副官的押解下搭乘火車，經由長沙，最後，終於在薄暮中抵達山水迷濛的桂林。

蔣碧玉：我們忍著一站一站的煎熬，終於被押到桂林軍事委員會。在桂林，我們又被看管了一個月。他們派了一個農村出身的勤務兵給我們。我們心裡清楚，他實際上是為了調查我們的思想。可是，我們卻始終裝糊塗，仍然熱心教他讀書識字。後來，他刻意向浩東暗示，說你知不知道，你們身邊有一隻老虎？浩東笑笑說知道。他就一臉訝異，問說你知道？浩東說就是你，然後笑得更大聲。他的臉立刻紅了起來，不斷地搔頭，不知如何自處。後來，他跟我們的距離又更近一步了。當我們要離開桂林時，他還要求跟我們一起走呢。

押解的劇照〔蔡正泰／攝影〕

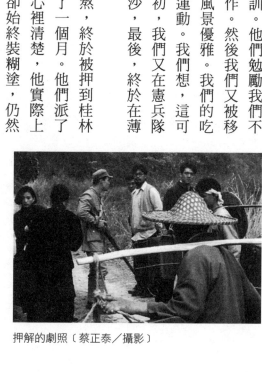

黃素貞：在桂林軍事委員會，我們被安排住在兩個大房間，男女分開。每人有一張鋪

1990年4月蔣碧玉重回桂林軍事委員會舊址〔藍博洲／攝影〕

有軟墊的鐵床可睡，還有一床棉被。在那裡的一個月期間，雖然不能外出，但起居自由，三餐也很豐盛。我們的身體因為充分休息與營養而逐漸復原。每天，我們都在屋裡練字，或讀《三民主義》之類的書。在安靜等待的學習生活中，躲空襲警報，就算是生活中的惟一點綴了。

蔣碧玉：監獄可以說是最好的社會大學了。在桂林軍事委員會，我竟然遇到一個姓林的鄰居。他家住我戴家生父的隔壁又隔壁。他是台北中學校（今泰北高中）的太保學生，經常在路上攔我。他還向我弟弟戴傳李說，若娶不到我做老婆，一定自殺。我那時候還小，老是被他嚇哭。戴家生父帶我去他家，跟他爸爸講；還是一樣。沒想到，在那裡又再碰到他。可他已經轉大人了。起初我並沒有認出他。他告訴我們，他跟一個重慶派去的女人結婚，結果被那個女人出賣，於是被當作「日本間諜」而被抓起來。他向我們說他是台灣人，但是並沒有承認。他也不跟我明講他是誰，總是「繞」我的話。他問我住在台北哪裡？我說日新公學校附近。他立刻向我表示親近，說他有一個阿伯也住在那一帶，他曾經去住過一段時間。他停頓了一會，然後又像忽然想起似地問說你有一個阿姐嫁給有錢人對嗎？跟從前比起來，他的樣子已經變了很多。他不明講，我也不會懷疑他就是以前那個太保學生。一直要到後來，我才知道他真正的身分。那時，浩東在韶關民運工作隊受訓後分發到電台，對大陸的台灣人廣播。有一天，浩東突然收到一封聽眾來信。信上說，他在桂林軍事委員會跟我們一起關過，浩東還曾經借錢給他；說我們離開不久後，他也被釋放了……最後強調他是我家隔壁林才的兒子，現在又被捕了。他問浩東能不能幫忙把他弄出去。浩東立刻寫信到南雄陸軍醫院，向我求證。我這才知道，自己竟被那傢伙瞞騙了那麼一段時間。

黃素貞：我們在以餐館、公務員和來往旅客「三多」聞名的繁華的桂林，度過了一九四一年的新年。這是我們離家以後的第一次新年，也是一個冷清寂寞的年。年後不久，快要過舊曆年的時候，我們又被叫去談話。說是我們的問題已經解決了，要我們準備到韶關，有工作在等待我們。當天晚上，我們就抱著一償夙願的興奮心情，坐上開往韶關的夜行火車。

蔣碧玉：我們被送回廣東韶關之後，浩東與南鋒被分發到民運工作隊受訓。老蕭和我因為是念醫科、護校，所以，我和老蕭夫婦被分發到南雄的陸軍總醫院服務。這時已是農曆年尾了。

蕭道應：南雄陸軍總醫院是用木頭、竹子和茅草等搭建的臨時野戰醫院，包括內科、外科、眼科、皮膚科和為一般老百姓服務的門診部。此外，也設有一間克難式的手術房。我是上尉醫官，分配有一間單人房的宿舍。為了切磋醫務、討論國事和人生問題的方便，後來我就搬去跟一位上海同濟醫學院畢業的張醫師同住。通過張醫師的介紹，我對祖國的情況有了進一步的認識，尤其是對國共之爭的歷史，也有了更加深刻的理解。

黃素貞：我和碧玉起初的軍階都是上士護士，不久又一同升為准尉護士。那些從前線回來的阿兵哥，身上大都長了疥瘡。我們的工作主要就是把他們脫下來的衣服，以及綳帶、紗布等衛生材料，清洗，然後煮過消毒，同時為他們搽硫磺膏，治療。我倆一同住在村子裡醫院租借的宿舍。那是一棟木造的二層樓民房，一間住十人。我們住在二樓，一面在衛生材料處工作，一面待產。

蔣碧玉：一九四一年，過了農曆新年（一月二十七日），也就是二月初，我的長子繼堅出世。那天早上七點多，羊水就破了。待產期間，任性的我，一直吵著要老蕭而喊道叫哥哥來。向來脾氣不好的老蕭一反常態，耐心地安慰我說好啦，已經去叫了。我一直痛到下午兩點多，孩子才生出來。孩子不會哭，護士抓起來打屁股，才哇哇大哭。

黃素貞：碧玉生了一個男孩。沒多久，好像是二月二十八日吧，我也生了一個男孩。然而，在物資匱乏的戰地，養育小孩，畢竟是件辛苦的事。

蔣碧玉：有一個晚上，已經三個月大的孩子，不知為什麼終夜哭個不停。小孩哭，我也跟著哭，不知如何是好。第二天一早，鄰居的老婦人就來告訴我，說蔣姑娘，你恐怕是奶水不夠，孩子吃不飽，才會這樣哭個不停。她說要煮點米糕給小孩吃，就幫我磨起米來，然後把米粉放進鍋裡，再加點糖，煮成米糕。小孩吃了米糕，也就不再哭鬧，安靜入睡了。

在南雄的陸軍醫院，我整天忙著為那些傷病的軍士們服務，看著孩子一天一天地長大，日子也過得充實而有意義。

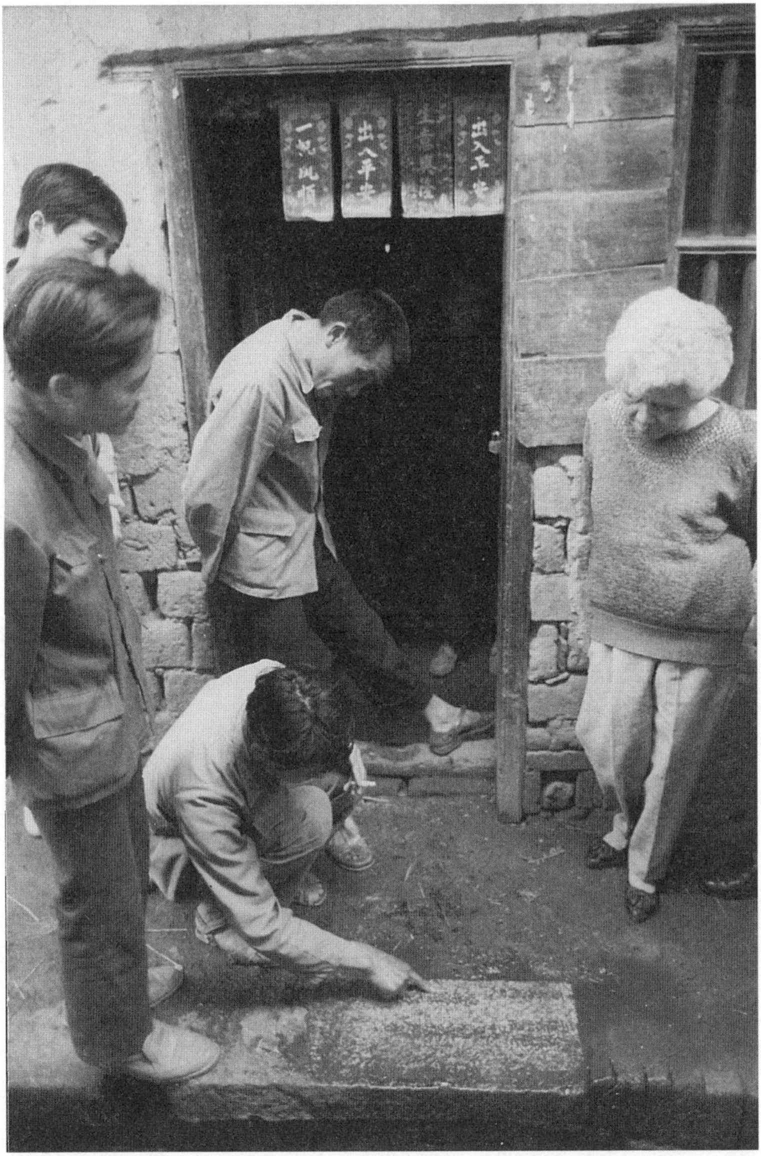

蔣碧玉憑藉一塊被村民當作墊腳石的某病逝醫官的墓碑而確認醫院舊址〔何經泰／攝影〕

1990年4月蔣碧玉與長子和長孫重訪廣東南雄陸軍總醫院舊地〔何經泰／攝影〕

當年蔣碧玉住在村子裡醫院租借的宿舍〔何經泰／攝影〕

1990年4月蔣碧玉與長子和長孫在始興街頭〔藍博洲／攝影〕

第四樂章：戰歌

我的心充滿了對二哥的懷念，我不知道他是不是到了重慶，此刻在做什麼。失去二哥，我的生活宛如被抽去內容，一切都顯得空虛而沒有意義。我覺得我是應該跟去的；我好像覺得他一直在什麼地方等候我。

「歡迎你來！歡迎你來」，二哥的聲音在我耳畔一直縈繞不絕。

其後不久，我就走了——到大陸去。

——鍾理和：《原鄉人》（一九五九年一月）

一九三八年十月初旬，武漢會戰情勢不利。在這緊急關頭，廣東也發生了戰事。先期集結於台灣的四萬日軍，於十月十二日在南海大亞灣的澳頭附近，用敵艦數十艘及飛機百餘架掩護，強行登陸。淡水、惠陽、博羅、增城、石龍等地先後失陷，廣州成為日軍的主攻目標。在廣州棄守的前夕，也就是十月二十日夜間，駐防廣東的國軍第十二集團軍副總司令香翰屏突然約少將參議丘念台去總部商議軍務，轉達第四戰區副司令長官兼十二集團軍總司令余漢謀的意旨，叫他擔任惠州、潮州、梅州所屬二十五縣的民眾組訓工作，即日出發，並發給籌備費毫洋（本年元旦起廣東改以法幣為本位幣）二千元，指定歸廣東民眾自衛團統率委員會指揮。第二天早晨，廣州已陷於混亂狀態。丘念台立即集合全部工作人員十二位，輕裝到黃沙，雇艇過佛山，再赴四會，向民眾自衛團團長黃任寰請示工作方針。黃任寰遵照余漢謀總司令的意旨，指定丘念台去惠、潮、梅屬二十五個縣區組訓民眾，參加抗戰工作，並定名為東區服務隊。工作方面，首先號召各地熱心抗日的知識青年，加以組織訓練，使能積極協助政府動員民眾，進行長期抗日戰爭。

一九三九年四月，第四戰區司令長官部在韶關成立，以張發奎為司令長官；丘念台取得同意，將東區服務隊歸屬第四戰區，前往潮汕前線，協助駐紮當地的獨立第九旅旅長華振中做青年組訓和民眾工作。

一九四〇年二月，東區服務隊轉移惠陽，駐博羅縣福田鄉荔枝墩一帶，在羅浮山下的惠陽、博羅、增城、從化等客家地區展開群眾工作。

羅浮山西距廣州二百餘里，東至惠州約百來里；位於增城縣之東，河源縣之西，博羅縣之北，龍門縣之南，橫跨四個縣境，蜿蜒數百里，聯合羅山與浮山合稱為羅浮山脈。東區服務隊把廣州淪陷的十月二十一日，作為東區服務隊立隊的紀念日。丘念台還親自寫詞，做了一首反映工作內容與任務的隊歌：

南海風波惡，
惠、博、增、從落，
白雲山下倭兵著！
步行二千里，東區服務隊，動員民眾自衛！

東區服務隊隊部舊址——三星書室〔藍博洲／攝影〕

團結，嚴厲，自省，奮鬥，犧牲！
嶺外三州做根據，除人民疾苦，善人民生計。
大家齊奮起，老幼男女，
必收復失地。

蔣碧玉：一九四一年九月，南雄陸軍醫院的院長把念台先生的信轉給我們。丘先生說，他聽到我們五人被釋放，調回曲江縣韶關，立即呈請七戰區，把我們派到他領導的東區服務隊。在信上，他要我們到前線參加工作，並且強調必須五個人整體行動，缺一不可，但小孩不能帶去。

我們五人於是見面討論。這時，浩東透露說，前些時候，他在報上看到重慶有一位謝南光先生的消息，就寫信問他是否是謝春木先生？同時也向他報告我們五人的事情。謝南光先生回信說，沒錯，他就是謝春木先生。他又說，我還很小的時候，就認識我了。他並且表示歡迎我們去重慶。討論以後，我們決定去前線的東區服務隊。大家認為，我們回來，原本就是要參加抗戰，如果到後方的話，就沒什麼意思了。但是，要去東區服務隊，我們馬上又得面對一個重大的難題；那就是必須割捨母子親情，把孩子送人撫養。雖然心中痛苦，卻也不得不如此。

在一個偶然的機會，我們認識了四戰區張發奎司令的妹妹張三姑。她聽了我們的遭遇與決心，很受感動，很快就幫我們找到妥當的人，領養我們的孩子。我與蕭太太痛哭了兩天三夜，終於下定決心，把孩子送到始興張三姑家。

黃素貞：我因為在台灣時已經墮過一次胎，心裡總是捨不得再扔掉這個孩子，所以一直在猶豫著。我原先想，他們四個人去就好了，我一個人留下來，照顧小孩吧。在那段猶豫期間，老蕭就勸我，說當初我們既然願意放棄家庭，犧牲一切，回到國內參加抗戰，如今怎能為了小孩而前功盡棄呢？他希望我能好好考慮，自己決定。對我來講，這個決定的確非常困難。我實在很捨不得小孩，可我又

越難腳也起泡了、鞋子破了、到了珠江的下流也有船可坐、
數过了十二天黄昏我們終於来到羅浮山腳的博罗徐福田東
区服務隊駐紮地已是黄燈的時候 老鍾与老李已经来过一
次，所以雖然在念台先生因公外出，隊裡的同志还是很熱烈的
歡迎我們。隊員都是年经小伙子，大家一見如故、部隊借駐
在徐氏祠堂兼私塾的房子，大家住楼板上、有的住在一人分
発一件軍毯一条三四尺見方的包袱中睡覺時可以舖在地上
行動時可包衣服書籍等物疊成長方形用繩子紮好背着
到背上便可行動了、冬天向老百姓要稻草鋪在包袱
巾下面包軍米的麻袋洗乾淨縫作一条米袋因一件軍毯
是不够暖和，一人一双筷子一个嗽口杯也是万能的可以
嗽口洗臉喝開水吃飯，每人一个月三元的零用錢只能買一

蔣碧玉前往東區服務隊隊部報到的回憶手稿

想到，我們五個人原本就是為了抗戰而一起回到祖國，若是為了我一個人而耽誤大家到前線工作，也是不對的。既然工作上需要，我也只能切斷母子之情，把孩子送人撫養了。想到這裡，我於是決心把孩子送人，然後前往東區服務隊，為抗日戰爭貢獻一份心力。

蔣碧玉：那天下午，送了孩子，我們回到始興的客棧休息。晚上，我和浩東聽到蕭太太又在隔房哭。浩東於是輕聲警告我，說你比較堅強，不可以哭；你要是哭，她會哭得更傷心。

依照當地風俗，人家既然領養了我們的兒子，我們就要和孩子斷

丘念台（立右三）與東區服務隊隊員

絕關係。因此，我只知道領養我兒子的人家姓蕭，至於什麼名字和他家地址，他都不讓我知道。這次別離，不知何時母子才能見面，想起來，真是痛苦。

孩子送走了，我們便把傷心事拋到一邊，背起包袱，勇敢地踏上征途，前往丘念台的東區服務隊。

九月的天氣很爽朗。我們每天徒步趕個五、六十公里路，還不是什麼難事。天黑時，就找個小旅社過夜。我們一路走得非常辛苦。到後來，鞋子破了，腳也起泡了。路，越來越難走了。還好，到了東江下游，就有船可坐了。這樣，熬過了十二天的水陸行程，終於在天就要黑的黃昏時分，到達位於羅浮山山腳的東區服務隊駐地——博羅縣福田鄉徐福田村。丘先生並且替我們另外取了化名，和鳴改叫浩東，我則改稱蘊儀。

丘繼英：我是廣東蕉嶺人。一九三八年初，中山大學教授丘念台從廣東到陝北考察。我和卓揚等幾個在陝北公學學習的客家青年，一道去延安城內中央招待所會見了這位同鄉。他對我們說了很多，最後強調：經過考察以後，他認為共產黨對日作戰是很堅決的，而且有一套辦法，最根本的是相信群眾和依靠群眾，這是國民黨做不到的，是值得學習的。夏初，他返廣東，向第十二集團軍總司令余漢謀活動，弄到該司令部少將參議的職銜，籌建抗日救亡團體。我和林啟周等人在陝北公學畢業後，也回到廣東，在他身邊，團結進步青年，發動群眾，進行抗日宣傳的工作。十月下旬，廣州淪陷後，我們撤退到梅縣，正式成立東區服務隊，並取得國民黨承認的公開活動的合法地位。

蔣碧玉：當時，東服隊的隊部借駐徐福田當地的徐氏祠堂。所有隊員都打地鋪。每人分發一床軍毯和一條三、四尺見方的包袱巾。這包袱巾用處可大了。睡覺時，把它鋪在地上，可以稍稍擋擋潮氣。一旦行動時則用它來包衣服、書籍等，疊成長方形，然後用繩子紮好，背到背上，就可行動了。冬天，天氣冷，我們就同老百姓要來稻草，墊在包袱巾下面。另外，只蓋一床軍毯不夠暖和，我們便把裝米的麻袋洗淨、晾乾，然後把兩個麻袋縫成一條來蓋。除此之外，每人還分到一雙筷子和一個漱口杯。漱口杯當然也是萬能的，既可以用來漱口、洗臉，又可以用來喝開水、吃飯。每人每個月雖然有三元零用錢，卻只能買到一塊肥皂。大體上，東服隊的生活條件，就是這樣。

黎明華：我是廣東梅縣客家人。一九四二年冬天，我到丘念台領導的東區服務隊應聘教師，認識了鍾浩東、蔣碧玉、李南鋒和蕭道應、黃素貞五位台灣青年。

1995年元月丘繼英於廣東蕉嶺〔藍博洲／攝影〕

東區服務隊同當時所有軍隊一樣，一天吃兩餐：上午九時與下午四時。吃的是帶有許多砂粒，而且差不多都被蟲蛀過的糙米。我剛到的第一天，當真是不習慣，下午二、三點鐘就覺得餓了。我們這些新到的應聘教師無不替東服隊員感到委曲。但他們倒好像習慣成自然了，說如果一切都如意，還談什麼社會改造。炊事，由隊員輪流擔任，所以每個人都學會煮大鍋飯、炒菜。副食費很少，平日就只是青菜、豆腐、鹹菜和出名的惠州梅菜。一個星期加菜一次才見得到肉、魚、蛋之類。吃飯並沒有用碗，每人都用自己的漱口盅。

丘念台先生也同大家一樣生活。他大概近五十歲，大家都叫他「老頭子」。其實，他除有長者之風外，精神矍鑠，一點也不顯得老。只是牙齒壞了很多，吃起飯來，慢吞吞的。看來，在這方面，他倒是很辛苦的。

黃素貞：丘念台先生曾往陝北延安特區考察青年組訓、民眾運動及游擊戰術。因此，東區服務隊的學習生活也採取「自治、自覺、自省、自立」並重的原則。我們每天的作息大致是：早上五點半起床，然後整理內務，跑步、運動，歌唱練習。七點，晨課及開檢討會；分配值日伙頭兩人，負責買菜做飯。九點，開飯。飯後，外出工作或拜訪，或者自習。下午五點，晚餐。飯後，自由活動；外出探訪民眾，或辦婦女夜間補習班。晚上八點開會，會議內容包括：工作計畫、工作檢討、生活檢討、時事討論以及學習討論。星期日晚上則開聯歡會。晚上十點，準時就寢。

蔣碧玉：東服隊原有的基幹只有十來位。我們加入時已增加到二十多人，其中女隊員有五人。隊員的教育程度參差不齊，正式大學畢業者，只有二、三個。其他都是高中、初中，甚至有小學程度的。但，大家的愛國心都是一樣的，所以很熱誠而團結。團體的學習生活使我進步很快。在台灣受日本奴化教育，對中文和普通話都不太通的我，通過自覺地辛苦學習，一段時間後，已經能講能寫，也能讀隊部裡數量不少的各種中文藏書了。

我們入隊後的主要工作是協助審問日本俘虜。由於我們通曉日語，兼用溫和態度對待日俘，所以能夠問出許多富有情報價值的話。此外，我們還在羅浮山周遭半淪陷區的三不管地帶，從事街頭宣傳、組織民眾，做敵前敵後的政治工作。

黎明華：我到東區服務隊一個時期以後才看得更清楚，它根本就是因人而設的機構。它由丘念台先生領銜率領，名稱叫作東區服務隊，意思是第七戰區東部地區即潮州、梅州、惠州的服務隊。但服務些什麼，卻很籠統。它既不是戰地工作團，也不是政治工作的部隊。它雖高高在上直屬戰區長官部，卻沒有一定的具體任務。它要做什麼，全由丘念台先生個人自己去想。想的結果，大概就是我們所看到的：在接近戰區的地方做一些群眾工作，包括排難解紛、辦學、探訪民情，以及做一些宣教工作。這類工作又全靠丘先生個人的威望來進行。因為東服隊本身毫無權力。它不像戰地工作團或部隊的政治工作隊，具有強制性的權力，可以編組、動員民眾。東服隊不能。

蔣碧玉：東區服務隊的駐地，基本上是一個封建落後、糾紛又多的三不管地帶。所以，在民運工作中，我們要設法瞭解當地老百姓的困難，並替他們解決問題。有一年七八月，徐福田村民與鄰村村民因為界田的用水糾紛而集體械鬥。這時，剛好是田裡要收割的季節。這樣一打，兩村的農民都弄得無暇下田。天空中只聽到整天不斷的槍炮聲。後來，即使是丘念台先生從中排解，仍然無法平息他們的紛爭。丘先生只好請求前線指揮部派武裝部隊來鎮壓，械鬥才平息下來。因為這裡幾乎處於無政府狀態，土匪又多，所以，差不多每個老百姓都隨身帶槍。這裡「三天一市」，當他們上市集時，那種人人背槍的街景，就好象在好萊塢的西部電影看到的一樣。總的說來，這裡的農民被土豪劣紳剝削得很厲害，非

在这裡自己苦練出来的还好我们队裡来有很多書可以看、
在民運工作中我们了解他们的困难和待解决的问题[illegible]这个
地方是三不管地带[illegible]地方封建落後糾纷又多、記得
有一年徐福田与隣村為了争取[illegible]水界田水械鬥起
来剛好七八月田裡要收割兩村都[illegible]得无法下田整天槍炮声
不断丘念台先生從中排解也无法解决他们的[illegible]只好請
求前線指揮部[illegible]武装部队来鎮壓才平息、因这裡是无政府
[illegible]狀態 土匪又多百姓差不多都有槍支三天一市他们上
市也要背槍好像看西部電影 这裡的 農是很可[illegible]被土
豪劣紳剝削得很利害 比地設有[illegible]机構我[illegible]还要
[illegible]医務人員

蔣碧玉在東服隊做民運工作的回憶手稿

常可憐。由於這裡沒有任何的醫療機構，因此，我與老蕭，除了安政教民的日常工作外，還要充當醫療人員。

後來，東區服務隊奉命調離羅浮山徐福田，轉赴惠州以東的橫壢鎮。此地距離前線較遠，文化落後，文盲眾多，工作便以安政教民為目標。東服隊計畫以橫壢為中心，逐漸向周圍發展，每保辦一間戰時小學。半年期間，先後在惠陽、博羅、紫金、河源等四、五個縣區辦了四十五間小學。我們也都做了無薪給的臨時教師。男隊員分擔各學校的日間教學。女隊員則主持各校的婦女夜校。

我在當地看到的客家社會，基本上是一個非常封建的男女不平等的社會。在那裡，一般家庭無論生活再怎麼苦，也要培養男孩子讀書，然後到海外發展。他們賺了錢，就回家鄉蓋大屋。很多客家女人沒看過丈夫，只憑著走私的人把照片帶去，就跟在南洋的客家男人結婚。女人為了吃飯就得幫男方家下田，而且做得很辛苦。一般男人則不太下田做事。否則，兩個女人吵架時，就會有人被罵，說連一個丈夫都養不起，還要他幫忙做事。還有，男人吃乾飯。女人吃稀飯，而且不能上桌，只能在廚房吃，經常是邊餵小孩邊吃。女人如果自己沒有生育男孩，一定要幫老公找小老婆。一般有錢人都娶小老婆，但她們都得幫忙做事。有一次，天空突然下雨，我就親眼看到某家男人出來收晾曬的衣服，但只收男人與小孩的。女人的衣服就讓它繼續淋雨。

我剛認識浩東時曾經問他，為什麼女人就非得嫁雞隨雞呢？浩東分析給我聽，說這是經濟問題，傳統封建社會的女人因為沒有獨立的經濟能力，所以就無法跟男人處於平等地位。浩東又說，婦女問題其實是社會構造不平等的一環，只有改造不平等的社會構造，婦女才有可能真正與男性平等。

我們知道，一時間無法改變當地婦女的地位，因此只能通過婦女夜校，教她們識字讀書。我們希望這樣能夠讓她們自覺地面對自己的問題。雖然大家都很忙，卻忙得很充實，很有意義。

黎明華：大概是一九四三年六月底，我正式加入東區服務隊。這時，東服隊多數人已到羅浮山了。有一天，我和幾名

晚年的黎明華與老母親在松口老家〔藍博洲／攝影〕

隊員陪念台先生，從惠州西湖邊的東服隊聯絡站荔晴園出發，前往羅浮山。我們經由博羅城，走了一百二十華里，在晚上九點多，好不容易到了羅浮山山腳的長寧鄉公所。東服隊的李南鋒等人已做好晚飯相候。大家卸下行裝，就先吃個飽，然後累得澡也不洗，各自倒在辦公桌椅上睡了。雖然蚊子多，不得不點上幾支蚊香，燻得很難過，但我們還是像死豬一樣，一覺到天亮。

我們在長寧停留了一天。白天，分頭到接近前線的各個大村莊，尋求當地士紳支持辦學的鍾浩東、蕭道應和古培靈，各自來到長寧，向老先生報告籌設羅浮中學和白鶴補校的工作進度。我沒事，也在一旁聽。念台先生的構想是：在沖虛觀設立羅浮中學，在白鶴觀設立補習學校。因為博羅、增城、東莞都曾受戰火蹂躪，一所中學也沒有，而羅浮山又是一個最適當的辦校地點。所以念台先生此議一出，即刻獲得博羅縣長等當地許多有力人士的熱烈支持，不少人還當場認捐。念台先生聽過報告後，立即指定由徐森源負責籌備事宜，鍾浩東、蕭道應、古培靈則繼續負責對外聯絡。

蔣碧玉：後來，東服隊又再調回前線，在羅浮山的沖虛觀積極籌辦一所羅浮中學，收容附近小學畢業的學生。羅浮中學的校長自然是丘念台先生。因為政府無能給予經費補助，羅浮中學採取「取之於民，用之於民」的辦校原則，按部就班地工作著，終於在「教育上前線」的口號下順利開辦了。

1990年4月蔣碧玉與劉茂常及謝克等老同志重返羅浮山〔何經泰／攝影〕

這段時期，我又意外懷孕了。為了不影響工作，我想盡辦法要把肚裡的胎兒打掉。可是在醫藥缺乏的戰地，我只能服用一般民間配置的草藥秘方來打胎。那藥很苦，吃下去，就吐出來。有一次，一隻大概餓荒的狗上前舔食地上的穢物，結果，當場斃命。儘管藥性如此強烈，胎兒還是打不掉。後來，因為肺病復發，我被轉往南雄的陸軍總醫院療養。由於這所病院是我的長子的出生地，觸景傷情，住院療養的我不禁又思念起我那託人領養的長子。

就在此時，丘念台先生要結束東區服務隊隊務，投入國民黨的台灣黨務工作。因此，當他要到韶關的七戰區司令部辦事而路過時，我就毅然出院，拖著孱弱的病體，跟隨念台先生及另外兩名隊員一同走了十天到韶關，然後就自己搭汽車前往始興。車子走了大約四五個鐘頭以後，在天色已經暗了下來時終於抵達始興。我就隨便找個旅店休息。當年，張三姑把孩子送人之後，立刻寫了信告訴我，說孩子已經送給始興一家開瓷器店的蕭姓人家，請我放心。第二天一早，我便在始興街上尋訪這對蕭氏夫婦。當我按著地址找到這家瓷器店時，孩子的養母正陪著他在店門口玩。孩子的養父母知道我的身分後很高興。他們告訴我，繼堅在那裡已經習慣了。他們說，因為他們有飲茶的習慣，所以，每天時間一到，他就一定要去茶樓。他們於是請我到茶樓飲茶。在茶樓，我看到才三歲大的繼堅有模有樣地用著調羹、茶杯，一點也沒有生分、不適應的狀況。我這才真正放下心來。可讓我難過的是，這孩子對我卻生分得緊。雖然我一直要他叫我媽媽。他卻一直不肯叫，只是跟著他的養父母叫我蔣姑娘……

丘念台：民國三十二年春間，為適應抗戰新形勢的需要，中國國民黨台灣直屬黨部在福建漳州正式成立，翁俊明出任主任委員，我也謬承派充執行委員。但國民黨中央黨部給我的派令，是由四川重慶郵寄江西泰和，轉遞廣東蕉嶺縣，再轉博羅縣的前線防地，至當年冬季我才收到，同時也接到了翁主委給我的信，距台灣黨部成立已經好幾個月了。

1990年4月蔣碧玉與藍博洲在始興收養孩子的蕭姓人家門前〔何經泰／攝影〕

我決定獻身台灣黨務工作後，即向七戰區長官部請求結束東區服務隊的隊務，余漢謀長官甚感欣慰。他坦率的對我說：「你的東服隊，重慶方面常說閒話，現在全隊解散專辦黨務好了。你的隊員過去很努力，如果願意的話，本部政治部也可想法安置。」但當政治部主任叫我們的隊員加入各部隊政工隊工作時，他們都不肯去，寧願留在惠州自辦的中學和在各堡的國民學校任教，想等候時機，跟我做台灣方面的工作。

三十三年正月，正打算動程去漳州時，忽接到翁俊明主委被人暗殺的消息，使我感到十分驚異！

翁主委去世後，國民黨中央指派王泉笙繼任主任委員，他是福建泉州的旅菲華僑領袖。黨部部址奉命自漳州遷往福建臨時省會所在地的永安。

蕭道應：翁俊明是台南市人，就讀台灣總督府台北醫學校時加入同盟會，成為該會第一位台籍會員。聽說他與同學杜聰明曾經密謀以細菌倒袁而前往北京，惜未成功。台北醫學校畢業後，他舉家遷居大陸，先後在廈門、上海開設俊明醫院，暗中支持反日運動。一九三八年五月廈門淪陷。他攜眷避居香港，仍以行醫為名，掩護革命工作。一九四〇年春，中國國民黨中央組織部直屬台灣黨部籌備處正式成立於香港，並任命他為籌備處主任。一九四二年秋，國民黨中央在江西泰和開辦戰地黨務訓練班，對外名為韶關戰地服務訓練班，對內則是台灣黨務工作人員訓練班，由他兼班主任。一九四三年四月，國民黨台灣黨部改稱中國國民黨直屬台灣執行委員會，正式成立於漳州，翁俊明任主委。十一月十八日，他卻於福建龍溪遭人下毒而亡。

李南鋒：一九四三年十一月二十六日，中、美、英三國領袖在開羅會議後發表聯合宣言，說明盟國對日戰爭的政策，其中並確定台灣在戰後回復祖國地位。我們因此對台灣的未來抱著一片樂觀的期待。第二年二月，丘先生便帶著浩東、老蕭和我三位台籍隊員，由廣東惠州出發，步行二十天，到福建永安述職。

蔣碧玉：浩東他們離開隊部以後不久，三月，我的第二胎的預產期也到了。我時時感到即將臨盆的陣痛，但在羅浮山區的隊部卻找不到生產的地方。一名男同志於是陪我走了幾乎整天的路，再坐二、三個鐘頭的船到惠陽。我在惠陽住了幾天，仍然找不到生產的地方。這時候，身體感到更不舒服了。因為蕭太太還在離橫瀝鎮半個鐘頭步程的裡東小學教書，我又走去裡東找她。但，當地鄉下人的習俗是不讓生人在家裡生產的。蕭太太找不到房子給我生產。我只好又回到橫瀝住旅社。剛巧，投宿的客人中有一名助產士，就由她接生，在旅舍產下一名男嬰。

產後幾天，橫瀝一帶鬧水災。水退後，我身上也剩沒多少錢了，於是又踩著泥淖，走回羅浮山區。回到隊部，我整整一個月都吃麻油煮鴨蛋，勉強算是坐月子。然後，我才收到從橫瀝旅舍轉來的浩東的信。他信上說，他知道我一定會衝動地回隊部。他要我不要急著回去，先安下心坐月子。他馬上會寄錢給我。

二、三個月後，日軍完全佔領惠陽、博羅兩縣。我和另外兩名教員就帶著學生逃到山村，繼續在野外上課。到了年底，由於歉收，東江地區面臨嚴重的糧荒。日軍到處搶糧，實行以戰養戰的政策。有一次，日軍半夜來搶米，村民們紛紛逃躲。在緊張中，我忘了帶厚重的衣服，就只帶了尿布，抱著小孩，逃到野外，在樹下過了兩夜。村民們後來也都拿這事來笑我。這段期間，村民打獵回來，我才有機會吃到肉。

丘念台：在永安，我和黨部主持人商定了幾項關於台灣黨務發展的工作計畫：一是派人深入廈門、汕頭、廣州、香港，聯繫留駐各地的台胞，尤其要爭取日人所用的台胞來建立工作站。二是在福建東山島也要設立工作站，準備運用遠海漁船的船員，潛入台澎調查內情，溝通消息。我為了準備實行後一計畫曾特別繞道彰浦、雲霄、詔安回粵，趁便親到東山島去踏實勘察，停駐約一週間，覺得環境十分適合。

關於推進工作的組織，我也和台黨部書記長商定成立兩個機構：一為閩南工作團；一為粵東工作團；俾能分頭工作，運用華南各省淪陷區的台灣僑民滲入台島工作。當時，台北人李友邦在龍岩縣雖組有台灣義勇隊，但它屬於三民主義青年團的；嘉義人劉啟光在江西成立的台灣工作團則屬於三戰區長官部的；而且都只做戰地工作，沒有擔負滲入陷區台僑和台灣本島的任務。所以粵東工作團團長決定由我擔任。因為我在廣東惠陽、博羅兩縣擁有前東服隊的幹部四十餘名，可以擔任廣東沿海敵前和敵後的工作。至於閩南工作團團長的人選，擬請當時駐在漳州、龍岩、永安各地的台黨部執委擔任，如無人接辦，則待粵東工作團穩定基礎後，再由我來兼任。

蕭道應：我們跟丘念台到福建永安述職，回來時又到漳州、龍岩，聯繫台灣三民主義青年團的李友邦，分別取得國民黨台灣黨部粵東工作團和台灣三青團粵東工作隊的招牌。

據我所知，劉啟光就是與簡吉、趙港同為日據時期台灣農民運動三大領袖之一的侯朝宗，逃回祖國後經常改名易姓，繼續在上海、福州、廈門等地糾集台灣青年，從事反對日本帝國主義及收復台灣的活動。抗戰期間，他進入重慶軍事委員會政治部，主持對敵宣傳工作。後來，他介入接收台灣的工作，建議國民黨中央成立台灣黨部籌備處。再後來，他又奉蔣介石命令，擔任軍事委員會台灣工作團主

1945年6月台灣義勇隊請領服裝手冊中的鍾浩東是第八分隊少校分隊長

任，訓練台灣青年，準備配合盟軍登陸。李友邦則是台北蘆洲人，就讀台北師範時，因夜襲日警派出所遭到退學，潛逃大陸，進行革命活動，曾經被捕入獄兩年多。抗戰爆發後，他提出「保衛祖國，收復台灣」兩大口號，號召散居全國各地的台灣同胞，共同參加中華民族抗日戰爭的救亡運動。一九三九年，重慶軍事委員會在浙江金華組成直屬的台灣義勇隊和台灣少年團，以對敵、醫療、生產報國、巡迴宣慰等為主要工作。他被正式委任為台灣義勇隊隊長兼台灣少年團團長。

一九四二年，台灣義勇隊在金華淪陷前轉進福建龍岩，並於同年夏天奉上級命令成立三民主義青年團中央直屬台灣義勇隊分團部。三民主義青年團，簡稱三青團，一九三八年七月正式成立於武昌，蔣介石親任團長，陳誠任書記長，是國民黨以抗戰之名和共產黨爭奪青年的團體。

丘念台：我在永安和漳州居留

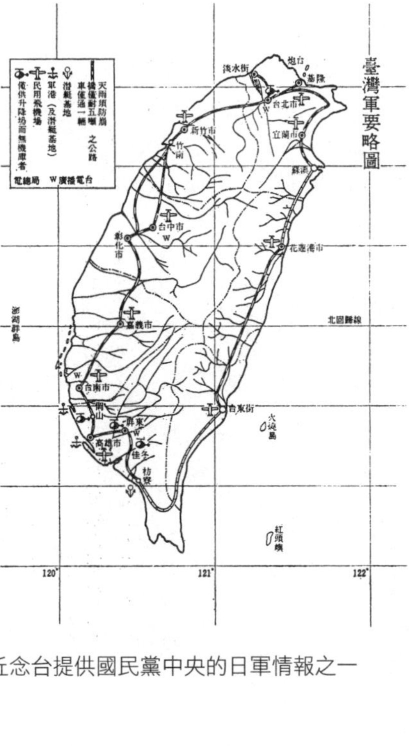

丘念台提供國民黨中央的日軍情報之一

約兩個月，始回廣東惠陽駐地。我覺得抗戰已進入接近勝利的艱苦階段，必須把握時機，積極推展工作。所以立即成立台灣省黨部粵東工作團，把原有在各學校的隊員全部加入黨部工作，仍以羅浮山區的惠陽、博羅各縣為根據地。在取得當地駐軍及地方主管諒解後，隨即分派團員偽裝商旅，深入香港及廣州各地，用種種方法秘密通信，最常用者，乃以名片紙書寫密語藏於香腸內，俾便掩護傳遞。這些滲入工作，進行不到三四個月，就發生很大的效果，各地的台僑都聯絡上了，只待我們加以妥密運用。

李南鋒：那年秋天，國民黨情報人員偵悉：在石龍日軍檢查站，一名年約二十四五歲的男子和日軍悄悄說了幾句話便放行通過，不必接受檢查。情報人員於是跟監這名男子。這個可疑男子到惠陽後便住進旅社。經過調查，情報人員得悉這人名叫陳明，是台灣人。因為一時未能取得確鑿的材料，不能立刻逮捕，就以「敵嫌」對待監視。國民黨方面把這條情報告訴丘念台，並要他幫忙調查此事。丘念台就派浩東、老蕭和我三個台籍隊員去做這項工作。

我們住進陳明下榻的旅社，然後以認同鄉、拉關係的方法，很快和他混熟了，並探悉他奉日軍情報機關派到惠陽專門偵查英軍服務團情況。我們這才知道，香港淪陷後，有一個英軍服務團撤退到惠陽郊區。

丘念台於是約談陳明，曉以大義，並說服他回廣州，幫忙提供日軍情報和策動台僑起義。他滿口答應了。丘念台向國民黨當局講明情況後便放陳明回廣州。兩天後，他又派浩東和我，以及另外兩名大陸籍隊員徐森源和鄧慧，以浩東為組長，前去廣州。

鄧慧：我以丘念台秘書的名義前往。丘念台採取封官爵的方式去籠絡台僑，如任命某某為起義軍司令，某某為台灣某市、縣長等等，但名字卻空著，還用他印有官銜的名片寫介紹信去接頭。他把這些文件交給我帶去。我知道帶這些文件是危險的，想來想去想出一個辦法：從惠陽郵局買來包郵票的薄膜，又到市場買來八斤臘腸和五斤羅浮山菜乾，然後用筷子在臘腸上捅一個洞，將文件扭成一條，用薄膜包好，塞在裡面，並做上記號。

我們頭戴氈帽，扮成做生意的人，從惠城坐船到石龍登岸，約定在一家興寧人開的筆店裡住宿。但登岸後必須經過檢查站，接受日本憲兵和汪偽軍檢查。偽軍隨便檢查一下鍾浩東、李南鋒、徐森源三人便放行了，唯獨把我留住不放。日本憲兵令汪偽軍認真檢查我，從頭到腳都搜遍了，查不到什麼可疑的

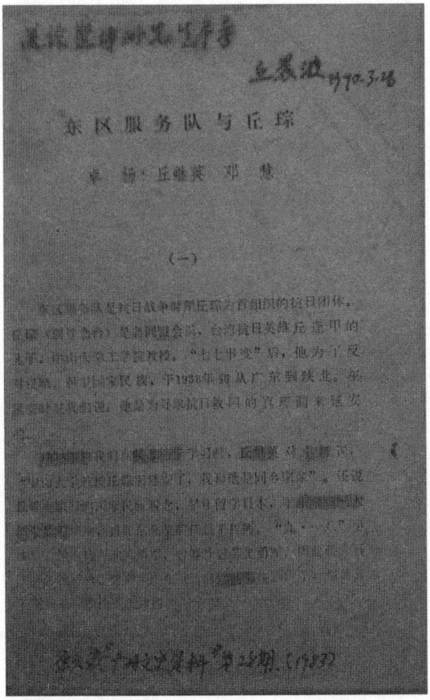

东区服务队与丘琮

编：丘继英 邓 慧

（一）

1983年在《廣州文史資料》第二十八期發表

東西。日本憲兵又瞪眼對我虎視，看我並不驚恐，然後才把我放了。

鍾浩東、李南鋒、徐森源三人認為我必被抓去了，正在和筆店店主商量，想通過一個當日軍翻譯的興寧人去打聽並設法營救。正在這時，我突然回到店裡，三人為之愕然。

「老鄧啊！你知道他們為什麼特別留難你嗎？」懂日語的鍾浩東慨然地對我說：「你一登岸，日本憲兵就指著你說，你這人既不像鄉下佬，也不像做生意的人，值得懷疑。」我才恍然而悟，原來我化妝得不好所引起的。

第二天早晨，我們又乘日輪去廣州。在廣州找到陳明後，他把鍾浩東和我安置在惠愛路禺山旅社居住，把徐森源和李南鋒安置在河南一家理髮鋪的樓上居住。第二天晚上，盟機（美機）來炸廣州，實行燈火管制。大約一個鐘頭後，日本憲兵突然出現在我們的房門口臨檢……第二天，鍾浩東把情況告訴陳明後，他便帶我們到太平南路一家日本人開的大酒店去住。這裡出入很方便，也沒有檢查過。就在太平南路口一家日本人開的咖啡館的廳房裡，通過陳明找來了約三十位台胞，開了個座談會……把當前形勢說了一遍後，鼓勵他們認清形勢，組織起來起義，如有願意到內地去的，也極歡迎等等。

我們在廣州住了六天，把存下的文件交給陳明就回來了。

丘念台：民國三十四年的二月，美國十四航空隊到興寧設立辦事處，打算招募台灣人士做登陸台灣的嚮導。閩贛粵邊區總司令香翰屏打電報到惠陽橫瀝鎮，要我帶領原屬東服隊的台黨部粵工團團員前往興寧。此時適惠州再度失陷，我就率領全團由惠陽移駐梅縣的南口圩。

蔣碧玉：浩東的原鄉在梅縣白渡鎮嵩溪村，離南口圩不算遠。浩東想去看看卻又猶疑，說是怕被丘先生罵。我鼓勵他去。兩人於是偷偷離隊，在嵩溪的這裡那裡看看走走，然後在當地小客棧住了一晚才回隊部。

丘念台：因為我率領的台黨部粵東工作團在廣州、香港、汕頭都已和台僑聯絡上了，乃於民國三十四年七月由廣東梅縣到福建永安，向台黨部報告一年間的工作經過，並打算建立起台黨部的閩南工作團，向廈門和附近濱海地區展開工作。不料，日本天皇於八月十五日

鍾浩東的原鄉祖宅梅縣白渡鎮崧溪村〔藍博洲攝於2019年9月〕

頒下敕令，正式宣布投降，結束其強暴侵略的罪行！我自永安聞訊後，深感情勢的急變，對於我們的工作隊伍和廣東沿海各地的幾萬台僑都不能不做急速的處置。所以即日匆匆離閩趕回梅縣，會同商決自率一部分團員直驅惠州轉赴廣州。另派一部分團員前往汕頭聯絡。因為當時我們粵東工作團，在廣州已建立了兩個工作站，兩個遊動站。香港有一個工作站。汕頭、潮州也有一個工作站，兩個遊動站。我們不能不速去收拾和協助展開接收工作。而且數萬台僑和當地軍民早有種種誤解，如果不給予好好安撫，他們固感痛苦，而演變的結果，也必然會影響收復台灣故土的前途。

九月，張發奎和孫立人部隊（新一軍）已陸續趕赴廣州。我帶了六位工作人員，由梅縣經興寧、五華、紫金而至惠州，轉赴廣州。

蔣碧玉：浩東奉丘先生之命，率領另一部分團員前往汕頭工作站，協助接收與安撫台胞。這時候，老蕭夫婦和南鋒已經離開丘先生所屬的工作團，逕赴廣州。丘先生於是也對浩東和我說老蕭

李友邦（1906-1952）

和南鋒他們都離開了，你們也走吧。然後拿了一封信給浩東。說是李友邦給我們的信，我們可以去找他。看了信後，我們才發現，丘先生因為怕我們過早離開，工作會停頓下來，所以一直扣著李友邦給我們的信。

浩東於是帶我去見李友邦，然後，以台灣三民主義青年團第三分團的名義，在廣州惠愛路（今中山四路）設置辦事處，協助旅居廣州的台胞返鄉。當時，旅居廣州及其近郊的台胞約有兩萬人，其中包括原屬日本部隊正規軍一千六百人。他們都是被日本殖民政府強徵到大陸和國軍作戰的。日本戰敗投降後，他們這批人就被移交廣東軍方。其中三百名是女護士。他們對自己所處的地位與未來的前途，都感到非常迷惘。尤其是

抗戰勝利後鍾浩東在廣州中山公園〔蔣碧玉／提供〕

1990年4月蔣碧玉與長子在廣州中山公園〔何經泰／攝影〕

女護士們，初接收時，有許多人還因為惶惑不安而自殺。我和其他女性工作人員於是用閩南語或日語，同她們解釋台灣歷史的演變，以及回歸祖國懷抱後所有台胞均恢復為中國國民的事實。這樣，才漸漸把她們的情緒安定下來。

第五樂章：歸鄉

發廣播信箱。重慶台灣革命同志（盟）會鍾和鳴。彷彿覺得與另一個世界、一個不但是地理上的隔膜——杳不可即，並且是有著生活感覺的距離的另一世界，通著難於相信的問訊。與人以一種隔世之慨。

——《鍾理和日記》（一九四五年九月二十八日，北平）

一九四五年十月二十五日，台灣區受降典禮在台北公會堂舉行，台灣行政長官陳儀接受日軍投降，並宣布台灣人民即日起為中華民國國民。台灣民眾盛大慶祝台灣復歸祖國。十一月一日，各部門開始接收工作。十二月三日，台北市食糧不足，米開始配給。同月十五日，開始受理中國大陸的郵便。二十五日，台灣省行政區域改為台北、新竹、台中、台南、高雄、花蓮、台東、澎湖八縣，舊制的郡為區、街為鎮、庄為鄉，州廳為縣政府、郡役所為區署、街庄役場為鎮鄉公所，下設村里鄰各辦公處。

生不得．死不得！

廣東臺胞歸來呼籲無門

●本報記者特寫●

這是一幕生之哀歌

四方呼籲疲於奔命

血淚之書不忍卒讀

1946年3月《人民導報》關於廣東台胞歸來無門的呼籲

一九四六年一月十四日，行政院公布集中管理台胞令並核准公布「關於朝鮮人及台灣人產業處理辦法」，規定：「凡屬朝鮮及台灣之公產，均收歸國有。凡屬朝鮮及台灣人之私產，由處理局依照行政院處理敵偽產業辦法之規定，接收保管及運用。朝鮮或台灣人民，凡能提出確實籍貫，證明並未擔任日軍特務工作，或憑藉日人勢力，凌害本國人民，或幫同日人逃避物資，或並無其他罪行者，確實證明後，其私產呈報行政院核定，予以發還。」同月二十二日，台北市民千餘人抗議物價暴漲。六月，鼠疫流行。台灣行政長官公署公布「戶口移動規則」。七月，南部霍亂流行，三百多人死亡。八月，台北地區也開始流行霍亂；鍾浩東呈奉為省立基隆中學校長。

蔣碧玉：一九四六年四月，鍾浩東向廣東省政府租了一條貨輪——沙班輪，把那些台胞分成三批送回台灣。我帶著在橫瀝惠安旅社出生，才兩歲大的老二鍾惠東，與蕭太太及李南鋒等坐第一批船，先行返台。浩東自己則跟隨第三批返台。這樣，我們結束了在祖國土地上五年來的抗日歲月，準備投入重建台灣的工作行列。

鍾里義：浩東的個性，自幼即大方而好交遊。記得他念高校時，有一回，他剛出院不久吧，父親特地北上，去古亭町的宿舍看他。據父親說，當他和浩東聊天時，恰好有朋友來找浩東，同他借點錢用。浩東毫不考慮便說錢放在吊在衣架上的衣袋裡，要多少，自己去拿吧。父親說完，然後既欣慰又自得地說：「哈！人家都說我鍾蕃薯度量大。可是，我

廣州已派沙班輪遣送台胞回省

四千餘人十日起錠
公電已達旋可抵鄉

本省旅粵台胞四千餘人、生活困難、請求同省、已誌前報、陳長官據報、至爲關懷？經電准廣東救濟分署電復、已撥發麵粉救濟外、並電南京陸軍總司令部、轉奉 蔣主席電復、已電廣州張主任發奎派艦遣送回台、長官公署現准廣州張主任電告：已派沙班輪、於本月十日遣送台胞四、七三八人預計不日即可抵台、民

沙班號開往廣州！

【基隆訊】據基隆港務局消息、前停泊基隆港六－七號浮筒間之美船柏非號、已於昨日下午二時出港、駛往上海、又停泊第九號碼頭之沙班號輪、定今午開赴廣州、十七碼頭之一臺北丸號輪、定廿二日開赴九龍、又停泊第一碼頭之臺安輪一三〇號、十八日晚八時一刻突告失慎、今晨[illegible]、損失[illegible]。又四月[illegible]五日自上海開至基隆之第八[illegible]主丸、今日上午[illegible]時到港。

廣州花地殘留臺籍官兵各父兄ニ告グ

近ク廣東向ケ輪船アル豫定現在廣州市花地ニ殘留セル臺籍官兵各父兄ハ救濟金若ハ船費トシテ大至急左記住址迄持參セラレ度尚遠方者ハ爲替ニテ送付相成度

送金先

臺北市表町一ノ二九

臺灣省旅外同鄉互助會啓

五月廿二日

1946年3、4、5月台灣報紙有關沙班號貨輪與滯穗台胞的相關報導

再大，還是輸給我這個兒子太多了。我向他投降。」因為這樣的性格，浩東是不貪財的。戰爭結束時，他在廣州擔任接收委員，不但沒有為自己積蓄什麼財產，還打電報回來，要家裡給他匯三千銀元過去，說是要租船，讓在當地的台胞返鄉。等到他回來時，身上卻一點錢也沒有。我以為，包公的清廉，也不曾強過浩東吧。

李南鋒：我們搭的那艘貨船，是向廣東省政府租的一艘日本人留下來的舊船。船在台南安平登陸。上岸後，觸目所見，只能用「滿目淒涼」四個字來形容。戰爭末期，台灣老百姓生活的困苦，是不難理解的。

鍾理和：我於三十五年春返台。當時台灣在久戰之後，元氣喪盡。加之，連年風雨失調：先有潦患，潦沒田禾；後有旱災，二季不得下蒔。尤以後者災情之重，為本省過去所罕見。天災人禍，地方不寧，民不聊生，謠言四起。

蔣碧玉：我回到台灣後，在台北廣播電台上班，負責辦理業務。浩東回來後，希望能夠從事教育工作，辦學校。那時候，政府的官員，市長級以上的有小包車代步。校長只能乘坐人力車。有一回，浩東半開玩笑地問我，要坐小包車，還是人力車？我當然理解浩東的志趣啊。可是，丘念台先生已推薦了三名在東服隊待得更久的隊員，不方便再引薦浩東。但丘先生還是寫了封介紹信，要我們去找一位鍾姓長輩。我於是就拿著丘先生的介紹信，登門拜訪這位鍾姓長輩。他看了信，立刻就給我寫了介紹信，並且替我以「蔣渭水

蔣碧玉出生地太平町一帶住民慶祝台灣光復的街景

日據末期被炸毀的台大醫院營養部及鍋爐房

的女兒」的名義，安排與教育處長范壽康見面。范壽康是浙江人，東京帝大畢業。不久，他的回音來了，說是要浩東到法商學院任教。可浩東並不只是志在教書而已，他希望能夠辦學校，於是親自拜見范壽康，表明拒絕任教的意願與真正想法。范壽康向浩東解釋說這不是他的意思，是丘先生的意思。他說他問過丘先生的意見，丘先生認為浩東沒有行政能力，不適合當校長。浩東不相信丘先生對他會有這種偏見，於是又去拜訪丘先生。後來，丘先生打電話到家裡，說是支持浩東當校長，只是台北已經沒有缺了，要浩東接掌台北郊外的基隆中學。

八月，浩東開始接掌包含高中與初中兩部的基隆中學。他上任那天，在惠陽旅社出生的老二剛好發燒，身體不舒服。我不敢到電台上班，請假在家，看顧他。因為我服用打胎草藥的關係，這孩子剛出生時長得很醜，體質也不好，容易生病。在東服隊時，包括我在內，差不多一半以上的人都患有瘧疾。通常，只要在病發時泡個薑湯喝即可。我想，小孩大概也是一樣吧，於是就泡薑湯給他喝。可他卻一直不見退燒。我慌了，急忙把他送到台大醫院急診，同時託人到基隆中學通知浩東。因為是急性瘧疾，服用奎寧也無效。浩東趕到醫院之前，孩子就因為已經燒到腦部無法救治而死了。

這個小孩平常很黏浩東。有一回，我在幫他擦屁股。浩東正好回來。他馬上就要給浩東抱。浩東一時無法接受小孩已死的事實。他責怪我，說你就是跪下來，也要求醫生把孩子救活啊。第二天，因為心情難過，他在床上躺了一天，爬不起來。後來，他就把孩子的骨灰罈擺放在校長室，日據時期校長擺置日本天皇照片的位置。他還把孩子火化後的頭顱擺在辦公桌上，思念時，就拿起來撫摸一番。

這時候，我正懷著第三胎。想著因為抗戰的關係，老大不得不送給人家撫育；如今，歷盡艱辛才生下來的老二，卻又因自己一時疏忽而早夭。我心中難過，覺得對不起浩東，於是決心要好好撫育這即將出世的老三，以盡人母之責。

鍾里義：浩東做校長時，有個同鄉的讀書人北上辦事，順道到基隆中學找他。回鄉後，他卻因為浩東樸實的穿著感到驚訝而告訴地方父老，說這個鍾和鳴，都做校長了，

光復初期基隆中學全景

還是那麼老實，連一件像樣的衣服也沒得穿。有些地方父老並不相信，於是也利用北上時親自到基隆中學拜訪浩東，這才相信的確如此。回鄉後，大家都紛紛議論鍾浩東這個老實得像是老農一樣的校長。這樣，六堆一帶的客家庄，上抵美濃，下達內埔，幾乎無人不知樸實的鍾浩東校長。

陳德潛：我是基隆中學第十六屆學生，曾在校內擔任班長及全校學生聯盟代表。鍾校長是個非常有人情味的人，對學生很好，十分疼愛。遇有家境貧困的學生，他總是自掏腰包墊付學費；自己和家人卻住在學校後山簡陋的木屋中。他的思想與教學都很先進，同時多才多藝，曾網羅不少一流教師至基中任教。

李南鋒：歸鄉後，我隨即又上台北，與蔣碧玉一同進入台北廣播電台上班，負責辦理業務。電台台長是林忠先生。在福建的時候，我和浩東就認識他了。那時他是國民黨直屬

光復初期基中運動場旁中央入口的校舍

台灣黨部的書記。九月開學前，我便把電台工作辭掉，到基隆中學辦教育。我的職務是訓導處管理組長。我想，浩東大概是希望我把東服隊的工作經驗拿到台灣來，好好教育年輕的一代吧。

李清增：一九四六年二月底，我從日本回到屏東長治的家鄉，在屏東工業學校做教員，同時也與同鄉的邱連球聯手，打擊地方上倚仗日本人勢力作惡的不肖分子。暑假，有一天，我終於在連球家見到鍾浩東。早在日據時代，我已經久仰浩東的大名了。他和鍾九河、蕭道應，一直被公認為六堆一帶客家庄最優秀的青年。當天，浩東問我想不想到基隆中學一起辦學校。我回答他說我學的是機械，我想，我還是進糖廠做事，比較適合。回想起來，

鍾浩東校長（坐右二）與六堆旅北客家鄉親們

浩東在基隆中學開學之前，一定已經在全省各地奔波，廣招良師了。此後，只要浩東有事回南部，我們幾個人一定在一起聚會、討論。

李旺輝：一九二二年，我出生於高雄美濃一個貧窮的佃農家庭。一九四一年三月日本宮崎縣宮崎工業學校畢業，之後到東京鹿島組株式會社工作。一年多後，我存了點錢，又考進東京研數專門學校。日本投降後，我於一九四六年三月回到台灣。那時候，台灣的經濟蕭條，求職不易，當個老師都要送紅包，走後門，才行得通。可鍾浩東校長掌舵的基隆中學，這一套卻行不通。校長的作風是：只要聽到那裡有好老師，一定立即親自登門邀聘。我就是因為基隆中學欠缺專業的數理化老師，而由鍾校長親自邀請，到基隆中學任教。

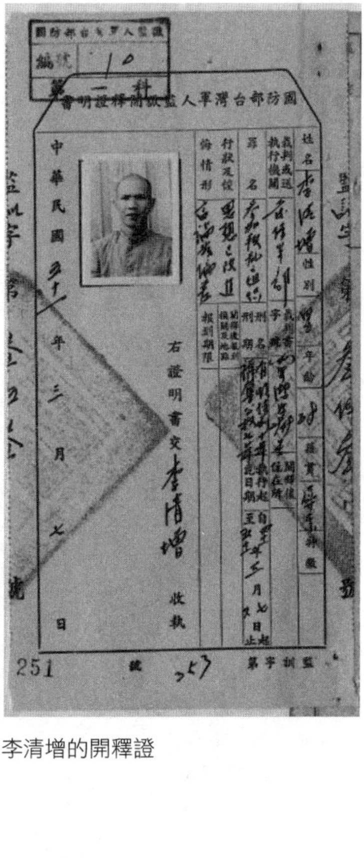

李清增的開釋證

那年四月，我先進入高雄中學教數學。因為看不慣學校裡頭的貪汙風氣，到了十月，我就轉往美濃同鄉較多的高雄工業學校任教。可我沒想到，工業學校的風氣也好不到哪裡；甚至可以說貪汙得更厲害。我覺得，整個社會好像都在墮落腐化；對未來也感到苦悶。就在這個時候，寒假期間，鍾浩東校長在他的表兄弟邱連球陪同下來找我。邱連球當時也在基隆中學總務處擔任事務組長之職，他岳父就住在我家附近。可我和他們兩人並不認識。鍾校長說，他是聽他弟弟鍾里志談起，美濃有個李旺輝在高雄中學和工業學校教數學，而且教得不錯，因此專程來找我。我雖然認識鍾里志，並不很熟，可我有一些朋友和他熟。我想，他也許就是從那些朋友打聽到我，然後又把我介紹給鍾校長吧。我因為對高雄工業學校的風氣早已不滿，再加上對鍾校長的印象很好，當下就答應他到基隆中學教數學。農曆年過後，學校開學，我就北上，前往基隆中學任教。

鍾里志：浩東到基隆中學當校長後，我也應邀到基中總務處擔任出納組長。據我所知，住在我隔壁宿舍的藍明谷老師，是我哥鍾理和在北京就已經認識的文藝青年；返台以後，他先在教育會任職，然後通過理和兄介紹，到基隆中學教國文。

鍾鐵民：我是鍾理和的長子。民國三十六年春，叔叔和鳴在基隆中學任校長，父親在南台灣的屏東內埔任教。叔叔多次招請他去基隆。他就一個人先北去看望兄弟。住在學校宿舍，那是日本人留下來的日式住宅，榻榻米地板，許多紙門隔間。父親睡一間四疊榻榻米的精緻小房間。那時他常常失眠，有時睜著眼到天亮。事情發生時父親說他很清醒。隔壁客廳中的大掛鐘正敲十二點。在鐘聲中，父親覺得兩腳開始麻痺……到最後他發覺除了眼球以外，全身都已僵直。這時他感到身邊有人，用眼球往下瞄，依稀有一白衣女子坐在蚊帳裡，緊緊依在他的腰側。他看不清她的年齡與面貌，感覺中應該是一個少女，長長的頭髮披在肩後。靜靜地坐著一動也不動。父親因為一向是無神論者，所以心中一點也不害怕，只是目不轉睛的盯著身側的女子看，一心想要看清她究竟是什麼長相。時間並不很長，忽然他感到僵直的身體又恢復知覺可以動彈了。就在這樣的恍惚之間，身邊的女子已經不見。燈光依然，好像什麼也沒有發生過。

第二天，父親告訴與叔叔一同生活的祖母。祖母嚇得要他立刻換一間房子。因為祖母知道曾有女學生在那兒服毒自殺。可是父親執意不搬。因為他決然不相信鬼。那天

1988年李旺輝與李南鋒於鍾理和故居〔藍博洲／攝影〕

就讀台南師範的藍明谷（1919-1952）

1955年鍾里志（左一）與鍾理和（右二）等親友〔鍾鐵民／提供〕

晚上，祖母就睡在隔房，只隔一扇紙門，要父親一有動靜就呼喚……情形與前一夜完全一樣。十二點的鐘聲一響起來。他又感到身體開始僵直，然後白衣女子一模一樣的坐在身側。他想發問卻無法開口，在片刻之後，一切就又消失了。

第三天，父親就離開基隆回屏東來。弟弟當校長，自己去當教師，這是一種心理上的結。他不打算到基隆去。但在他從基隆回來後不到一個月就肺疾發作，吐血住院。

戴傳李：二姐夫鍾浩東去基隆中學當校長時，我正在台大讀政治系一年級。他邀我去教書。我於是以台北高等學校畢業證書當文憑，到基隆中學教高一的英文和數學。當時我剛剛年滿二十歲，只比學生大一兩歲。我的課安排在台大剛好沒課的星期一、三、六，每日六小時，每週一共十八小時。其他時間，我還是在台大當學生。

楊基銓：台灣光復，隨著國民政府官員陸續來台，我台北高校同班的台灣人同學鍾和鳴，在高校二年級暑假失蹤的十二年後，突然出現在我的面前，這時已改名鍾浩東，被派任省立基隆中學校長。我與他見過幾次面，但沒有機會深談。我受他之託，推薦一位東京帝國大學的後輩張國雄，擔任基隆中學的英文教師。張國雄是台中縣人，入東大法學部不久，因病休學，並回台療養，直到台灣光復才病癒，惟不再回東大，也不轉入台灣大學繼續念書。此時台北市長黃朝琴需要英文人才，而張君的英文程度相當不錯，乃經市政府招考，

青年鍾理和〔鍾鐵民／提供〕

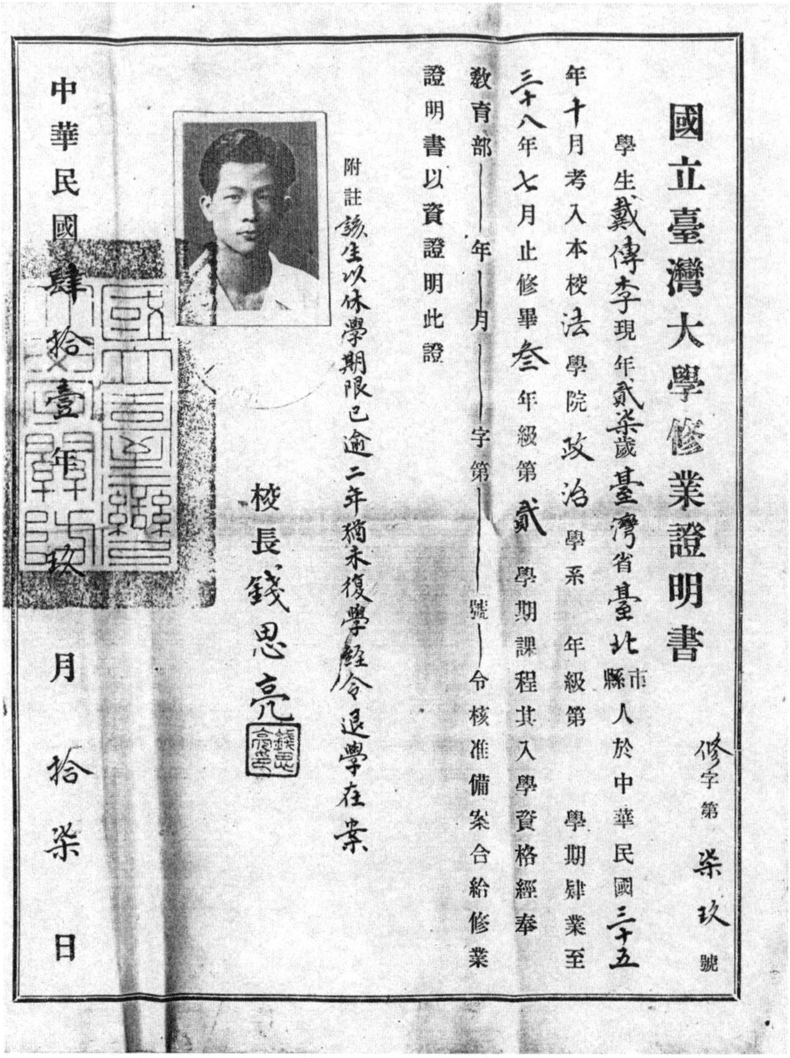

修字第柒玖號

國立臺灣大學修業證明書

學生戴傳李現年貳柒歲臺灣省臺北縣市人於中華民國三十五年十月考入本校法學院政治學系　年級第　學期肄業至三十八年七月止修畢叁年級第貳學期課程其入學資格經奉教育部　年　月　字第　號令核准備案合給修業證明書以資證明此證

附註　該生以休學期限已逾二年猶未復學經令退學在案

校長　錢思亮

中華民國肆拾壹年　月拾柒日

戴傳李的台大修業證明書

以優秀成績錄取，進入台北市政府服務。後因黃市長離開市政府，張君無法發揮才能，遂由我介紹轉至基隆中學教書。我始終沒有料想到，鍾和鳴與張國雄兩人，竟然都在一九五〇年代初期的白色恐怖時期，以匪諜名義，被治安單位拘捕、槍決。我每想到此事，心中就非常痛苦，尤其對張國雄更有「我不殺伯仁，伯仁卻因我而死」之感。

黎明華：一九四四年初，我轉入東江縱隊。日本投降後，我因部隊主力北撤而歸鄉。後來，我聽說，鍾浩東當了基隆中學校長，東區服務隊的一些大陸籍隊員也跟著他到基隆中學服務。我於是輾轉和在基隆中學擔任訓導主任的徐森源聯絡，並寫信向他表示，我想到台灣找事做。信寄出去後不到十天，我就收到徐森源的回信。他在信上說，

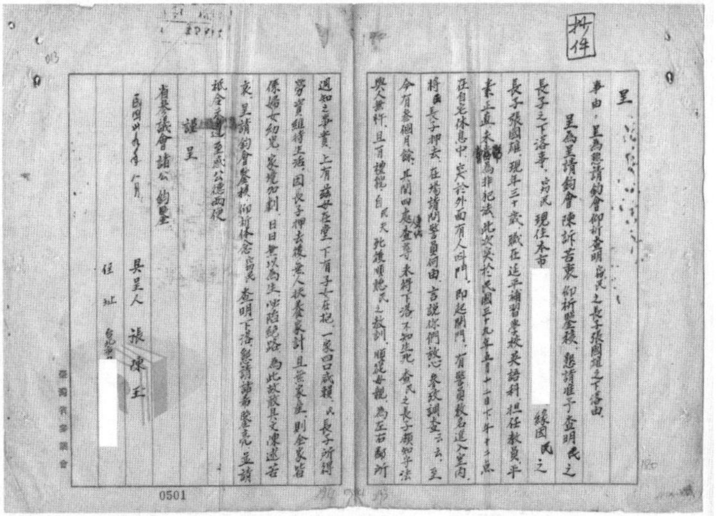
拊件
呈
事由：呈為懇請鈞會仰祈查明氏之長子張國雄之下落由
呈為呈請鈞會陳訴苦衷仰祈鑒核，懇請准予查明氏之
長子之下落事。竊氏現住本市 緣因氏之
長子張國雄，現年三十歲，職在延平補習學校英語科，担任教員，平
素正直，未嘗為非犯法，此次突於民國三十九年五月十二日下午十點
在自宅休息中，突於外面有人叫門，即起開門，有警員數名進入室內，
將氏長子押去，在場請問警員何由，言說你們放心，參致調查云云，至
今有參個月餘，其間四處查尋，未得下落，不知生死，氏之長子頗知守法
與人無忤，且有孝德，自氏夫死後，順從氏之教訓，順從母親，為左右鄰所
週知之事實，上有姑母在堂，下有子女在抱，一家四口咸賴氏長子所得
勞資維持生活，因長子押去後，無人扶養家計，且無家產，則全家皆
係婦女幼兒，家境加劇，日日無以為生，將陷絕路，為此故敢具文陳述苦
衷，呈請鈞會鑒核，仰祈體念竊氏，查明下落，懇請諸君鑒亮，並請
祇令承辦機關速查，至感公德兩便
謹呈
省參議會諸公 鈞鑒
民國卅九年八月
具呈人 張陳玉
住址 基隆
0501

基隆中學英文教師張國雄母親的陳情書

歡迎我去台灣，職業問題，到了再說。我於是同母親商量。她不但一口答應，還賣了一塊地，給我做路費。一九四六年十一月十五日，我就在家鄉松口搭渡船到汕頭，然後再經廈門，一個星期以後抵達基隆。上岸以後，我便搭火車到八堵，來到基隆中學，見到了鍾浩東與蔣碧玉夫婦、徐森源、李南鋒、鍾國員、黃素貞、鍾國輝夫婦及徐新傑等東區服務隊的老朋友。因為學校已經開學好久，鍾浩東校長暫時沒法替我安插工作，外頭的工作又不好找，我就暫時住在基隆中學的老師宿舍。一九四七年二二八後的三月下旬，我才在鍾浩東校長的安排下，正式擔任基隆中學訓導處幹事。五月下旬，我從基隆中學轉到新創辦的中壢義民中學任教，並在那裡重新恢復組織關係。

李旺輝：基隆中學的校風和我先前待過的兩所學校完全不同。我到基中任教之後的最大感受，首先就是它的民主氣氛很濃厚。雖然校長本人可以全權處理教務主任、訓導主任及老師的聘任，但是，教務主任和訓導主任卻是在校務會議上通過選舉而產生的。這應該是全省獨一的。記得，我在基中三年期間的教務主任，一直是年輕的，會講客家話的廣東人方弢。聽說他畢業於北平中國大學國學系，歷任廣東省普寧、梅縣等幾所小學和中學的校長、教員或教導主任，後來也在廣西擔任過幾所中小學的教員。一九四六年八月擔任基隆中學教員。一九四七年春轉任教務主任。他太太張奕明則是學校職員。兩人育有一個小孩。後來，夫婦倆先後遭到槍決。

學校的老師原本要選我當訓導主任，我因為國語還不太會講，必須用日文上課而推辭，於是就改選年紀才二十八歲的外省老師陳仲豪當主任。可以說，整個基隆中學，上自校長下到校工，都是完全以學生設想，不爭權奪利。因為這樣，教職員之間都和睦相處，不分派系。學生的民主風氣也很盛。學生只要通過班會討論，反映給教務處，希望由那個老師教那門課；教務處馬上就會設法排課。

王春長：我是基隆中學第十六屆畢業生，畢業於一九四八年。台灣光復後，基隆中學首任校長是吳劍青先生。一九四六年八月，吳校長去職，由鍾浩東校長接任。那時，他才三十出頭。我們都認為，他那麼年輕就能當校長，實在優秀。他的領導方式

方弢與張奕明夫婦

十分民主。在我的印象中，在他任內的基隆中學是沒有軍訓課的，但每星期仍得有週會。學生可以蓄髮，甚至打領帶上學。他自己則除了西裝外，經常穿中山裝。另外，鍾校長很喜歡運動，硬式網球打得很好。因為這樣，我們學生大都也很喜歡打網球。

王億超：我是基隆中學第十七屆畢業生，畢業於一九四九年。鍾浩東校長在任時，基隆中學的學風較為自由。例如，一般來說，當時每所中學早晨都要升旗唱國歌，但在我的印象中，鍾校長任內把這個儀式都省略了。我們學校位於八堵車站附近，車站對面有一家撞球場。當時，幾乎全班同學都到那裡打撞球，或是在撞球場隔壁的店家吃冰。記得，有一回，教育廳督察來校視察。鍾校長立即騎著腳踏車到撞球場。「快點，快點，大家趕快回去。」鍾校長叫我們，說：「教育廳督察到學校來視察了。」鍾校長就是這樣一個容易親近的人，從來不對我們擺校長架子，始終跟我們打成一片。對學校裡的教職員，他也總是把他們當成自己的兄弟手足般看待。

郭進欽：我也是基隆中學第十七屆畢業生。高三那年，我擔任全校風紀隊（即今之糾

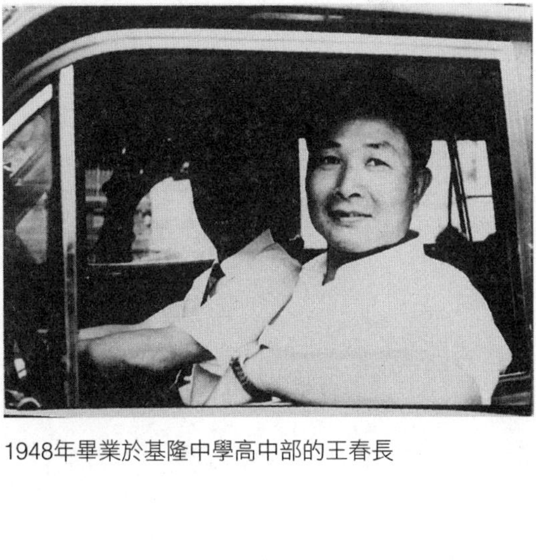

1948年畢業於基隆中學高中部的王春長

察隊）總隊長。鍾校長曾經找我去問話。鍾校長詢問：「為何你所指定的風紀隊員半數是一些壞學生？」「校長，」我答道：「我們要抓的不就是這幾位學生而已嗎？如果把他們幾位都任命為風紀隊員，做模範給全校同學看。這樣，校園的風紀不就立刻可以變好嗎！」鍾校長想了一下，然後說：「在理論上，你講的似乎很有道理。但在實際執行上，也可能會有很大的問題。」我請校長給我三個月的時間試試，如果有效便繼續執行；若不行，再請校長處分那幾位壞學生。鍾校長也應允了。

基隆中學的運動風氣很活躍

何文章：我也是基隆中學第十七屆畢業生。鍾浩東校長從不給予學生壓力。我總覺得在他任內的基中回憶，是一段很舒適悠閒的歲月，日子很好過，老師與學生也總是打成一片。那時，從大陸來的老師們，物質生活都過得很辛苦。他們在基隆並沒有自己的房子，全都住在校方安排的空間十分擁擠狹小的宿舍。基隆是個多雨的地方，校舍設有放置雨具的衣帽間。有些老師在衣帽間裡隔起一小塊地方，就居住下來。儘管如此，老師們並不以此為苦，仍然接受學生邀請，熱情參與當地諸如「迎媽祖」等傳統的節慶活動。

呂鎮川：我是基隆中學第十八屆畢業生，畢業於一九五〇年。我們看到老師們住在校內的學寮裡，空間確實十分擁擠狹小，只是用布幕一一隔成一小間，甚至有些老師就在音樂教室或騎樓走廊下隔間，把校園當成住家，一家人就住在裡面。我們每天都可以看到他們的生活，真的十分刻苦。

何文章：在我高二時，每日下課後，我們總是看見擔任我們班導師的方弢主任，前往菜市場買菜。這在我們看來是很稀奇的！因為在家裡，我們不曾見到自己的父親做過家事，所以，這些由大陸來的老師給我們的感覺是比較民主化。

基中老師擁擠狹小的宿舍是日據時期位於學校後山的神社

王春長：鍾校長曾在大陸待過一段時間，加上老家在高雄美濃，所以他聘請的老師大部分是廣東或南部的客家人。雖然如此，我們也可以用閩南話跟鍾校長談話。他有時也講客家話，但主持會議時一定講國語。

何文章：當時，老師們上課講的話都是國語。然而，日據時代大家學的都是日語，台灣光復後便聽不懂國語。記得，某次期中考的考題要學生默寫中華民國國歌，有趣的是，竟沒有一位同學能寫得完整。老師們為加強我們在中文方面的學習，時常推薦我們閱讀課外書籍。《觀察》、《展望》等雜誌都是當時老師們推薦的讀物。

李南鋒：《觀察》和《展望》等雜誌都是老師們經常傳閱的讀物。《觀察》是一九四六年九月在上海創刊的政治時事性週刊。前身為一九四五年十一月至一九四六年四月在重慶出版的《客觀》雜誌。儲安平主編。主要撰稿人有張東蓀、傅雷、吳晗、費孝通等。它聲稱代表一般自由思想分子，對國內各政黨不偏不袒；強調以民主、自由、進步、

觀察
三十七年九月四日
每份一角五分
第五卷 第二期
專論 論政府大捕學生 趙超構
從幾個世運選手拒絕回國說起 潘光旦
特稿連載 民主主義與社會主義補義 張東蓀
美國通信 紅帽子在美國 段連城
外論選譯 文明在生死之間 Arnold Toynbee
哀思 最完整的人格 李廣田
紀錄 燕京被搜在場談話 陸志韋
觀察通信
北平大拘捕（北平通信）觀察特約記者
南京大拘捕（南京通信）觀察讀者投寄
關中搶糧戰（西安通信）觀察特約記者
鄧錫侯遲不赴任的原因（成都通信）觀察讀者投寄
文藝 何其芳的轉變 沈宗溦

儲安平主編的《觀察》週刊

理性為原則；主要欄目有專論、外論選譯、觀察通信、文藝、讀者投書等；對當時的政局、戰局和經濟、文化、社會等各方面進行廣泛的評論。它出有華北、台灣航空版，據說最高發行量達十萬份；在國統區的知識分子讀者中有較大影響。但一九四八年十二月下旬卻被查禁。《展望》則是中華職業教育社一九四八年五月在上海創刊出版的週刊；經常揭露國民黨軍事上的失敗和政治上玩弄「和平談判」的陰謀；其中，「軍事一周」專欄每期都有對戰局的精采報導和分析，很受讀者歡迎。據說它的最高發行量達五萬三千多份；曾經多次受到國民黨當局警告，南京方面負責人因此被捕；一九四九年三月也被查封。

呂鎮川：藍明谷先生曾教過我們中文。光復初期因為大家只懂日文，不懂普通話，所以藍明谷先生曾經把魯迅的短篇小說《故鄉》翻譯成日文，以此教導我們閱讀中國小說。

老師們總是教導我們說如果國文要進步，就要多看課外書籍。我們問老師要看什麼課外書籍呢？老師們便介紹一些魯迅、巴金、茅盾等人的著作。當時國共正在和談，所以這些左傾書籍在市面上仍買得到。

連世貴：光復後，我在基隆省中讀書才開始學國語。十分諷刺的是，我在學國語時所學的第一首國語歌曲，即是如今中華人民共和國的國歌——〈義勇軍進行曲〉。它還是學校教官教我們唱的。「二二八事件」那年，我念初三，在學校擔任學生自治會的學術

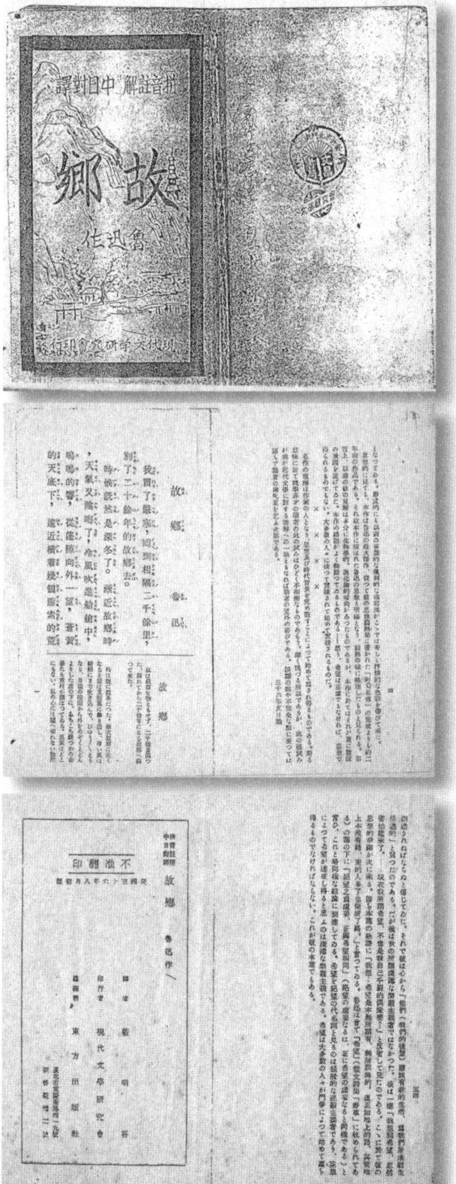

藍明谷譯魯迅《故鄉》的封面、內文首頁與版權頁

股長，負責管理自治會圖書室裡的所有圖書。自治會圖書室裡收藏的絕大多數都是「紅書」。我本來就很喜歡看書，在學校成績也算不錯，但我書看得越多，思想便越加左傾。

基中圖書館

第六樂章：二二八

三時吃完牛奶後走出大門口。在放射線的南邊的過道上放著一具剛由五六個學生抬進來的少年死屍。少年可能十五六歲，躺在一只綠帆布的擔架上。面如蠟蒼白，唇紫。一手放在小肚上像在深睡。臉部頰鼻額處略有塵土，黑中山服的上衣，草色褲子。被撩起著的腹部，有幾道很薄的血跡，模糊不清。子彈由左胸乳邊入，右脅出。入口有很深的、看著就像一個黑洞的傷口，出口則拖出一顆小肉團貼在那裡，像一個少女的乳頭。

——《鍾理和日記》（一九四七年二月二十八日，台大醫院）

蔣碧玉：一九四六年十二月，我們的第三個兒子出世了。因為上班的關係，浩東住在學校宿舍的時候多。我則住在仁愛路的一幢日式房子。孩子滿月那天，浩東還特地從基隆趕回家來，並且邀請了許多抗日前輩來吃滿月酒。之後，來家裡走動的人也就日漸頻繁了。記得，有一位記者，姓詹，本省人，常來家裡找浩東。後來，我才知道他是吳克泰。

吳克泰：我的本名是詹世平，一九二五年出生於宜蘭三星鄉佃農家庭。就讀台北二中（今成功中學）期間，通過低我一級的學弟戴傳李得知，他姐姐蔣碧玉、姐夫鍾和鳴與台北帝大醫學部第一屆畢業生蕭道應等五名台灣青年，自行組團到大陸參加抗戰。我就有了起而效法的念頭。一九四三年九月二十三日，日本政府公布：自第二年起，把徵兵制度適用於台灣；凡年滿二十歲的台灣青年男子，都同日本青年一樣要去當兵。我恰恰是頭一批被徵調的對象。我想，與其被抓去當日本兵

青年吳克泰〔吳克泰／提供〕

228前夕的蔣碧玉與滿月後的三子及兩個妹妹〔蔣碧玉／提供〕

跟美國拚命，倒不如回祖國跟日本帝國主義拚命。於是，一九四四年八月上旬取得去大陸當日軍翻譯的資格，九月初就放棄只念了一年多的台北高校學業，出走上海，尋找蔣碧玉與鍾和鳴等人。可是我始終打聽不到他們的行蹤。

一九四六年三月中旬，我從上海回到台灣，然後一面回台大念書，一面在報社當記者。四月下旬，我終於通過張志忠先生和台灣的中共地下黨聯繫上了。張志忠原籍嘉義新港，曾在八路軍一二九師冀南軍區敵工部從事對敵宣傳工作，一九四六年四月經由上海返抵台灣活動。同年七月，「台灣省工作委員會」正式成立，由原籍彰化花壇的蔡孝乾任書記，張志忠擔任委員。從此，我就在組織領導下在校園和輿論界積極地展開活

1990年4月蔣碧玉與吳克泰在北京台盟中央重逢〔藍博洲／攝影〕

動。

就在這段期間，改名為鍾浩東的碧玉姐的先生回來了。此時，他顯得很苦悶。他思考問題比較深刻，經常邊揪頭髮邊想，因此有些禿頂。我找他談了幾次話。他的情緒便完全不同了。他談到當初回國參加丘念台領導的東區服務隊的曲折經過。他又說，後來同附近的共產黨東江縱隊聯繫上，快要入黨的時候，日本投降，東江縱隊按照國共兩黨協議北撤。他按照指示，去香港找中共領導的愛國統一戰線報紙《華商報》聯繫，但始終接不上關係，只好先回台灣。他回台灣後並不像其他要官、要肥缺的「半山」，而是選擇辦教育。我很快就發展他入黨，經張志忠批准後，由我單線聯繫。他也是我發展的第一個黨員。

蔣碧玉： 浩東年輕時候非常崇拜蔣介石。在他的認識上，蔣介石是孫中山先生的信徒，更是領導全中國人民抗日的英明領袖。我曾經聽他弟弟說，西安事變發生時，浩東還因此痛哭不已。浩東的父親只好把報紙藏起來，以免他過於傷心。

在雄中時代，浩東即因閱讀簡明版的《資本論》而被日籍老師處罰過。此後，他幾乎隨身攜帶一本袖珍本的《資本論》，有空就拿出來翻讀。一直到在惠陽被扣留時，警覺性高的浩東，才把口袋那本《資本論》丟到茅坑裡。我想，那時的浩東還只是個素樸的社會主義者吧，是民族情感主要地決定了他帶領我們奔赴祖國，參加抗戰吧。

在東區服務隊，到過延安學習考察組訓民眾和游擊戰術的丘念台先生，採取延安的方式，讓隊裡的上下老幼，生活、工作都在一起，通過唱歌、演戲、繪畫、運動、寫作等娛樂活動，接近民眾，深入民眾，把握民眾。此外，丘先生還從延安帶回來很多書。這些活動和書，自然對東服隊的同志，造成一定程度的影響。

一直要到抗戰末期，對國民黨的階級屬性有了更深刻的認識以後，浩東才日漸左傾吧。但是，安全局機密文件的說法卻是：「鍾等於到達內地後，因一切未如其理想，乃對政府之信仰降低。而於第七戰區工作時常受共產黨地下工作人員之誘惑並閱讀共產黨之書籍甚多，其思想遂趨反動。」

黎明華：東區服務

匪台灣省工作委員會叛亂案

偵破時間	三十八年十月三十一日至三十九年二月十六日
地點	台北、台中、高雄、基隆等地
判文號及日期	一、國防部四十年三月三十日則副字〇四一九號代電及四十三年三月十二日清徹字七五一號令核定。
死刑執行日期	二、四十年四月三日及四十三年三月十六日分別執行

匪諜及處理情形

姓名	年與籍貫		處刑	姓名	年齡籍貫		處刑	姓名	年齡籍貫		處刑
蔡孝乾	四六	台中	自新	陳定中	二六	廣東	自新	林青	二六	廣東	刑十五年
陳澤民	四二	福建	自新	陳克鳴	二七	廣東	自新	張世藩	二九	廣東	刑十五年
洪幼樵	三五	廣東	自新	馬雯鵑	一七	江蘇	自新	李振芳	四七	台北	刑十五年
許敏蘭	二五	安徽	自新	張志忠	四四	嘉義	死刑	楊克村	三八	彰化	刑十五年
蔡寄天	三二	廣東	自新	謝富	四六	台中	死刑	林坤西	四四	台中	刑三年

案情摘要

共匪中央於三十四年八月，派蔡孝乾為台灣省工作委員會書記，蔡匪於同年九月由延安出發，間道潛行三個月，於同年十二月始抵江蘇淮安，向匪華東局（原稱華中局）書記張鼎丞，組織部長曾山，洽調來台幹部。三十五年二月，蔡匪率幹部張志忠等，分批到滬，與匪華東局駐滬人員會商，並學習一個月，同年四月，首批幹部先由張志忠率領由滬搭船潛入基隆，台北開始活動。蔡匪於同年七月，始潛台領導組織。並正式成立，「台灣省工作委員會」，由蔡本人任書記，直接領導「台灣學生工委會」，「基隆市工委會」，「台灣省山地工委會」，「台灣郵電職工工委會」，「蘭陽地區工委會」，「台北市工委會」，「北峯地區工委會」等機構工作（後交由徐懋德統一領導）。先後並以陳澤民任副書記兼組織部長，領導台南、高雄、屏東等地區工作。洪幼樵任委員兼宣傳部長，領導台中、南投等地區工作。（後交由張伯哲領導）張志忠任委員兼武工部長，領導海山、桃園、新竹等地區工作（後交由陳福星領導）。案經保密局偵悉破獲。

安全局關於台灣省工作委員會的機密檔案

隊有許多書刊，半數以上是左派作品：毛澤東的《論持久戰》、《論新階段》、《新民主主義論》。陳伯達的《新三民主義》。艾思奇的《大眾哲學》和沈志遠的《新經濟學》。翻譯作品，如《政治經濟學教程》、《辯證法唯物論》、《唯物辯證法》、《歷史唯物論》、《聯共（布）黨史簡明教程》和蕭洛霍夫、高爾基的文學著作。甚至還有重慶《新華日報》的舊報紙。

據我所知，抗戰初起一、二年，許多地方都公開販售共黨左派書刊，部隊政治工作隊也有左派書刊。但皖南新四軍事件後就漸漸消失了。可東服隊卻仍然如故。不單如此，東服隊同志們的言論、觀點幾乎個個都屬當時所謂的「前進」分子。丘念台先生以個人聲望吸引這批年輕人，又能容忍他們的思想形態，倒是一件異數。這也許就是當時人們所稱的開明人士的屬性吧。

丘繼英：在梅縣時，東區服務隊中共黨支部很快就在當地黨組織指導下成立，以卓揚為支部書記，我負責組織，直接由梅縣中心縣委領導。當時，黨員和支部在隊裡是秘密的，學習和組織生活往往是散步到郊野進行。

蔣碧玉：抗戰逐漸接近勝利的末期，我們和移駐梅縣的粵東工作團的其他團員，看到後方城市的黨員幹部開始過著奢靡逸樂的生活，講求物質享受，尤其以取得外國用品為無上榮耀。我們這些在前線過著刻苦生活的人，不但自己的長期勞苦毫無報酬，有時反而被社會所輕視。因為受到這樣的刺激，我們發現陸陸續續地有人離隊，不知去處。一直要到勝利後，我才知道，原來這些隊員都加入了曾生領導的東江縱隊。那時候，東江縱隊的人以為我們是丘念台的心腹，不敢與我們接觸。一般的國民黨員卻認為，東服隊的作風與共產黨雷同，除了丘念台之外，都是一些左傾分子。我們就處在這樣的尷尬處境下，找不到可以認同的黨。當時，我們已經拘定了主意，不管什麼主義，只要是站在人民立場，真正為老百姓做事的黨，我們都可參加。

徐森源：一九四四年，在羅浮山當地地下黨領導下，由我秘密吸收鍾浩東等東服隊隊員，參加了黨的外圍組織——抗日民主同盟，並準備聯繫好地下黨後，轉移到東江縱隊。

抗日民主同盟的前身是中國民主政團同盟。一九四一年三月十九日在重慶秘密成立的中間黨派政治聯盟。主要成員為民族資產階級、上層小資產階級和知識分子。同年九月，在香港創辦機關報《光明日報》。十月刊登啟事，宣告中國民主政團同盟已在重慶成立，公布「貫徹抗日主張、實踐民主精神、加強國內團結」的成立宣言及綱領。一九四四年九月改組為中國民主同盟，加強了內部左派力量。

黎明華：一九三八年，日軍佔領南方第一大城廣州時，沿途燒殺姦淫。東莞的王作堯，淡水的曾生，分別糾合一批義憤愛國的熱血青年，成立武裝自衛組織，後來合編為第四戰區（七戰區前身）第三游擊縱隊新編大隊（曾生大隊），成為葉挺新四軍的組成部分。它在作戰指揮系統上則受國民黨四戰區東江游擊指揮所指揮，成為活動於惠陽的坪山、龍崗、淡水及惠寶沿海一帶的合法抗日部隊。一九四〇年，國民黨在各地進行反共摩擦，搞皖南事件，撤銷了新四軍番號。四月間，東江游擊指揮所主任香翰屏嚴令曾生大隊集中惠陽整訓。曾生擔心這是企圖消滅他們的陰謀，斷然拒絕。丘念台居間協調不成。曾生部隊於是撤離坪山駐地。它後來折返進入廣九路沿線的敵後活動，並改名惠東寶人民抗日游擊隊，活動範圍也擴大到東江以北的博羅、增城、番禺、從化地區。一九四三年十二月，根據中共中央指示，改編為廣東人民抗日游擊隊東江縱隊，簡稱東江縱隊，成為公開由中共領導的一支武裝部隊。

徐森源：一九四四年底，丘念台要我和鍾浩東、李南鋒、鄧慧三人深入廣州淪陷區，去策動台灣同胞反對日本人的工作。我們四人到廣州後，完成了任務，又回到惠州。在這期間，鍾浩東對各種抗日工作無不熱情參加，全力以赴。地下黨要他轉移前往東江縱隊，去參加抗日武裝鬥爭。他更表示衷心贊成。這表明鍾浩東的政治覺悟有了很大的提高。

一九四五年初，丘念台率領粵東工作團，由羅浮山區撤往惠州，再撤往梅縣。我和鍾浩東等準備按原計畫轉往東江縱隊。我們一方面請老家在羅浮山下長寧鄉的地下黨員劉鄒熾秘密回羅浮山，與設在沖虛觀的東江縱隊司令部聯繫。另方面，又由鍾浩東、李南鋒兩人去福建龍岩李友邦那裡，搞了一個「三民主義青年團直屬台灣第三分團」的名義回來，準備在去東江縱隊時應付沿途國民黨軍警的盤查。八月，劉鄒熾從羅浮山回來，帶來東江縱隊政治部主任饒璜湘要我們去參加東縱的消息，也帶來了我們去東縱的旅費。九月，我們就用「三青團台灣第三分團」的名義做掩護去參加東縱。我們到達預定接頭地點石龍鎮後，原來預定接我們去羅浮山的劉鄒標（劉鄒熾的哥哥）告訴我們，由於國民黨新一軍（孫立人部隊）包圍羅浮山，東江縱隊已經離開羅浮山，轉移他處。迫不得已，我們只得暫時放棄參加東縱的計畫，前往光復後的廣州市，另想辦法。我們到廣州後，曾用「三青團台灣第三分團」的名義做掩護，在台灣青年中進行一些革命宣傳活動。

一九四六年初，由東江縱隊疏散出來的鍾國輝（台灣客家人），以及原東區服務隊隊員丘繼英、鍾浩東和我等幾個商量，決定去台灣搞地下工作，並由鍾浩東、劉鄒熾兩人陪同鍾國輝，去香港和黨組織聯繫。在香港，鍾國輝找到了地下黨領導人饒彰風。他很贊成我們這批人去台灣工作，並答應以後把我們的組織關係轉到台灣。

另一方面，中國民主同盟於一九四五年十月通過《中國民主同盟綱領》等文件，提出要將中國建成一個真正自由獨立的民主國家。一九四六年初與中共合作，促成政治協商會議召開。與此同時，廣東蕉嶺籍的盟員黃德維通過接管台灣的國民黨六十二軍軍長黃濤的關係到了台北市工作。四月，民盟南方總支部負責人陳柏麟派丘繼英、鍾浩東、鍾國輝和我等四人前往台灣。我和丘繼英隨即先去台灣。鍾浩東和鍾國輝等人接著也回到久別的故鄉。五月，我應邀去基隆八堵基隆中學當事務主任。八月，鍾浩東由丘念台和李友邦推薦，接任基隆中學校長。我轉任基中訓導主任。鍾國輝任基中事務主任。這年夏天，民盟南總又委派梅縣人楊奎章赴台灣省，先在基隆要塞司令部軍墾農場工作。我們就以黃德維家為據點展開活動。在基隆中學，我們以中共地下黨員為核心，團結教職員中的積極分子和中國民主同盟的朋友，從事革命活動，主要是在教職員中秘密組織學習小組，閱讀進步書籍，討論時事和中國革命問題等。在這同時，我們也對學生進行了啟蒙教育，並成立學生會，購買進步書報給學生閱讀等。在校外，我們又聯絡台北等地的進步朋友，籌建「中國民主同盟台灣省臨時工作委員會」，以便團結更多的進步分子，參加反對美蔣的鬥爭。

大概是在一九四六年底或一九四七年初，丘念台在台北第一商業職業學校召開民建社社員大會。當天，參加的有幾十人，除一部分原東區服務隊老隊員外，還有不少和丘念台有關係的人。結果丘念台被選為社長，並選丘繼英、黃華（廣東大埔人）、王致遠（丘念台女婿）、鍾浩東和我等五人協助他領導社務。除黃華外，我們四人都是黨員。丘念台搞民建社的目的主要是維繫和培養幹部，以便進一步擴展他在台灣的政治勢力。我們則是為了爭取丘念台，利用他的政治地位，取得公開職業，以掩護革命工作。

蔣碧玉：蔡孝乾曾經到家裡來找浩東。對他，我的第一印象就不好，總覺得他油頭粉面，言行舉止都像個生意人，不像是幹革命工作的人（他自新後，我又聽到外頭傳說他跟小姨子之間的關係曖昧）。那時候，我很擔心組織派他來台灣會誤事。幾天後，台北市延平路天馬茶房附近查緝私煙的警民衝突點燃了二二八的烽火。

李南鋒：二月二十八日傍晚，台北暴動的消息已傳到基隆。當晚八點以後，基隆也發生暴動了。我在街上看到一隊隊三、四個人一組的群眾，徒手襲擊各處的警察派出所，把派出所的槍繳下了一部分。各處欺壓人民甚久的貪官汙吏的宿舍也都被民眾搗毀。街頭巷尾的亭仔腳或十字路口，到處都看得到有人在打「阿山」，尤其在高砂戲院及中央戲院看戲的所有「阿山」，幾乎無一幸免。然而，校長整天都不見人影，不知去向。因為他身穿中山裝，又在大陸待過好多年，神態看起來像外省人，大家都擔心他會

228事件的街頭現場

被當作「阿山」而挨揍。我在街上蹓躂，一面尋找校長，一面觀察暴動的情況。夜深時，火車、汽車已停駛，一切交通都斷絕了。到處都看得到站崗的憲兵與巡邏的武裝警察，一路上都在臨檢。我找不到校長，著急地趕回學校宿舍。路上或遠或近的槍聲不絕於耳。一切都在興奮與恐怖之中。

蔣碧玉：二十八日晚上，有一群本省民眾到學校，要求我們打開軍械庫，讓他們把那些教學用的軍訓步槍拿走。校長不在。總務主任鍾國輝罹患肺病，已經回屏東內埔的家鄉養病。另外兩名主任又都是外省人，不能出面。人在宿舍的我只好出面處理。因為我不肯打開軍械庫，這些民眾就罵我，說你也是本省人，為什麼不開。我處境為難，只好告訴他們，說要槍你們自己去開，我不能把鑰匙給你們。民眾便破門而入，搬走所有的槍枝。浩東從台北回來，聽我說後，還誇我說處理得很好。

戴傳李：三月一日早晨，基隆要塞司令部正式宣布戒嚴。基隆成了死城。街道上只有武裝士兵巡邏。下午，基隆市參議會舉行臨時大會。我和藍明谷老師也冒險前去旁聽。會議由副議長楊元丁主持。參加者有參議員，也有民眾代表。旁聽的人非常擁擠而激昂。每個民眾代表競相上台，痛責陳儀暴政，要求解除戒嚴，並提出多項改革政治經濟的草案。傍晚，我們從基隆欲回八堵，看到軍方卡車在進入隧道時先朝裡頭開了兩槍，方才駛入。我們不敢冒險走入隧道，於是沿著鐵道走到瑞芳，在朋友家過了一晚。

火燒專賣局總局現場

鍾理和：三月一日，一樣時陰時晴。從靠台大醫院第一內科病房的磚牆望出外邊。馬路上行人稀少到可說沒有蹤影。二隻斑鳩，從容不迫的在踱著方步。據今日的傳聞，事件似乎北由基隆南至高雄，差不多波及了全省，火車連今天已有二日不走了。人心動搖而惶惶。上午，堂侄佐富至，他是由學校為探問阿東的安全而特來台北的。因為阿東穿的是青色中山服，碧玉難放心。下午，不認識的一少年至。據他自己報名是鍾枝水，潤生兄的大兒子，說他在數日前聽見阿東叔的話才知道我住在病院，今天有暇，所以特來看我。終日槍聲頻起，像進入戰爭狀態，形勢是越來越緊張了。

戴傳李：三月二日，我們趕回學校，沿途看到幾次民眾跟憲警軍隊的衝突。下午六點，由於市參議會的要求，要塞司令部解除戒嚴。

吳克泰：三月一日起，台北的二二八鬥爭在兩條戰線上進行。一條是處理委員會的議會鬥爭，另一條戰線則是中共在台北的領導人廖瑞發領導和組織的武裝鬥爭。當天下午，廖瑞發來通知我說，根據社會各界人士的強烈要求，我們已經組織了全島性的武裝鬥爭委員會。從此，我就白天聯絡、組織群眾，設法尋找武器；晚上收聽廣播，編《廣播快報》，報導各地人民鬥爭消息。

這一期間，我沒有特別布置鍾浩東什麼任務。我知道事變開始不久，他就寫了一篇不太長的大字報，文字簡練很有水平，讓他的妻舅戴傳李等人抄寫了不少份，拿到街上去張貼。其中一張署名台灣民主聯盟的〈二二八告同胞書〉寫道：

英勇的同胞們：

三天來我們表現了無比的英勇犧牲，四萬萬五千萬中國人的絕大多數在全國範圍內不分省域，正和反動封建獨裁政府作殊死戰，六百萬同胞所受的痛苦與壓迫，就是少數反動巨頭的貪汙枉法橫暴所造成的。

同胞的血不是白流的，同胞們起來吧，高舉著民主的旗幟，團結犧牲，繼續前進，奮鬥到底，對著我們此次忍不可忍的抵抗，不只六百萬同胞熱烈響應，四萬萬五千萬全中國同胞也一樣寄以熱烈的同情，我們必須認清對象，集中行動，減少無謂犧牲，不分皂白毆打外省來的低中下級公務人員的行動必須迅速停止，不要孤立，

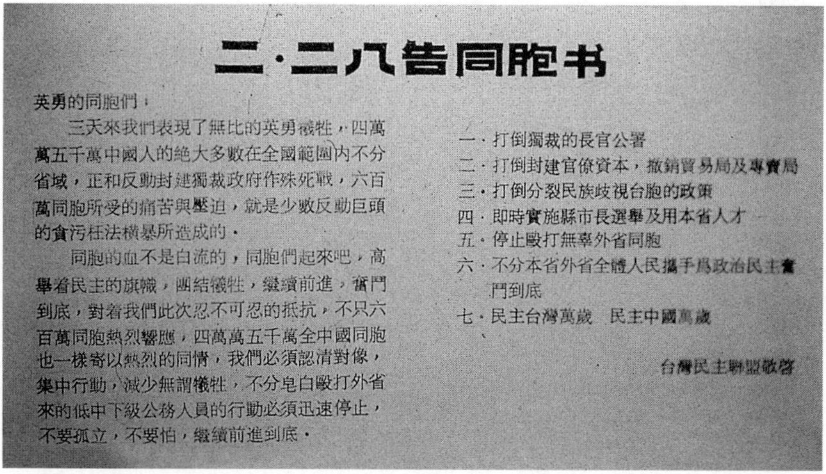

二·二八告同胞书

英勇的同胞們：

三天來我們表現了無比的英勇犧牲，四萬萬五千萬中國人的絶大多數在全國範圍內不分省域，正和反動封建獨裁政府作殊死戰，六百萬同胞所受的痛苦與壓迫，就是少數反動巨頭的貪污枉法橫暴所造成的。

同胞的血不是白流的，同胞們起來吧，高舉着民主的旗幟，團結犧牲，繼續前進，奮鬥到底，對着我們此次忍不可忍的抵抗，不只六百萬同胞熱烈響應，四萬萬五千萬全中國同胞也一樣寄以熱烈的同情，我們必須認清對像，集中行動，減少無謂犧牲，不分皂白毆打外省來的低中下級公務人員的行動必須迅速停止，不要孤立，不要怕，繼續前進到底。

一．打倒獨裁的長官公署
二．打倒封建官僚資本，撤銷貿易局及專賣局
三．打倒分裂民族歧視台胞的政策
四．即時實施縣市長選舉及用本省人才
五．停止毆打無辜外省同胞
六．不分本省外省全體人民攜手爲政治民主奮鬥到底
七．民主台灣萬歲　民主中國萬歲

台灣民主聯盟敬啓

《二二八告同胞書》

不要怕，繼續前進到底。

一、打倒獨裁的長官公署
二、打倒封建官僚資本，撤銷貿易局及專賣局
三、打倒分裂民族歧視台胞的政策
四、即時實施縣市長選舉及用本省人才
五、停止毆打無辜外省同胞
六、不分本省外省全體人民攜手為政治民主奮鬥到底
七、民主台灣萬歲　民主中國萬歲

鍾理和：三月二日，夜雨，終日陰沉低壓，亂雲飛舞。晌午前，藍（明谷）先生至。他是由基隆搭載貨車來的，但車在路上出了幾回毛病，到了松山，不能走了，他們只好走過來。他說基隆情形嚴重並不減台北。又說他在中途遇見一輛載著滿滿的插著槍刀的一隊兵的貨車，車中還綁著一個高等學校學生。

「火車今天不走，我明天還來看你。」他臨走時說：「但也許能多留幾天。」

「學校呢！」我說，「不回去行嗎？」

「都罷課了，他們！」他說著苦笑起來。「不過這倒好像和這次的事件沒有關聯，而

是響應國內的罷課的！」

徐森源：起義開始，盟工委還未成立，但盟員都積極參加了這一鬥爭。我們和基隆中學一些盟員在學校召開師生大會，號召基中師生同情和支持台灣人民反對美蔣的鬥爭。但是，因為起義初期帶有排斥外省人的性質，一切活動多由鍾浩東等人出頭。

連世貴：事件發生後，基隆市各校內均組織學生自治會，隨後基隆中學與基隆女中、水產學校、家政學校共同組成學生自治會聯合會，在基隆市區遊行，以示抗議。學生們包圍了基隆市憲兵隊，憲兵隊架了機槍對著我們，但大家彷彿都不害怕。

李南鋒：三月三日，我聽說，一群碼頭工人襲擊第十四號碼頭的軍用倉庫，但被武裝部隊擊退，死傷多人，統統都被投入海中。第二天，市內秩序稍微恢復了，交通也逐漸開通了。傍晚，校長也回來了。他告誡我們：目前情勢還不明朗，不要盲動。同時要求學生，盡力保護學校外省老師的安全。

建於日據時期的基隆火車站

徐森源：在二二八起義期間，鍾浩東曾經幾次去台北參加群眾大會。我們在基隆中學的地下黨同志估計：二二八起義可能持久下去，必要時就上山打游擊。因此決定把家屬疏散到南部鍾浩東家鄉去，以便長期堅持打游擊。

蔣碧玉：浩東考慮到，事態長期發展下去，一定會缺糧，學校的幾名外省同事首先會餓死，於是決定安排他們到南部家鄉。他同時考慮到，火車上會有帶武士刀的台灣人盤查身分，於是就請會講日文、擔任事務課長的連球哥和南鋒護送。然後，他就親自送他們到車站，搭車南下。那天晚上，浩東還沒回到學校，我就聽到風聲，說從大陸來的增援國軍已經上岸了。

李南鋒：事件爆發後的第四天，應該是三月四日吧，我和連球帶領幾名外省同事及其家屬，從基隆搭火車到南部屏東。一路上，我看到的都是台灣青年和民兵在維持各地的治安與秩序。

戴傳李：三月五日，國軍和憲兵將來台灣鎮壓暴動的風聲四處流傳，人心惶惶。七日，市內各處出現各種傳單標語，呼籲市民：「打倒陳儀！」「要求台灣自治！」「同胞們！國軍要來殺我們，大家要準備抗戰，不可使他們登岸！」同時，報告各地暴動情形的日文「速報」也大量流傳。八日下午三點多，閩台監察使楊亮功在憲兵第四團的保衛之下到達基隆。要塞司令部與憲兵開始夾攻市民。到處都聽得到槍、炮聲。據說，直到晚上十點多，街上肅清，楊亮功一行才登岸，分乘軍卡車，直駛台北。途中，仍有民眾襲擊。九日，由上海開來的第二十一師抵達，一上岸就是一陣掃蕩。警察也在石延漢市長指揮下到處抓人，然後把每三人或五人為一組，用鐵絲穿過足踝，捆縛一起，投入海中。要塞司令史宏熹也率領部隊，逐日展開大逮捕，聽說還割去二十名青年學生的耳鼻及生殖器，再用刺刀戳死。最後，基隆參議會副議長楊元丁也被當成「奸匪」，刺死後投入海中。

楊奎章：二二八事變爆發後，鍾浩東知道我曾在基隆要塞司令部軍墾農場工作過，便和我商量深入司令部做策反工作。我選擇了一位信奉佛教的軍法官為策反對象進行工作。經過我的多次談話，曉以大義，他思想已有觸動，表示如果台灣人民的起義鬥爭能進一步發展下去的話，他將願意領導一些軍官持守中立或投靠人民。由於二二八起義被鎮壓下去，這一策反工作也就中斷了。

蔣碧玉：事變後，台北延平學校、建中等各校的學生都大量失蹤，而基中的學生卻一個也沒出事。浩東於是故意問我說：「你看，我教的學生好不好？他們都盡力照顧學校的外省老師，一點事也沒有。」這時，我才體會他平時不讓學生亂出鋒頭的用心。正因為這樣，事變後，有很多本省籍的中學校長被解聘了，浩東卻能安然無事。有一回，浩東到教育處開會，人家就說，這個鍾校長，穿得是最隨便，可也是最厲害的角色啊。

李旺輝：如同絕大部分的台灣知識青年一般，事變後，我的思想陷於沒有出路的苦悶。台灣往何處去？經歷了這場反抗陳儀接收政權的民眾蜂起後，我的民族主義和民族認同陷入了重大危機，台灣該往何處去呢？我一直苦苦地思索這個問題。就在此時，鍾校長科學地為我們分析了二二八事變發生的原因。他認為，在本質上，它只是一場偶發事件，但由於陳儀接收體制的政治、經濟剝削所提供的物質條件，於是迅速擴大蔓延。然而，終究由於台灣人民缺乏政治認識與正確的階級立場，這一場民眾自發的蜂起，就在國軍的武裝鎮壓下，迅速潰滅。後來，通過鍾校長親自主持的時事討論會的小組學習，我原先對祖國認同的危機，也因為對於戰後國內時局發展的認識，以及階級立場的確立而自然紓解。

第七樂章：白與紅

國共一邊在重慶開政治協商，一邊在全國各地進行龍虎鬥，這叫作且戰且談。在這中間夾雜著國民的呻吟、呼號，而一般貪官汙吏更站在這上頭，一邊吆喝著一邊盡量把洋錢——國民的血與汗往裡撈。這是勝利後的中國所有的一切。

——《鍾理和日記》（一九四六年一月四日，北平）

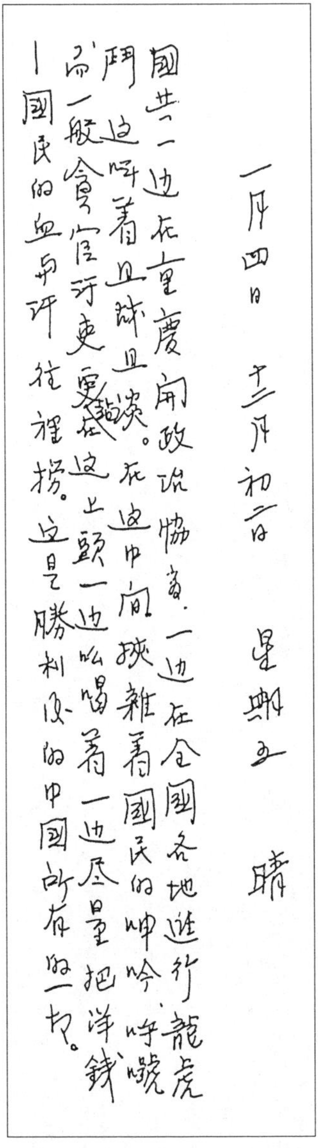
一月四日 十二月初二日 星期五 晴

國共一边在重慶開政治協商。一边在全國各地進行龍虎鬥，这叫着且戰且談。在这中間挾雜着國民的呻吟、呼號，而一般貪官汙吏更站在这上頭一边吆喝着一边盡量把洋錢——國民的血與汗往裡撈。这是勝利後的中國所有的一切。

1946年1月4日的鍾理和日記〔鍾鐵民／提供〕

一九四七年四月至一九四八年六月，國共內戰進入第二個年頭，並且發生了一個根本的變化。共產黨的人民解放軍在南線和北線都由防禦轉入了進攻，國民黨方面則不得不由進攻轉入防禦。戰爭主要地已在國民黨統治區內進行了。與此同時，一九四七年九月，共產黨在河北省平山縣西柏坡村召開了全國土地會議，制定中國土地法大綱，規定：在消除封建性和半封建性剝削的土地制度，實行耕者有其田的土地制度的原則下，按人口平均分配土地。一九四八年十一月二日，歷時五十二天的遼瀋戰役結束，東北全境為共產黨解放。同月六日，國共兩黨緊接著以徐州為中心，進行了一場歷時六十五天、規模最大的徐蚌會戰（淮海戰役）。戰役結束之後，長江中下游以北廣大地區也成為解放區。同月二十九日，平津戰役展開，經過談判後，北平於一九四九年一月三十一日和平解放。四月二十一日，解放軍分三路渡江，廿三日，南京易幟。

安全局機密文件載稱，一九四七年九月，台灣省工委會基隆中學支部成立，由書記蔡孝乾領導。鍾浩東同時受蔡之命，將內地來台之黨員，陸續安置於該校任職。一九四八年秋季，因黨員日漸增加，基隆中學支部劃為校內、校外兩個支部，分別活動。一九四九年五月，基隆市工作委員會正式成立，鍾浩東任書記，李蒼降、藍明谷為工委，下轄造船廠支部、汐止支部、婦女支部，並領導基隆要塞司令部、基隆市衛生院、水產公司等部門內之個別黨員與外圍群眾，秘密展開活動，積極建立基層組織。

陳通和：一九二四年，我在高雄縣鳳山區大寮鄉新興製糖廠出生，後來在廈門就讀集美校董會所管的亨保小學、旭瀛書院（日本學校），京都兩洋中學、東京建設工學院，一九四六年二月回到台灣。二二八事件後，家兄大川（即陳本江）通過藍明谷，介紹我入基隆中學訓導處任幹事。八月，我來到基中，新的生活氣氛使我有了新的希望。同月中旬，藍明谷招我入黨，我答應考慮，並希望有我家兄的同意。下旬，家兄來基中找我，他也贊成我參加共黨組織，說做實際工作才會進步。我終於提出自傳，九月中旬被批准為正式黨員。這個時候我初見到蔡孝乾先生的面。他對我很滿意，才免了候補期間。不久，我們成立小組，藍明谷為組長，我與戴傳李為組員。後來，我也介紹高三學生王春長參加組織。以後再吸收高一學生廖為卿、初三學生邱文瑞參加組織。這個時候，我也介紹東京夜間中等工業畢業的林大水來做體育教員，但因為他的腦袋很壞，不清楚，我不敢吸收他參加組織。基中的外省教職員的思想大都是左傾的多。校政辦得不算好，與其他機關一樣重形式主義。藍明谷是一個文人，沒有魄力，膽量小，沒有創造性，雖然是小組長，卻沒有具體領導我們，只是原則性的傳達。一九四八年七月我離職後，又介紹愛國青年同盟會會員黃東茂入訓導處當幹事，他後來也升為黨員。〔一九五三年四月二十七日〈自白書〉〕

徐森源：二二八事件之後，台灣社會的各種矛盾空前尖銳。國民黨對二二八事件的血腥鎮壓更加激起台灣人民的強烈反抗。在這種形勢下，南京民盟總部派吳今來台灣，不久，民盟台灣省工作委員會便在台北宣告成立。吳今為主任委員，鍾國輝、何子陵（興寧人）為組織委員，黃德維與我為宣傳委員。同年六、七月間，民盟總部派黃若天到台灣協助開展民盟的活動。九月，台灣省盟工委在基隆中學召開會議，討論如何開展工作。鍾浩東、鍾國輝、丘繼英、黃德維、何子陵和我都參加會議。會議還補選黃若天為副主任委員，並指定由他負責與總部聯繫。後來，台灣省盟工委的同志在中共台灣地下組織的支援、幫助下，通過丘念台的關係，以基隆中學、台南民眾教育館為據點，進行了一系列的鬥爭，先後在台北第一女子中學、新竹商校、苗栗區署、國民黨台中縣黨部、國民黨彰化市黨部等據點發展了組織，壯大了隊伍。

劉茂常：我是廣東人，是鍾浩東、蔣碧玉夫婦東區服務隊的老同志。二二八事件後的五月，我從汕頭搭船來到基隆，通過鍾浩東的安排，先在丘繼英當區長的苗栗區署當職員。七月二十三日，國民黨任命丘念台擔任省黨部主任。可他想爭取教育廳長的工作，堅決不就任。後來，因為爭取不到，才於八月二十六日就任。這時，東區服務隊老同志黃華擔任省黨部秘書長兼省立台南民眾教育館。我於是轉到台南民教館任職，月薪一百二十元。當時，我們對社會教育充滿熱情，想通過東區服務隊「寓教於樂」的工作方式，讓一般民眾重新認識中國。

楊奎章：一九四七年十月，我轉到基隆中學任教。這間中學是當時地下黨和民盟活動的據點。地下黨員、盟員鍾浩東任校長，盟員鍾國輝、徐森源、徐新傑、鍾國員等亦在該校任教。這時，黨盟同志並肩作戰，患難與共，經常一起學習，共同討論革命形勢，研究如何對學生進行愛國主義教育，發展進步勢力與反動勢力做鬥爭。

徐森源：同年十月，國民黨當局宣布中國民主同盟為非法團體；民盟總部被迫在上海宣布解散。與此同時，鍾國輝和丘繼英告訴我，組織關係已經接上，我的組織關係也很快可以接上。我聽了很高興。過沒幾天，丘念台叫一名原東服隊隊員到基隆中學來，叫我到台北國民黨台灣省黨部去見他。丘念台要我到他的出生地台中，擔任國民黨台中縣黨部書記長，建立和鞏固那裡的群眾關係。我因為未取得組織上的同意，不敢貿然答應，只得對丘念台說，讓我考慮一個星期後再決覆。我回基隆中學後，把這情況向鍾國輝做了匯報。組織上研究後，極力贊成我去。我答覆了丘念台，並於十一月到台中「走馬上任」，搞「白皮紅心」的工作。第二年一月，民盟又在香港恢復中央領導機構，明確

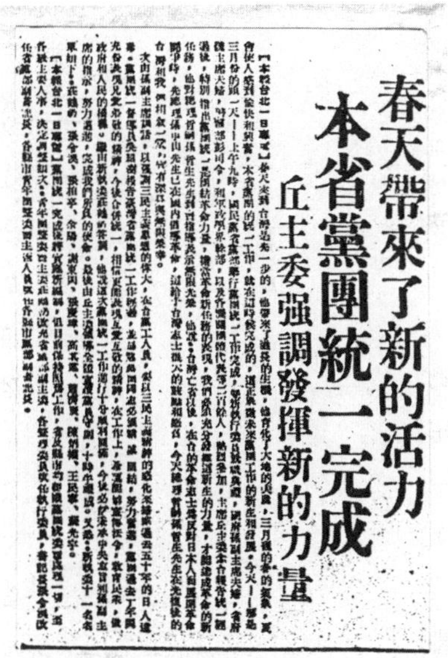
春天帶來了新的活力
本省黨團統一完成
丘主委强調發揮新的力量

1947年8月26日丘念台就任國民黨台灣省黨部主任

宣布與中共攜手合作，為徹底實現中國的民主、和平、獨立和統一而奮鬥。

鍾里志：二二八事件後，基隆的組織在浩東領導下發展起來了。我和同是岡山人的國文老師藍明谷及基隆省立醫院醫師王荊樹，三個人組成一個小組。組織沒有名稱。藍明谷是我的上級，也是小組負責人。後來，他就叫我發展碼頭工人。

李旺輝：一九四八年九月，我由鍾里志當介紹人加入了組織。一般而言，加入組織要先寫自傳，交代歷史，經過一段候補期，再通過宣誓儀式，正式入黨。當時，由於時空都不允許，所以沒有宣誓。我個人的情況比較特殊，一進去便成為基隆中學支部三名支部委員之一。另外兩名支委分別是當時的訓導主任陳仲豪，以及人事室主任兼國文老師陳少

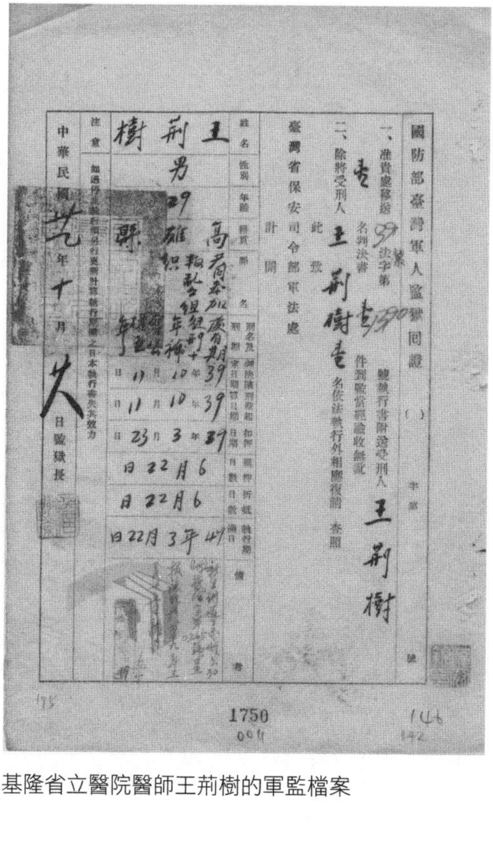
國防部臺灣軍人監獄回證（ ）
一、准貴處移送 名判決書 法字第 號執行書附送受刑人 王荊樹 壹名 件到監當經驗收無訛
二、除將受刑人 王荊樹 壹名依法執行外相應復請 查照
此致
臺灣省保安司令部軍法處
計開
姓名：王荊樹
性別：男
年齡：29
籍貫：高雄
罪名：參加匪黨組織
刑期：拾年
中華民國 年 十 月 日監獄長
1750

基隆省立醫院醫師王荊樹的軍監檔案

麟。我們三名支委再互選陳仲豪為支部書記。

陳仲豪：我第一次踏足寶島土地，恰巧是二二八前夕的一九四七年二月二十六日。那時，我就讀上海復旦大學。春節回汕頭探親後，我乘「中興號」大輪船返滬，途經基隆港停泊，就隨一批旅客上岸，到台北市區和北投勝地，觀光了一整天。我感覺得到島上瀰漫著一股社會不安，官民對立，民怨深沉的不祥氣氛。剛剛回到上海，我就得悉島上發生暴亂，民眾造反了。歷史驗證了我的預感。我於是寫了一篇〈台灣人民最需要誠與愛〉，發表於《上海青年》雜誌。

到了夏天，我在復旦大學畢業了。就讀北大的女朋友在等著我。在廣東揭陽韓山師範學校與我同窗三載的摯友張伯哲也從海峽彼岸來信，要我到島上去，說那裡的工作很需要人。我想起我背誦過的匈牙利革命詩人斐多菲的詩句：「生命誠可貴，愛情價更高；若為自由故，二者皆可拋。」於是在九月一日乘「中興號」輪船前往台灣。然後由張伯哲、謝漢光兩人找了丘念台的女婿王致遠，把我推薦給鍾浩東校長，在基隆中學任教。

王致遠：我是潮州人。一九四七年三月二十七日，因為二二八而暫時斷絕的汕頭與基隆的航運交通恢復，我就遵照岳父丘念台的電報指示，陪同岳母，搭乘復航後的第一班輪船，前往台灣，與他會合。在此之前，我在普寧搞青抗會時認識的潮汕知名人物邱秉經，知道我將要去人地生疏的台灣，便介紹一位在台中林業試驗所任職的朋友謝漢光，讓我有需要時可以找他幫忙。我到台灣以後，由於在丘念台大家庭中生活，沒有什麼困難需要別人幫助，就沒有去找他，只把邱秉經的信加註我的地址後，郵寄出去。謝漢光接信後，曾與張伯哲到台北來與我晤談。後來，他託我給上海復旦大學畢業，要來台灣的同鄉陳仲豪幫忙找工作。我便把陳仲豪介紹給東區服務隊的老隊友鍾浩東，讓他到基隆中學任教。

陳仲豪：鍾浩東在我到校之前已略知我的經歷和政治信仰，因此一見如故。我在台灣工作兩年，不論是公開的教育工作，或者是秘密的地下革命工作，鍾浩東一直是我的領導人。初始，鍾浩東是學校黨支部書記，我和藍明谷是支委。基隆市工委會成立，鍾浩東調任工委書記。我接任學校地下黨支部書記，支委是陳少麟和李旺輝。陳少麟早年參加潮汕青抗會，在粵北從事地下工作，後來轉到韓江縱隊，參加武裝鬥爭，抗戰勝利後到基隆中學任教，後由林英傑接上組織關係。

起初，我擔任生物和國文兩門課程的教學。不久，徐森源調到台中工作。我便接替他的職務，擔任訓導主任。我除了按原有課程安排教書之外，還接替回大陸的楊奎章教師，擔任第二屆高中畢業班班主任。我經常以班主任身分進行家訪。這樣，既能與台灣民眾接近，也使學校教育與家庭教育更好地結合起來，更使愛國主義教育延伸到社會，並滲透於生活之中。這也是地下黨工作的一個重要內容。許多學生家住瑞芳煤礦地區，是礦工子弟。我曾經和鍾校長多次到那裡家訪，並參觀深一百多公尺的礦坑，瞭解礦工勞動的艱

青年節感言

徐森源

今天是黃花崗七十二烈士殉國紀念日，也是第六屆的青年節，正是我們國家遇到一個生死存亡的嚴重時期，我們來紀念這一個光榮的節日實在使人感慨萬千。民國紀元前一年的今天，本黨同志在廣州舉義，不幸事機洩露，滿清政府早有準備，各同志雖奮不顧身，直前衝殺終因衆寡懸殊，未克成功，事後由未死的同志檢收諸先烈遺骸，得七十二具注葬於廣州黃花崗上，這就是轟動古今威振中外的黃花崗七十二烈士。

由於有這驚天動地的一幕播其風烈，三民主義的思潮遂立即傳播了全國各地，激起了一般有志的青年更積極的參加革命，鬪爭奠定了辛亥武昌起義成功的基礎，我們回顧本黨以前的許多次革命如廣州之役陸皓東殉難，史堅如謀炸廣東巡撫未遂、惠州之役梁慕義，洪達明等身殉，劉陽萍鄉之役劉道一等死於非命這些革命史，實都足與日月同光的，迨同盟會成立後，革命思潮更加澎湃，爭先效命的同志旋踵相接，如吳越的刺殺滿清五大臣而身殉，徐錫麟擊斃恩銘而死一義，秋瑾在紹興就義，熊成基謀刺載洵而壯烈，溫生才的刺殺滿清將軍孚琦而致死等，這諸位先烈服膺國父的領導，或則身冒矢石視死如歸，或則被執不屈鼎鑊自甘，其悲壯慘烈慷慨激昂的情景，這眞可以驚天地而泣鬼神，我們歷稽本黨的歷史實在是許多先烈的熱血頭顱換來的鬪爭史，有此光榮的不斷累積，才能推翻滿清，締造中華民國。

自民國成立以來，舉凡討袁護法，誓師北伐，許々多々的先烈無不以鮮血頭顱，與封建軍閥作殊死戰，而使支離破碎的國家，重復歸於統一，尤其是自日本帝國主義掘起「七七」事變後，在八年的抗戰中，全國軍民都受國父精神的感召，在蔣總裁的領導下，一致團結效命，雖赴湯蹈火在所不計，其間忠勇事蹟，紙不勝書，亦爲世界各國所僅見，有了這種至大至剛不屈不撓的意志，抗戰才能獲得最後的勝利，失了五十多年的臺灣才能獲得光復：

自從國父第一次起義以迄於「七七」抗戰，本黨先烈和殉難的軍民殺身成仁的精神，前後是一脈相承，互相輝映，我們知道，先烈和殉難軍民義無反顧的決心，是基於堅強的民族意識，這民族意識一發爲浩然正氣，遂使他們只知道有國家民族，不知有身家性命，所以能所向無敵，革命是一條艱難的道路，三民主義是建國的準繩，我們要徹底實行三民主義，更非一朝一夕所能奏厥全功，我們知道：今天國家和民族都已瀕於毀滅邊緣的時期，我們應該對空前歷史的浩劫，抱定絕大的決心，繼承我們先烈一脈長存的浩然正氣，我們要堅定信念，明判是非，不要爲謠言所惑，切實推進民生主義，實現耕者有其田，更須體念國父臨終時，向我們指示的『和平奮鬪救中國』的偉大不滅的遺訓，團結一致，促進永久眞正的和平以慰諸先烈在天之靈。

1949年3月29日台中《民聲日報》

辛。

王春長：我記得，有一次，鍾校長親自帶我們到瑞芳侯硐的瑞三煤礦參觀，深入位於地下一兩百米的礦坑，實際瞭解了礦工勞動的艱辛。

陳仲豪：在生物課，我帶領學生開展課外活動，提倡動腦動手，製作蝴蝶標本。上國文時，我努力引導學生明白中國古典文化的精華，讓他們潛移默化地傳承祖國的優秀文化傳統，並產生歸屬感、認同感，逐漸消除日據時期殖民化教育的思想痕跡。我又利用暑假，帶領學生到日月潭、阿里山等名勝參觀旅行。通過考察，我選擇班上一些進步學生，組織讀書會，指導他們閱讀進步書刊，出版壁報，進而秘密成立「民主青年聯盟」。我還接納少數幾個優秀學生參加地下黨。

連世貴：高一那年，我經同班同學邱文瑞的介紹，加入共產黨。組織裡直接指導我的老師是我當時的導師聶英。

陳仲豪：鍾校長認為好教師才能教出好學生，所以，一開始便聘請了一些有革命實戰經歷的東區服務隊隊員，又物色一批從香港和廣東興寧、梅州客家地區來的，有教學經驗的進步知識分子，到校任職。後來，我與鍾校長談起這事，說這麼多進步教師聚集在一起，恰似《水滸傳》裡的聚義廳，使學校不知不覺成為北部地區中共地下黨活動的一個重要據點，這樣是不是會惹人注意？鍾校長回答說，剛剛接手辦學，沒有核心和骨幹力量不行。事實上，這麼多紅色的教職員先後來到基隆中學，流動性很大，不少人任職一兩個學期便走了。

李旺輝：一九四八年秋天，為了啟蒙一般民眾對祖國的政治認識，堅定站在工農立場的階級意識，校長提議印行地下刊物《光明報》，藉此宣傳國共內戰的局勢發展，進行反帝的階級教育。

陳仲豪：據說，二二八事變後，一群熱血的台灣青年自發組織的讀書會自印了一份研究馬克思主義和研討台灣時勢的刊物《光明報》。一九四八年，台灣省工委重新部署該報，並於一九四九年初轉移到基隆中學，負責傳播內戰的確實消息和中共中央的聲音。

蔣碧玉：學校開學後，浩東他們便開始刻鋼版、油印《光明報》。為了籌措印報的經費，浩東把我們的房子賣了，然後，拿這筆錢到屏東，在媽祖廟對面，經營一家名為南台行的地下錢莊。房子賣掉之後，我便帶著兩個小孩搬到歸綏街娘家住，同時也到北一女中上班，擔任會計。這時候，因為工作的關係，浩東經常南來北往奔波，可說是神龍見首不見尾了。

邱連和：我是邱連球的堂哥。南台行主要是由浩東、連球、連球的弟弟連奇和我，四人合股開設的地下錢莊。浩東將南台行近三億舊台幣的資金，通過蔣碧玉的大姐夫，移轉台北一家林外科醫院生利息。

李旺輝：據我所知，《光明報》的編印，首先由字寫得快又清楚的教學組幹事張奕明，通過短波收音機收聽新華社廣播，抄錄重要時事新聞。然後，基隆中學支部三名支部委員之一的陳少麟老師根據這些消息編輯報紙內容。最後，交由男職員鍾國員刻鋼版，油印。

何文章：我們都認識方主任的太太張奕明。每天下午約四、五點鐘，下課後，總是看到方太太和陳仲豪老師一起在運動場上散步。當時我們年幼無知，只覺得方太太怎麼老是和別的男人一起散步。一直到《光明報》案發後，大家才推測：他們那時可能正在交換情報。我聽說，基隆中學裡最高的組織領導人就是方太太。

陳仲豪：張奕明本名張瑞芝，是廣東普寧縣泥溝鄉人，自幼便在家鄉參加革命活動。她是丈夫方弢（本名方澤豪）在泥溝鄉主持群眾學校專修班的學生。在潮汕革命形勢處於低潮的一九四一年，她把出生不久的孩子託付胞兄，隨方弢到廣西百色中學任教。日本投降的那年冬天，他們夫婦一起到了台灣，在基隆中學工作。我是在桂林就讀廣西大學時認識他們的。我在台灣的那兩年，張奕明和我同一黨支部，工作緊密聯繫在一起。她的主要任務，一是聯繫幾個進步教師，通過他們去做學生的工作；另一個就是負責印發《光明報》。她溫柔婉和，待人親切，工作熱情又認真謹慎。

一九四八年春節剛過。時值寒假，學校很安靜。張奕明把我叫去他們的宿舍，說是張伯哲帶了一個朋友來，要我過去坐坐。於是我認識了一個帶有泰國血統的潮汕人林英傑。他稍微凹陷的眼眶裡有一對閃亮的黑眼珠，臉孔瘦削，身材健壯，顯得格外英俊瀟灑。他講的普通話、台灣話和潮汕話都不純正，但語音清亮，易懂。抗戰期間，他們四人都是潮

1988年的邱連和〔藍博洲／攝影〕

汕青年抗敵同志會的老戰友。這次晤面以後，除了鍾浩東，林英傑就是我從事地下工作的直接領導人。

林英傑：我是廣東省揭陽市轄揭西縣人，集美高中畢業後曾一度肄業於廈門大學，一九四一年二三月間在蘇北鹽城縣政府充督學時參加共產黨，一九四六年二月間，蔡孝乾到蘇北華中局挑選幹部。我經洪幼樵介紹入選，並與張志忠等人經上海於三月底抵台，任教員林中學近三學期。一九四七年秋，我被調至台南，以農業學校教員為掩護，負責領導台南、高雄之工作。但不到二個月，台南部分組織被破壞，我的身分暴露，不能繼續立足，遂潛逃至台北，後又與省工委聯絡，暫至香港躲避。一九四八年夏，我又被組織調來

1948年6月28日基隆中學第一屆高中部畢業照

台灣，辦理省工委內勤工作，負責收聽新華社廣播新聞，並錄編後作為省工〔委〕會參考資料。數月後創編《光明報》，為不定期油印品，作為省工委對群眾的宣傳刊物，每期出五百到八百份不等，在基隆中學繕印，負責人為張奕明。

陳仲豪：《光明報》轉移到基隆中學時，省工委成立了一個三人編輯組，讓林英傑領導在台北地區工作的李絜（徐懋德）和我，負責組稿、編輯和印刷的工作。林英傑負責收聽延安發出的電訊，讓李絜把記錄稿帶到基隆中學，交我審稿，排版，再交給鍾國員和張奕明刻鋼版，然後在後操場山坡上的宿舍或山旁一個洞穴裡油印。有時，我也到那裡，幫忙清點份數，或是燒燬蠟紙底稿，清洗印刷工具等等。

李旺輝：《光明報》通常是一張蠟紙印三百份。印好以後，基隆中學和基隆市方面，由我們自己派人分發。其餘都送到台北，再由台北方面轉寄全省各地的組織。原則上一個小組一份。

李清增：當鍾校長開始秘密刊行《光明報》的時候，我的領導便把屏東地區的發送工作交給我負責。他希望我在平常的工作中發掘比較有可能性的群眾，然後再通過《光明報》的發送與教育，提高這些群眾的積極性，進而加以組織。因此，每隔一天，我都會到媽祖廟對面的南台行拿報來發送。

陳德潛：我在基中曾經看過《光明報》。有時是在早上剛進教室時，便可發現抽屜裡已有一、兩份《光明報》。有時則是在家中信箱裡收到。就我所知，《光明報》內容多半講述國民黨在大陸上敗退的情形。記得，剛開始在學校看到時，我曾把報紙拿給鍾校長看。校長看後只靜靜地把報紙燒了，沒說什麼。幾天後，我又看到《光明報》，也曾拿給方弢主任看。他也是靜靜地把報紙燒了。

何文章：我們都曾看過《光明報》。有時早上剛到學校，《光明報》已經放在我們抽屜裡（通常一班有兩、三份）。因此，我們根本不知道《光明報》是從哪裡來的。我記得曾看過一次《光明報》，內容約略講述大陸上罷工、罷課的情形，以及學潮的發展等。總之，就是大陸上一些戰爭與不安的消息，但未直接倡導共產主義。其實，《觀察》、《展望》等公開發行的雜誌的內容比《光明報》還要露骨、左傾。

王致遠：一九四八年，共產黨的人民解放軍展開了一次比一次猛烈的風暴式的進攻。相應於大陸國共內戰的局勢演變，台灣的地位更加重要了。這年九月，國民黨台灣省黨部改組，把三民主義青年團和中國國民黨合併。在形勢對國民黨越來越不利的情況下，堅持自己的事業在台灣卻又不能真正立足的丘念台向國民黨中央提出辭呈。可是國民黨中央卻採取拖的辦法敷衍，既不支持他，也不批准他辭職。丘念台左右為難，只好掛著台灣省黨部主任委員的頭銜，像迷途的羔羊，在大陸各地奔跑，會見各黨派代表人物，卻又找不到正確的出路。到了冬天，台灣省工委通知我，說黨中央正在籌備組織全國新的政治協商會議，給台灣一個名額。省工委認為，丘念台作為台灣代表去參加新政協會議很合適。叫我去聯絡丘的部屬，討論這個問題，並派出代表去和丘面談，爭取他同意參加，站到人民這方面來。我說：丘的部屬不少，這是機密問題，應同哪些人討論？工委領導同志說，可先找鍾浩東、徐森源、丘繼英三人談談，就到台中徐森源家裡去談。鍾、丘二人，可由省工委分頭通知。我們約好利用春節放假時間，分頭到台中徐森源家裡去。我們四人對丘念台的情況比較瞭解，商談的結果認為：他個性剛強，政治立場不明朗，對黨派關係，有他自己的一套見解，不容易接受別人意見，不願意跟著別人走。中共和各民主黨派都爭取過他，但他都沒接受，現在要他靠攏我們黨，看來可能性不大。既然黨做出這樣的決定，我們當盡力去爭取。會議結果推舉我和徐森源兩人去和他談。但會後探聽到，他近來已離開廣州，不知到哪裡去，一時無法進行。

陳仲豪：十二月二十四日，國民黨華中剿總總司令白崇禧自漢口發動逼蔣「引退」的態勢。長沙綏靖主任程潛、河南省主席張軫接著直率要求「總統毅然下野」。蔣介石於是重新布置人事：擴大京滬警備部為京滬杭總司令部，任命湯恩伯為總司令，全盤掌握蘇、浙、皖三省以及贛南地區的軍事指揮權。派朱紹良去福州。張群駐重慶。余漢謀長廣州。同月二十九日，他離京飛杭的那天又公布嫡系將領陳誠為台灣省主席；在上海負責實施經濟管制的長子蔣經國為國民黨台灣省黨部主委。然而，當一九四八年逝去的時候，人民解放軍一連串的勝利已經從基礎上把南京政權挖空了，它的倒塌只是時間問題。

一九四九年元旦，蔣介石發表文告，宣稱：「倡導和平以來，全國同聲響應，乃時逾兼旬，戰事仍然未止，和平之目的不能達成，人民之塗炭曷其有極，因決定身先引退，以冀弭戰銷兵，解人民倒懸於萬一」。台灣省政府也於元月改組。陳誠代魏道明任省府委員兼主席，並兼任省警備部總司令。同月十日，蔣介石派蔣經國去上海，命令中央銀行總裁俞鴻鈞將中央銀行現金移存台灣。

一月十四日，中共中央毛澤東主席在關於時局的聲明中，提出在八項和平條件的基礎之上，同南京的國民黨政府進行和平談判。這八項和平條件是：懲辦戰爭罪犯；廢除偽憲法；廢除偽法統；依據民主原則改編一切反動軍隊；沒收官僚資本；改革土地制度；廢除賣國條約；召開沒有反動分子參加的政治協商會議，成立民主聯合政府，接收南京國民黨反動政府及其所屬各級政府的一切權力。這項聲明無異於對南京發的最後通牒。內外交攻，蔣介石即使想戀棧，亦時不我與，只剩下退路一條——下野。兩天後，也就是一月十六日，蔣介石又親自召見俞鴻鈞和中國銀行總裁席德懋，下令中央、中國兩銀行將外匯化整為零，存入私人戶頭。同月二十一日正午，蔣介石約宴五院院長。下午二時，接著約國民黨中央常委敘談，出示和李宗仁的聯名宣言，決定身先「引退」。然而，他雖然宣布下野，不做總統，卻掛出總裁招牌，主持國民黨中常會，以黨領政。李宗仁只是空頭，毫無控制全局的權力。

二月，歷經遼瀋、淮海與平津這三場具有決定意義的戰役以後，人民解放軍在數量上由長期的劣勢轉入了優勢。國民黨戰略上的戰線已經全部瓦解，它的作戰部隊組織只剩下一百多萬人，分布在新疆到台灣的廣大地區內和漫長的戰線上。蔣經國也於月初奉命轉運中央銀行儲存的黃金、白銀五十萬盎斯前往台灣、廈門。同月中旬，國民黨中央要人紛紛撤台。

就在內戰形勢大逆轉的一九四九年三月十日，鍾浩東校長聯絡台灣知名的企業家和文化界開明人士支持，要我擔任主編的《新世代》雜誌，在台灣公開出版發行了。發行人署名「鍾鳴人」。社址是台北市徐州路二十八號。讀者以青年學生為主要對象。所以，它的主題標語是「反映時代動態．輔導青年學習」。同時在「稿約」中強調：「本刊初創，未能向讀者特別是青年學生取得聯繫，希望以後能盡量多刊青年學生們的稿件。」

在創刊號的封面上，我刻意引用普希金的詩句：「假如生活欺騙了你，不要悲傷，不要心急，陰鬱的日子需要鎮靜，相信吧，那愉快的日子，即將來臨……」以此向青年學生警示：台灣的黑暗統治終將結束，光明的日子快要來到了。

雜誌共二十四頁。文章主要由學校的主任和老師撰寫。我和許多作者都用筆名發表文章。除兩三篇是國內外時事分析的專論，其他主要是教青少年如何讀書、如何學習做人的文章。具有發刊詞性質的〈祝福新的一代〉，由我執筆，署名「銘之」。我寫道：「『方生未死之間』的時代又躍進一步，到今天已經是方生的迅速成長和未死的將瞬即潰滅的時候。歷史將證實多少新的事物將光榮地出現於這二十世紀五十年代裡的中國，年輕的一代，當他們打開智慧之門，面臨他們眼前的就不再是恐懼與苦難，而是幸福與自由了。」

《新世代》創刊號的具體欄目如下：主要由我執筆的「短論」四篇：〈痲痺不仁的教育〉、〈秀才造反〉、〈透視和戰之爭〉和〈化市場上的黃色風氣〉。「專題」四篇：第一篇是方弢寫的〈論時局發展的趨勢〉，結論是：「就戰局與和局的形勢來看，戰局無疑的是在萎縮，而和局卻在開展，和局不斷的向前發展的結果便是戰爭的告終。這當不會是太久遠的事了。我們須認清時局的這一特點，方可免某些錯誤的舉措，招致無謂的損失。」第二篇〈靈魂的考驗〉則批判不久前喊得震天價響的「所謂第三什麼，中間路線和自由主義」，指出：「現階段中國社會的動亂，其實正是一個空前未見的階級分化的過程。而分化得最劇烈的，就是這所謂『中間階級』竟以飛躍的姿態向兩頭分化開去；極少數的少數升上去，極大多數降下來，在某種意義上說，『中間』已經不存在了！」第三篇〈吉軻德・禮貌・教育〉，針對一些從大陸來台灣教書者慨歎「目前台灣學生的禮貌一天不如一天」的現象，強調指出：「今日，有誰為了自己的尊敬的『減少』（？）而無視事實不究原因的發出不滿的喟歎，甚至索性懷念日本時代的『有禮』，有誰想做聰明的二十

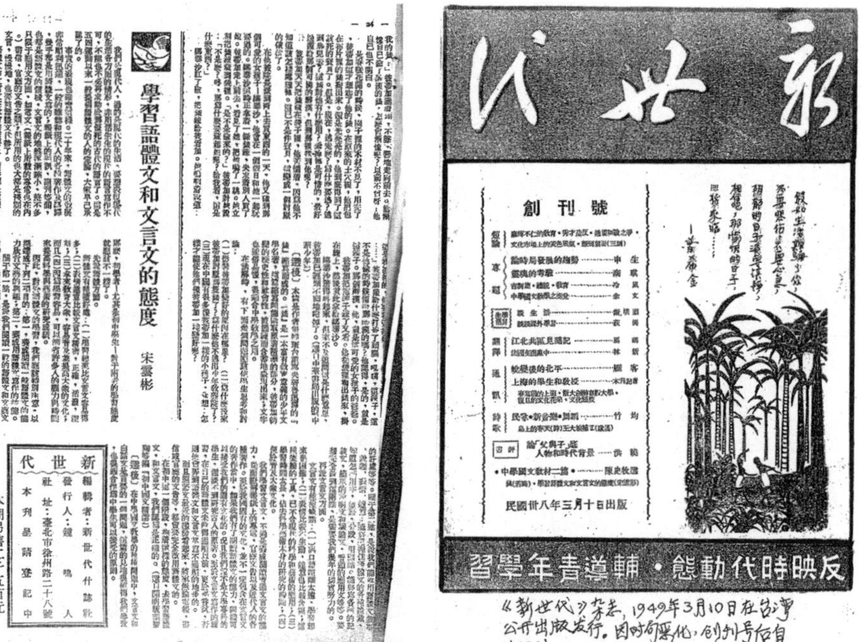

學習語體文和文言文的態度

宋雲彬

新世代

編輯者：新世代什誌社

發行人：鐘　鳴　人

社　址：臺北市徐州路二十八號

本刊呈請登記中

本期另售二千五百元

新世代

創刊號

短論　麻痺不仁的教育・秀才造反・透徹和睦之爭・文化市場上的黃色恐慌・聯絡貿易（三則）

專題　論時局發展的趨勢……申　生

靈魂的考驗……商　琪

古詩選・讀說・教育……冷　風

中學國文教學之商榷……余　文

談生活……戴　頌

談談課外學習……袁　興

翻譯　江北共區見聞記……馬　鳴

通訊　蛻變後的北平……旅　客

上海的學生和教授……本刊記者

詩歌　民歌・新音樂・舞蹈……竹　均

島上的春天（詩）王大娘補缸（鼓詞）

書評　論「父與子」底人物和時代背景……洪　毅

・中學國文教材二篇・……陳炳牧選

民國卅八年三月十日出版

反映時代動態・輔導青年學習

《新世代》杂志，1949年3月10日在台湾公开出版发行。因时局恶化，创刊号后自动停刊。

1949年3月10日《新世代》雜誌創刊〔陳仲豪／提供〕

世紀台灣教育界的吉軻德先生，誰就是教育的罪犯。」第四篇是基隆中學老師寫的〈中國文學教學之商兌〉。另外還有陳少麟和我執筆的「想到就說」短文三則：〈台灣文化在哪裡〉〈教育的真諦〉和〈談「過年」〉。「生活學習」三篇：〈談生活〉〈談談課外學習〉與〈休息和娛樂〉。「新書介紹」兩則：李純青等著《知識分子的新方向》與（劉）思慕著《戰後日本問題》。「外電譯文」兩則：一篇是譯自《蜜勒士評論報》的〈江北共區見聞記〉，另一篇是譯自《美國新聞和世界報導》的〈法國在混亂中〉。主要都是轉載上海出版的書報雜誌的六則「通訊」：〈蛻變後的北平〉〈浙大創辦寒假大學〉〈上海的學生和教授〉〈復旦的文化花朵〉〈這樣的學校生活〉和〈春臨前的上海〉。「文化短波」十三則：包括台大麥浪歌詠隊與駱駝業餘劇團的演出消息，師範學院學生籌備發行「龍安文藝叢刊」，台大新任校長傅斯年已經蒞台等島內文教消息，以及大陸主要大城市的文化動態，尤其是五十五名各黨派代表和無黨派文化人在上月二十二日發表〈我們對於時局的意見〉，強調「革命必須貫徹到底」。「詩歌」三篇，都是我寫的，有〈民歌・新音樂・舞蹈——為台灣大學「歌謠舞蹈會」作〉，聽完台大麥浪歌詠隊的歌謠舞蹈晚會後的感想〈心的征服〉，以及詩作〈島上的春天〉。同時也附印了台大麥浪歌詠隊演唱的河南民謠〈王大娘補缸〉的歌譜。「書評」一篇，是我根據一九四三年舊稿改寫的〈論《父與子》底人物和時代背景〉。「中學國文教材」二篇：一篇是我根據魯迅譯班台萊耶夫的

—新世代— —2—

祝福新的一代

有一天，和一個曾任過教育部要職的親戚扯天，雲低天寒，談起的竟然是一向大家都不喜歡談起的國家大事。談論之間，自然是感慨萬分的了，但這位老年人卻也例外地樂觀起來。他摸摸他底一個十二歲的孩子底頭髮，含意深長地說出了這麼一句話：

「像他們這一輩，長大了可就有幸福的日子過了！」

這不是一句預言，這是大家都同感地默認了的事實。然而，這話從一個幾年來被罵作「頑固落伍」的老頑子」底嘴裏(不、是心裏)說出來，無論如何就叫人越發確信時代底演步了。「方生未死之間」的時代又躍進一步，到今天已經是方生的迅速成長和未死的將歸即潰滅的時候。歷史將證實多少新的事物將光榮地出現於這二十世紀五十年代裏的中國，年青的一代，當他們打開智慧之門，面臨他們眼前的就不再是恐懼與苦難，而是幸福與自由了。

祝福這新的一代吧！

—一九四九、二、十六、銘之

麻痺不仁的教育

秀才造反

短論

透視和戰之爭

文化市場上的黃色風氣

〈祝福新的一代〉

小說《錶》的縮寫，另一篇是宋雲彬的〈學習語體文和文言文的態度〉。

雜誌出刊後，鍾校長告訴我說反響不錯。但是，鑒於形勢日益緊張，創刊號出版後便自動停刊了。

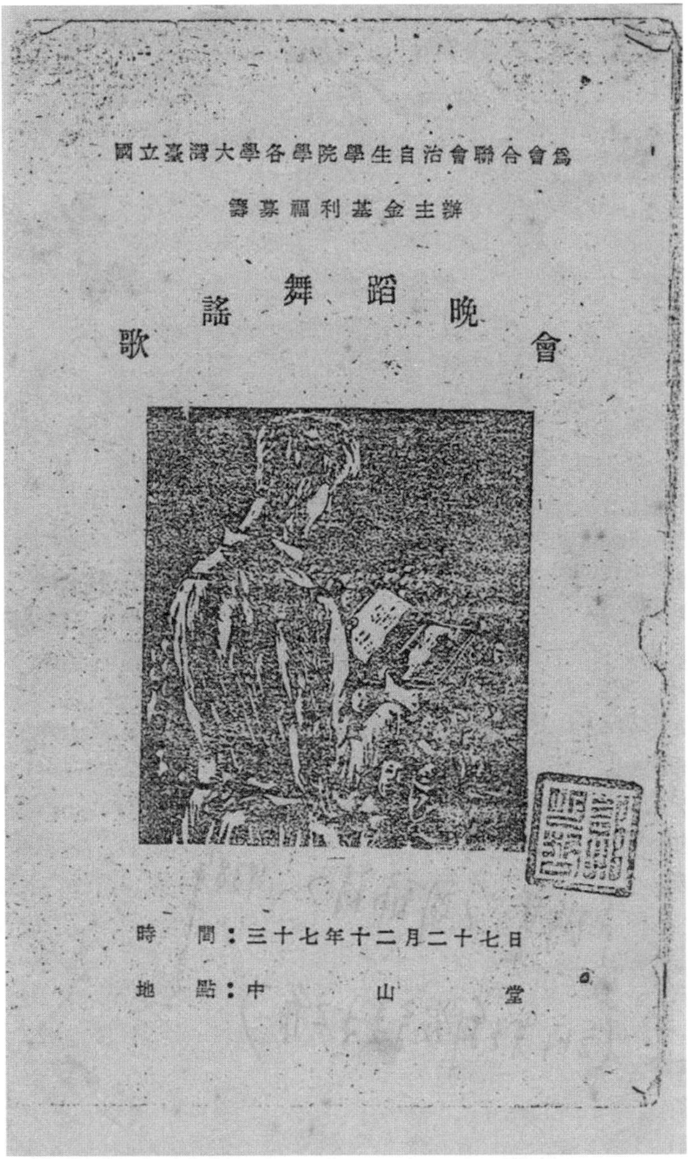

台大麥浪歌詠隊公演手冊

第八樂章：風暴

本省奸匪組織，自去年底起即秘密油印反動刊物《光明報》，散發各地。至本年八月，已發行至二十八期。該報內容皆係捏造事實，以極荒謬之言論，混淆聽聞，煽惑人心。經治安機關嚴密偵查，偵悉在基隆中學印刷，經於九月間破案，捕獲印刷《光明報》主犯張奕明（女，二十八歲，廣東汕頭人，基隆中學幹事，係奸匪老黨員負責印刷及發行《光明報》），鍾國員（二十八歲，廣東蕉嶺人，基隆中學幹事，負責繕寫《光明報》鋼版），及奸匪基隆市委書記鍾浩東（三十五歲，高雄人，基隆中學校長），黨員羅卓才（二十七歲，廣東興寧人，基隆中學教員），談開誠（二十五歲，江蘇鎮江人，宜蘭中學教員）等二十二名……頑匪張奕明、鍾國員、羅卓才、談開誠等四名罪大惡極，已呈奉東南軍政長官陳核准，依刑法第一百條第一項，懲治叛亂條例第二條第一項之規定，判處死刑。並於昨（十）日執行槍決。

——台灣省保安司令部（一九四九年十二月十一日）

安全局機密文件載稱：一九四八年，國防部前保密局偵破台灣省工作委員會外圍組織「愛國青年會」（新民主同志會）陳炳基一案，並根據所獲得的線索，運用關係深入偵查。經五個月的長期培養，獲悉台灣省工作委員會除以「愛國青年會」名義秘密吸收成員外，並散發《光明報》及其他共黨文件。保密局又據報，有王明德者曾屢次郵寄《光明報》與他人。另據報台大法學院學生林榮勛等亦有散發共黨傳單，為共黨張目等情事。當經選派幹員，嚴密調查及監視各「匪嫌分子」的言行動態。一九四九年七月上旬，台灣省工作委員會藉紀念「七七」抗戰十二週年的名義，發動大規模的宣傳攻勢，散發傳單，張貼標語。一夜之間，遍及全島，聲勢之浩大，可謂空前。保密局為打擊中共地下黨的「猖狂行為」，乃決定進行破案。適於此時，據內線報稱，王明德於八月十八日被警方於

民聲日報

密印刊物煽惑人心

四匪諜伏誅

保安部發表其叛亂經過

長途電話價目

昨起再予抑低

【本報訊】臺灣電信管理局為減輕公衆負擔，自十二月十一日起將遠程長途電話價目，再予抑低，如基隆至臺東，鳳山，臺南高雄等數十處，均由每次新臺幣九，〇〇元減低為七，五〇元，經通知全省各分局照辦云。

1949年12月11日關於張奕明四人槍決與鍾浩東等人判處感訓的報導

檢查戶口時扣押等情。該局為恐警方不悉內情予以釋放，且為免洩漏消息起見，遂乘此機會於八月二十三日向警方將王明德提局。依據對本案所獲得資料，對王明德詳加審訊。王明德以事證俱在，無法抵賴，始供出成功中學支部王子英等同黨數人。八月二十四日晨，保密局即會同刑警總隊，根據前所蒐獲的資料與王明德供詞，將成功中學畢業的姚清澤、郭文川、余滄州等逮捕。復於同月二十七日夜，將台大法學院學生詹昭光、孫居清、吳振祥、戴傳李、林榮勛等捕獲，並循供深入偵查，擴大破案，總計捕獲鍾浩東、李蒼降、張奕明等「匪諜及涉嫌分子四十四人」。

李旺輝：隨著大陸急轉直下的局勢，我們在校內也更加緊地推展青年工作。我們通過全校性的自治會，班級性的讀書討論會，壁報比賽；或者運用學生對日常生活，諸如伙食、公費、宿舍等的具體要求，引導他們建立圓滿的世界觀。二二八之前，基隆中學的學生曾經因為紀念「五四」，上街遊行，而遭受警察特務的毆打、圍捕。經歷了一

承先啓後 18

■光復後

文／簡文雄老師

第一任校長 吳劍青先生

吳校長於民國三十五年二月到職，三十五年八月離職，為台灣光復後本校的首任校長。吳校長辦學認眞，愛護學生如子女。朝會時，經常訓誨學生要勤學、安分、守法，做一位忠孝之子女。他常抱持著「身教勝於言教」之信念。當時，本校因為發起台灣省首屆「五四學生運動」，聯合水產學校、家政女校、商業專修學校（即今日海事學校、基隆女中、光隆商職）等共同參與，為「反對貪官污吏」、「爭取自由」而舉行遊行。隊伍後面，不知不覺有一些浪人尾隨，乘機喧譁，引來大批武裝軍警和便衣情治人員干涉抓人。有學生被捉進警察局毆打逼供。後來，幸得吳校長出面以生命擔保而結案。吳劍青校長眞是一位「正義之師」啊！

第二任校長 鍾浩東先生

鍾校長於民國三十五年八月到職，三十八年九月去職。當時大陸變色，國民政府播遷來台，全省實施「非常時期戒嚴法」。特別提防匪諜滲透、顛覆。凡是言行激烈，私自結社，自由發表言論者，常被指為匪諜。彼時，鍾校長即因匪諜案與教職員、學生多人被捕入獄。後鍾校長被槍決，教職員、學生多人甚至有被關在獄中達十年以上者。眞相為何，迄今莫衷一是。其人其事已有專刊介紹。

第三任校長 黃蘇亞先生

黃校長於民國三十八年九月到職，三十九年七月離職，調任教育廳服務。黃校長奉派本校主持校務之外，同時兼負清查匪諜案任務。所以學校人事變動頗大，新到人員有因應任務需要而安排者。黃校長離職之後，由鄭明祥校長接任。

基隆中學的前三任校長

場二二八後，學生的政治敏感度增強了。因而，一般老師是不會感到學校有地下黨的氣氛的。

陳德潛：在吳劍青校長任內，我因奉校長之命，率領全體同學參加台灣省首屆紀念「五四學生運動」的反貪汙反饑餓遊行而遭到警方逮捕。因為吳校長力保而撿回一條小命。吳校長辭職歸鄉前曾向接任的鍾校長關照，希望他能多加照應已被列入黑名單的我。因為這樣，鍾校長到任後不久便約我談話。他問我家裡兄弟姐妹的情況。我答稱在家排行老四，但哥哥們早已去世，家中男孩以我最長，弟妹們都得留在家裡幫忙。鍾校長聽後並沒說什麼。後來，我才知道，他問這個問題是有他的用意的。

二二八事件後，學校裡開始出現《光明報》時，鍾校長又找我個別談話。他說：「你是家中長男，不能不設法為你家留下一脈香火……」於是給我一份轉學證明書，以及一張他的名片（我記得名片上的頭銜是國民黨台灣省黨部常務委員及基隆中學校長），讓我去見建國中學校長陳文彬。因為這樣，我後來才沒有受到《光明報》事件的株連。

何灼華：我是陳文彬的妻子。陳校長是高雄燕巢人，就讀台中一中時，因反抗日本軍國主義教育而遭退學處分，先後到上海法政學院與東京法政大學文學部社會系學習，曾經執教上海中國公學、復旦大學，與東京法政大學及立教大學。在日期間，他組織台灣省民會，動員留日台灣學生回國抗日。抗戰勝利後，又在東京組織台灣同鄉會、東京華僑總會，並被推為會長，積極爭取在日台胞和華僑的權益。一九四六年春天返台，擔任建國中學校長，並執教台大、台北師範學院，兼任《人民導報》總主筆、《台灣通志館》編纂。二二八後，因為義救學生而入獄兩個月。一九四九年五月，再遭通緝而逃離台灣，經香港到北京。

戴傳李：一九四六年，通過台北二中同學吳克泰介紹，我參加了共產黨在台灣的地下組織。二二八之後，我升上台大二年級。因為組織注重台大這邊的學生工作，我在基隆中學的課就少了很多，主要在台大校園活動。後來，我組織了一個馬克思主義讀書會，成員包括台大法學院兼台大學生自治聯合會主席林榮勛與同班同學許遠東等五、六人。再後來，台大法學院的黨組也成立了，由我擔任小組長。其他成員包括同是大三學生的許遠東、吳振祥、鄭舜茂，以及大一新生林添財。雖然鍾浩東是我的二姐夫，可我們台大的組織與基隆市工作委員會一點關係也沒有。

李旺輝：也就在組織急遽發展的那段期間，特務系統的細胞正沉靜地滲透進來，為日後那場漫天的捕殺埋下噬血的病毒。就在一九四九年寒假過後的新學期開始，學校新來了兩個老師。我記得，他們是兩兄弟，大陸人，其中一個臉上有疤，另一個一臉麻子。鍾校長通知我們幾個支委說，那兩名新老師都是職業學生出身的特務，要我們提高警覺。鍾校長解釋說，在此之前，情治單位已經開始注意基隆中學了。他們通過各種關係，幾次要介紹人到學校任職或任教，校長都一直找理由推辭。可這次，他如果再推的話，人家一定會懷疑。

陳仲豪：三月二十三日，何應欽內閣登場。二十九日晚上，台北市中上以上學校的學生，在台大法學院操場舉辦盛大的篝火晚會，慶祝青年節。那天晚上，我帶領一群學生，搭乘火車，前往台大參加活動。台大和一小部分師院的外省學生組織的麥浪歌詠隊，採取上海學生運動的方式，表演了許多大陸民歌和舞蹈，也公開演唱了解放區的歌曲。大家都很激動。我好像又回到重慶和上海那個火紅的革命年代。

四月一日，南京派出張治中為首的和平代表團北上議和，希望隔江而治。六日，蔣經國的嫡系青年軍預幹總隊總隊長賈亦斌等投向共產黨。外界因此議論道：「從蔣家的心窩裡反出來了。」南京解放的第二天，蔣

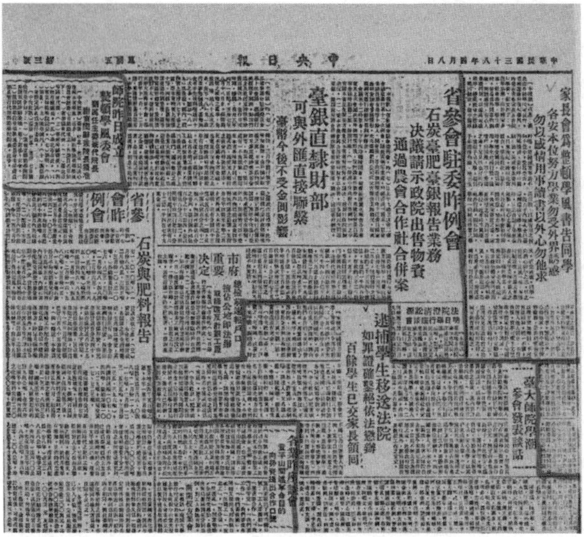

中央日報

省參會駐委昨例會

石炭臺肥臺銀報告業務

決議請示政院出售物資

通過農會合作社合併案

臺銀直隸財部

可與外匯直接聯繫

逮捕學生移送法院

1949年4月8日《中央日報》關於四六事件的報導

經國「決計將妻兒送往台灣暫住，以免後顧之憂」。月底，滬警告急，國民政府要員大批湧到台北。

戴傳李：當時，學生運動相當活躍，也因為普遍受到大陸政治局勢的影響，左傾的思想氣氛強烈。但是，沒想到，四月六日，軍警當局竟然武裝進入兩校宿舍，強行逮捕大批學生。

裴可權：我是浙江杭州人，民國二年生，浙江警官學校、中央警官學校特警班高級系畢業，歷任軍統局情報工作十年，忠義救國軍政治部上校秘書代主任，青島警察局分局長，台北市第六分局長，中央警官學校教官，政工幹部學校高級班教官。

民國三十七年七月廿七日

社論

論差別待遇

物價日漲，靠薪水過活的人不斷地感到加重的困難。因而，待遇之有差別，便也越顯出其不合理來。換句話說，越是有人所得薪水無法維持最低限度的生活，越顯得一部份人獨得拿高薪、享逸樂之不合理。而在過去經濟穩定的時候，雖也不無差別待遇的存在，（然而這顯然是如今為烈了！）但因生活容易過，雖然有的人拿錢很少，其不平之感是不會像今日這樣濃重的。

待遇的差別，首先存在於行政機關與業務機關之間。本省各省營事業機關的待遇，較省政府的待遇加百分之三十，這是公開的，也便是規定的待遇。但是各省營事業機關，除了這規定的待遇之外，事實上還有其他種種名目的補貼。這裡面，各機關又互有不同。其尤者，如某機關，其職員的糧被等物也由機關供給，有些職員，人在陸上工務，卻拿海上的待遇，底薪二百多元的，薪津之外加上種種補貼，竟可拿到二十多萬元。總之，業務機關裡一個職員實際拿到的薪津，大可以使省府裡面一個同底薪的職員感到羨慕。此外，生產事業機關的職員還可以得到所產物品的配給，例如水泥公司的職員便可以配到魚粉。難怪主管業務機關的職員中有人能夠坦言之地說：「在這處裡面，他們（業務機關人員）既肯下心，在這處外面，我們望塵莫及。」至於國營事業機關待遇的優厚，為省府人員所艷羨，更不必說。其尤者，如某航空公司，一個底薪一百數十元的職員，每月可得三十多萬元，此外，還有每年兩套西裝，每日一次西餐的供給。

其次，差別存在於同一機關之間。閱郵電管理局有一部份職員是作為經常出差的人員而駐處工作的，因此，他們一方面拿的是南京區的待遇，一方面又可以經常支出差旅費。這便等於領了兩份以上的薪水（通常出差旅費總較薪津為高）。其餘的職員則拿本省標準的待遇，這原與依照南京區標準計算的薪津相較，即已相差不少，更不必說別人還可以長期支領出差旅費。

在同一個機關之內，待遇竟有如此的差別，不待說是萬分不合理的。但是業務機關的待遇較行政機關的待遇高，這又是不是應該的呢？這事情現在雖已是司空見慣，我們仍不能不指出它的不合理。現在業務機關的待遇之所以好，事實上是由於各業務機關因手中有錢或產品而任意提高起來的。此外，省府手中有的是公文，而不是直接的營業收入或生產出品，待遇自然也不同了。但是公營事業機關，乃是為公家營業，為公家生產，其一切收入和產品，理應涓滴歸公，安能以經手之便而隨意處分，競相提高其本身職員的待遇？這事本身既不合理也不合法，其結果要足以造成大家競相鑽營業務機關的趨勢。影響行政機關人員的素質，且將使何等人才應受何種待遇根本失去了標準，而大家惟機會是趨。舉個例說，上海一個大學教授，為了維持生活，現在每每同時在四五個大學授課，人既萬分辛苦，所得不過法幣二億元，折合臺幣不過一十六萬元，還不及上述某業務機關一個二百多元底薪的職員的待遇。這豈不是令人嗤笑的事！

以現在的物價之高，也許不該說業務機關的待遇太高，而應該說行政機關的待遇太低。但是兩者不該有如此的差別是我們必須指出的。這樣的差別，決不是中央的規定，也不是省府的規定，而是各機關，自給補貼，自提待遇，而弄得如此毫無限期，毫無標準的。這樣的情形再不能任其自然下去了。中央和地方當局，立法院和省民意機關，都要下決心加以研討和整頓。

1949年7月台灣省郵電管理局的員工因為差別待遇而怠工請願

自三十八年以後，大陸形勢逆轉，中共在配合軍事準備積極攻台的時候，在政治上提出了「一九五〇年解放台灣」的口號，要求台共預先響應，做保管接收、迎接解放的準備，於是這股潰散汙濁的逆流，開始氾濫。首先，在民國三十八年四月六日，以台大學生與台北市警察局的警員，因誤會而引起的所謂「四六事件」的學潮，即是這股逆流重新氾濫為災的第一朵浪花，接著是在同年七月間，坐落於台北市內的台灣省郵政管理局，為郵電改組暨郵電員工分班過班而引起的怠工請願產生的風潮，更替這股逆流推波助瀾。

邱連和：相應於急遽變動的政治形勢，台灣的經濟秩序也受到內戰的影響而非常混亂。一九四八年八月十九日，國民政府為了取代已經崩潰的法幣而開始發行金圓券，規定按一元折合三百萬元的比率收兌法幣，限九月三十日前兌換，過期沒收。一九四九年二月中旬，台幣與金圓券匯率調整為一比十五。結果，市面上的米價猛漲。三月，為了抑制物價，台灣銀行開始拋售黃金。四月七日，台幣對金圓券的匯率又調整為二百二十元兌百元。兩天後，物價全面高漲。黃金每台兩五百五十萬元。這時，警察當局奉陳誠之命，以「大量吸收遊資、從事投機囤積金融經濟」之名，查封台灣最大的地下錢莊——七洋貿易行。四月底，台幣對金圓券的匯率又再調整為台幣七元改折金圓券百元。五月初，地下錢莊的倒風風行台北。金融經濟一片混亂，銀行停發本票，限期全數收回。許多債權人恐怕債務人逃脫、賴帳而集體包圍錢莊。台北錢莊的倒風很快就席捲各地。五月十八日，白米每石漲到一百萬元。物價全面暴漲。五月二十日，台灣銀行辦理黃金儲蓄存款，金價定為每台兩一千四百四十萬元，並准領取黃金實物。五月二十二日，台幣一元又改兌金圓券四百元。國民政府的中央造幣廠也遷到台灣來了。六月十四日，台灣實施幣制改革，由台灣銀行發行二億新台幣。票面分一元、五元、十元三種。新台幣每元折合舊台幣四萬元。新台幣五元折一美元。限期兌新。結果，通貨膨脹，舊幣如同廢紙。六月中旬，台北市警察局協助清理了三十九家地下錢莊。影響所及，許多錢莊都自行清理，造成許多逃脫、賴債的現象。許多人還藉此機會代行索債，以發「討債財」。

南台行因為受到七洋事件波及，只能討回舊台幣五千萬的轉存資金，一時拿不出錢來給投資人。我們於是各自賣了一些土地來償債。儘管條件這樣惡劣，債務處理之後，我們還是堅持繼續經營下去。處在這樣混亂的經濟秩序中，大家都對未來的前途很樂觀，都以為國民黨是一定會垮的。

蔣碧玉：五月一日，全省實施戶口總檢查。同月十九日又頒布戒嚴令。情勢越來越緊張了。但是，因為大陸局勢的發展狀況，再加上台灣本土的工潮、學潮洶湧展開，大家都很樂觀，都認為國民黨遲早要垮的。

黎明華：五月十一日，淞滬戰役展開。二十四日，上海的國民黨軍隊舉行了一次規模空前的祝捷大會。二十五日晚上，解放軍卻堂堂皇皇進入國民黨軍隊構築的防線，如入無人之境。上海解放。蔣氏父子退守台灣。幾日後，地下黨領導人之一的張志忠向我傳達了省工委的初步決定：依據戰局的發展情勢判斷，解放軍可能在一年內或稍遲些進軍台灣。我們務必把「迎接解放」的政治口號轉為「配合解放」的實際行動。農村幹部，尤其要熟悉周圍地形、道路交通、海岸線和丘陵山地的一般情況，並要通過各種關係，做好一般的群眾工作。我隨即把上述要旨傳達給手下成員，要他們盡量下鄉，通過做學生家庭訪問，調查研究地理、交通等狀況。我自己也經常下鄉，遊山玩水，拜訪學生家長。

七月初，學校剛放暑假，在新竹商業學校任教的東區服務隊隊友徐新傑約我去爬獅頭山。我按約定時間，從中壢搭火車

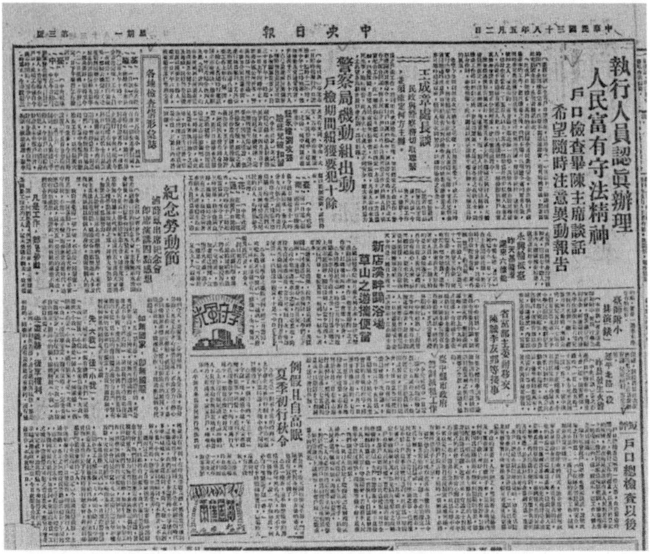
中華民國三十八年五月二日

中央日報

執行人員認眞辦理 人民富有守法精神

戶口檢查畢陳主席談話 希望隨時注意與動報告

警察局機動組出動 戶檢期間緝獲要犯十餘

紀念勞動節

新店溪畔闢浴場 草山之遊擔便當

1949年5月2日《中央日報》關於全省戶口總檢查的報導

到新竹。下車後，我才知道，除了徐新傑之外，同行者還有鍾浩東校長和蔣碧玉夫婦，以及在基隆中學任職的鍾國員、戴芷芳（蔣碧玉的妹妹）、王阿銀和一位峨嵋鄉長的女兒曾小姐。我心裡想，這次郊遊登山，恐怕也是鍾浩東為了瞭解獅頭山地形而刻意安排的吧。

出了火車站，我們改搭公路班車。來到峨嵋鄉，已經快要中午十二點了。我們在街上小吃店用過午餐後，順道去曾小姐家拜訪。然後開始登山。登上水簾洞時，每個人都汗流浹背了。於是在這裡休息。我看到，山下是崗巒起伏的一大片丘陵地，從峨嵋、寶山鄉一直延伸入海；背面則是越來越高的橫屏背山、鹿場大山和五指山。真是好地方！我聽到站在一旁眺望風景的鍾浩東不斷讚歎說真是好地方。休息之後，我們又有說有笑，繼續往上爬。我們邊走邊唱在東區服務隊時經常唱的一些歌曲：〈在太行山上〉、〈風雪太行山〉、〈煙雨漫江南〉及〈再會吧

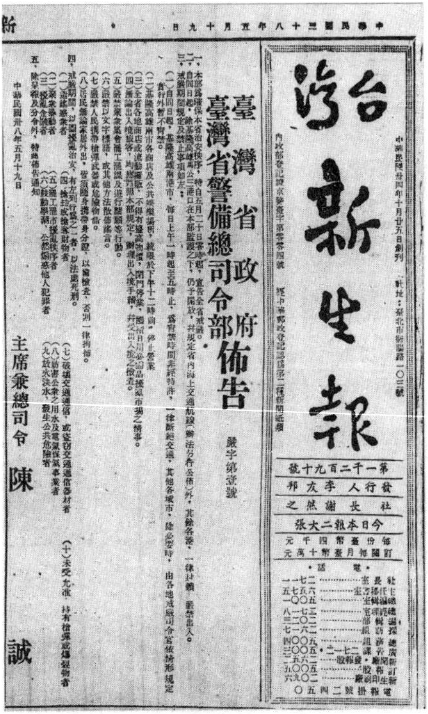

台灣新生報

中華民國卅四年十月廿五日創刊　社址：臺北市衡陽路一〇三號

內政部登記證京警字第零零四號　中華郵政登記認為第一類新聞紙類

第一千二百九十號

發行人 李友邦

社長 謝然之

今日本報二大張

每份臺幣四千元

訂閱每月臺幣十萬元

中華民國三十八年五月十九日

臺灣省政府
臺灣省警備總司令部 佈告　戒字第壹號

一、本部為確保本省治安秩序，特自五月二十日零時起，宣告全省戒嚴。

二、自同日起，除基隆高雄馬公三港口在本部監護之下，仍予開放，并規定省內海上交通航線（辦法另行公佈）外，其餘各港，一律封鎖，嚴禁出入。

三、戒嚴期間規定禁止事項如左：

（一）自同日起，基隆高雄兩港市，每日上午一時起至五時止，為宵禁時間，非經特許，一律斷絕交通，其他各城市，除必要時，由各地戒嚴司令官依情形規定實行外，暫不宵禁。

（二）基隆高雄兩市各商店及公共娛樂場所，統限於下午十二時前，停止營業。

（三）全省各地商店或流動攤販，不得有擡高物價，閉門停業，囤積日用必需品擾亂市場之情事。

（四）無論出入境旅客，均應遵照本部規定，辦理出入境手續，并受出入境之檢查。

（五）嚴禁聚眾集會罷工罷課及遊行請願等行動。

（六）嚴禁以文字標語，或其他方法散佈謠言。

（七）嚴禁人民攜帶槍彈武器或危險物品。

（八）居民無論家居外出，皆須隨身攜帶身分證，以備檢查，否則一律拘捕。

四、戒嚴期間，意圖擾亂治安，有左列行為之一者，依法處死刑。

（一）造謠惑眾者
（二）聚眾暴動者
（三）擾亂金融者
（四）搶劫或搶奪財物者
（五）罷工罷市擾亂秩序者
（六）鼓動學潮，公然煽惑他人犯罪者
（七）破壞交通通信，或竊盜交通通信器材者
（八）妨害公眾之用水及電氣煤氣事業者
（九）放火決水，發生公共危險者
（十）未受允准，持有槍彈或爆裂物者

五、除呈報及分令外，特此佈告通知。

中華民國卅八年五月十九日

主席兼總司令 陳誠

1949年5月19日陳誠發布全省戒嚴令

香港〉等等。這樣，不知不覺就到了山頂。山頂的視野特別遼闊。對面是神桌山。左手邊是橫屏背山及鹿場大山。山下則是一衣帶水的南庄溪，從南庄鄉的紅毛館、東河、南庄、田尾、龍門口，流經三灣與頭份到竹南入海。

下山後，曾小姐和王阿銀折返峨嵋。鍾浩東問我說我們晚上到哪裡過夜？中壢、新竹，還是苗栗？我建議說到苗栗好了，去看看丘繼英。丘繼英在苗栗當區長。大家聽了我的建議，也都同意。我們於是走到龍門口，搭公車去竹南，再改搭火車前往苗栗。當天晚上，就在丘繼英的公館住了一夜。第二天一早，我們又坐同一班火車北返。車到中壢，我就跟鍾浩東等人道別。可我沒想到，這竟然會是我和鍾浩東的最後一次見面。

陳仲豪：七月，《光明報》發表了題為〈紀念中國共產黨誕辰廿八週年〉的社論。文章由林英傑起草，並由他和李䋣帶來基隆中學。之後，我們三個人就躲在僻靜的小房間，認真討論，修改。定稿後，再把這一期全部稿件編排好，交給鍾國員刻寫鋼版。然後再由他和張奕明油印。油印好了，就由張奕明獨自帶到台北，交由一個據點分發。我後來聽說，全島很多地方的公共場所，出現了《光明報》和大大小小的革命標語。省工委這一次發動的宣傳攻勢，震撼全島，也驚動了蔣介石。

安全局：七月十一日，一夜之間，共匪在台灣全島各重要地區，普遍散發反動傳單，張貼反動標語。甚至於翌日白晝，仍有在鬧市當眾散發反動文件之情事；匪黨此一反動宣傳攻勢發展之迅速，地區之廣泛，以及匪徒甘冒危險，不惜犧牲之「革命熱情」的高度發揮，表面上似乎在證明共匪在台不僅設有龐大完整之組織，擁有廣大群眾，且已贏得群眾之愛戴及堅定之信仰。

谷正文：在民國二十四年這個戰亂頻仍的時代，我以北京大學中文系學生的身分加入了戴笠的軍統局。三十八年五月下旬，以國防部保密局北平站上校特勤組長的身分，從上海來到台灣。以保密局偵防組長的身分製造「白色恐怖」，在台灣涉及二千餘人。其中四百餘人送軍法處處理；有二百人被殺了。

政府遷台之前，台灣島內的肅諜工作主要由保安副司令彭孟緝負責。民國三十八年初蔣介石曾召見彭孟緝，詢問有關共諜在台活動情形。彭孟緝篤定地說：「共產黨在台灣的活動不成氣候。」可是，到了七月中旬，有人把一份共產黨的宣傳刊物《光明報》呈交給省主席陳誠，證明了共產黨在台的秘密活動極為活躍。陳誠帶著這份極盡嘲弄國民黨之能事的公開刊物面報蔣介石。蔣介石頓時氣得青筋暴露，大罵彭孟緝不中用，隨即下令召集當時三大情治機關——保安司令部、保密局、調查局負責人及負責偵緝共諜的重要幹部，於次日午後一點鐘前往士林官邸開會。無疑地，事態非常嚴重了。

蔣碧玉：那時候，工作之餘，我就把浩東讀的書也拿來讀。曾經，我拿了一本日文版的高爾基的小說《母親》給學校的一位女老師看。第二天，那名老師興奮地告訴我，說這本小說寫得太好了。她因為心裡面想要說的話，有人把它說出來了，整個晚上都激動得睡不著呢。後來，浩東知道了卻責備我，說怎麼可以隨便拿書給別人看呢。我被浩東責備，心裡雖然不服氣，但也能體諒他處處小心的心情，也就不再隨便拿書給人看了。但是，到了八月，我聽說，一名畢業於台大商學院的年輕人王明德，因為戀愛的關係，曾經把一份《光明報》寄交他的女友，並且因此暴露身分而被秘密逮捕。這時，我直覺地預感到：一場大逮捕恐怕就要展開了。

裴可權：《光明報》原係匪省工委所辦的地下刊物，在三十七年秋即已開始秘密刊發，最初曾在基隆中學發現。

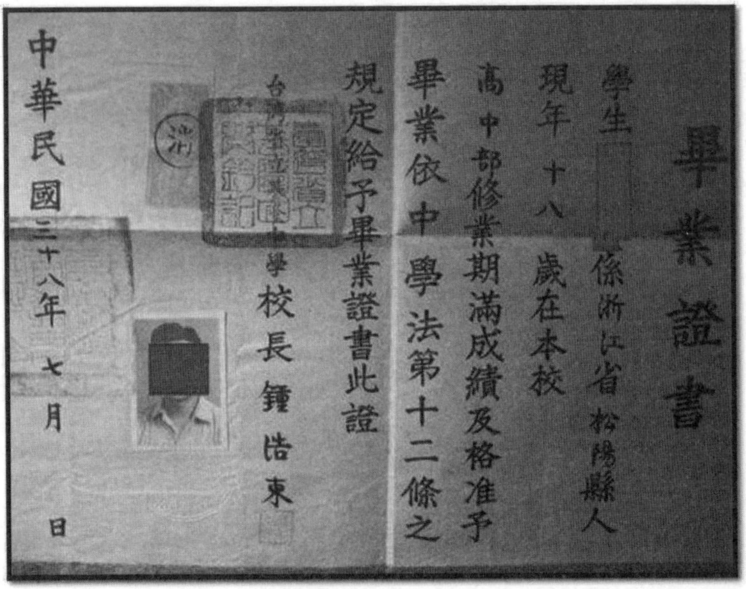
畢業證書
學生
係浙江省松陽縣人
現年十八歲在本校
高中部修業期滿成績及格准予
畢業依中學法第十二條之
規定給予畢業證書此證
校長 鍾浩東
中華民國三十八年七月 日

1949年7月鍾浩東發出的畢業證書

因其內容全著重於共產黨的宣傳，已引起了我治安情報機關的注意，但經多方的偵查，仍苦無頭緒。以後從既有的資料中，加以綜合研析，認為台大學生林某、孫某，平時行動可疑，推測《光明報》的發刊地點，可能設在台大內部，於是就加強外形偵查，結果發現曾在台大商科畢業，後在某公司任職的王某，曾將《光明報》一份，寄交他的女友某小姐。因此，根據這一發現，就將王本人秘密的加以逮捕，經供出他的組織關係，原隸屬於省工委以下的成功中學支部，於是這一組織的破獲，就如散珠有串，順利開展。

連世貴：我聽說，王明德當時為追求一女友，因女方無意於他，他便向對方表明自己的共產黨員身分。女方一聽十分害

1949年7月鍾浩東校長（第一排左五）與基隆中學師生最後一幀紀念照〔蔣碧玉／提供〕

怕，便向基隆憲兵隊告密，王明德於是被捕。

蔣碧玉：王明德失蹤了幾天，我不放心，於是就要還在台大就讀的弟弟戴傳李，離開台北避一避。戴傳李立刻就與另外八名同學南下高雄，到一名孫姓同學家。然而，就在孫家，因為組織不夠嚴密，他們九人也就當場被捕。浩東聽到了這個消息，從此不敢住在家裡。

戴傳李：我和林榮勛、詹昭光、吳振祥到了高雄，就去找台大學生自治聯合會副主席孫居清。孫居清家裡很有錢，在海濱擁有幾座魚塭。他安排我們住在魚塭的寮舍。我們每天都到海邊玩水。我記得，那天晚上，我們五個人被捕時正在打麻將。起初，我還以為我們是因為打麻將而被檢舉。後來才知道，身為台大學生自治聯合會主席的林榮勛早就被跟蹤監視了。等到移送台北保密局後，我才因為王明德被捕後亂咬我的名字而成了主犯。事實上，王明德根本不是地下組織裡頭的人。我跟他完全沒有什麼組織關係。

谷正文：一九四九年十月中旬，聽說刑警總隊的隊長劉戈青捉到四個學生持有《光明報》，沒有問出結果。因台大校長傅斯年吼叫，留置一天就放了。我聽了「喜出望外」，立即要去抓人。除葉翔之外，大家都反對。理由很好：「人家捉去已經放了，你再捉有什麼用？」在我堅持之下，四個人：王明德、詹昭光、戴傳李及游英（經濟系）被捕來了〔谷另說是王明德、戴傳李、許遠東、吳振祥四人〕。我同二處的牛樹坤科長、趙公嘏股長及我的副手張西林，與他們四人分別談了一夜。根本不提共產黨的事，只要知道《光明報》的來源。四個小蘿蔔頭少不更事，只得「實話實說」。第二天早晨，傅斯年還沒有叫起來，我已經送他們回學校了。互相約定：「大家忘掉這件事」。我的目的已達到，當晚即破獲了《光明報》。這是我來台灣後第一次出手突破性的一擊。

戴傳李：我從高雄移送到台北保密局的當晚就開始被刑求。他們要我脫掉上衣，打著赤膊，躺在長條椅上，然後用繩子把我綁緊，讓一名長得胖胖的光頭打手用布纏住我的大腿，再用拳頭用力捶擊。他們要我承認我有加入共產黨。那時候，我才二十四歲，可我知道利害輕重。我心裡清楚，他們就是因為沒有證據才要用刑。如果我承認的話，他們一定會繼續用刑，一直刑到我沒東西可說為止。所以，無論如何我一定要熬過刑求這關，絕對不能承認。因為說了會更慘。可我不承認，他就打。足足刑了有一個鐘頭，才將我拖回押房。我的大腿雖然看不出有什麼明顯的外傷，可往後兩天，卻一直拉不出屎，屙不出尿，動也不動地躺著。後來，我大概每隔兩天便被提訊一次。我記得，當時裡頭有個叫作谷正文和一個姓趙的特務。他們兩人似乎處於一種競爭的狀態，或是一個扮白臉，一個扮黑臉。我覺得那位姓趙的特務多少還像人。至於谷正文，他對我們的態度真是壞透了。幾乎所有的刑求都是他下令執行的。我覺得，他已經根本不是人了。他自己也曾經對我們說，他因為怕自己還有一點人性，所以早上起床後從來不洗臉，也不刷牙。我被捕兩個星期後，看到姐夫鍾浩東也被抓進來了。

蔣碧玉：浩東離家後，每天午夜，我總是聽著對面刑警總隊頻繁流動的巡邏車嗚嗚地響著的警笛聲，不敢熟睡。這時候，我知道家裡已經有人監視了，於是就把浩東所有的書籍、信件、資料等統統燒掉。然後，帶著兩個兒子，搬到八堵的學校宿舍住。三、四天後的晚上，我偷偷回到台北歸綏街娘家，想看看浩東有沒有回來。之後，我就沒再回來了。

谷正文：經過戴傳李的自白後，我大致明白基隆中學校長鍾浩東本身就是一名資深共產黨員，他擔任基隆市工作委員會書記，並在該中學裡安插了許多隨國府撤退來台的共產黨員擔任教師，如羅卓才、張奕明。此外還積極在校內外吸收成員。而《光明報》便是基隆市工委會的宣傳刊物。

八月十四日下午，我到局本部報告偵辦成果：「四名學生已經招供，明天凌晨行動，明天一早就可宣告破案了。」

凌晨三點五十分，天色黑壓壓一片。我親率三個行動小組，荷槍實彈，衝進基隆中學。第一小組，由我帶隊，直搗校長宿舍，逮捕鍾浩東。張西林和牛樹坤分別帶領第二、第三小組，搜查印製《光明報》的器材，及其他共產黨宣傳資料。二十分鐘後，我將鍾浩東太太蔣碧玉帶到印報器材前面。鍾太太眼見大勢已去，並未進行反抗與辯駁，只是淡淡地說：「這次我們輸了，我想我是難逃一死，不過，能夠為偉大的祖國、偉大的黨在台灣流第一滴血，我會瞑目的。」

蔣碧玉：八月底，有天黃昏，黎明華到學校來，想問浩東，徐新傑下一步該怎麼辦。因為浩東不在，他匆匆地來，然後也匆匆地離開。

黎明華：八月初，一個在新竹商校服務的同鄉突然到中壢義民中學辦公室，氣急敗壞地向我說林啟周校長被捕了，徐新傑也失蹤一個星期了，他的東西要怎麼處理？說著說著，他便把一把鑰匙擲給我。林啟周校長畢業於陝北公學。丘念台當年到陝北考察時帶了十個人回來，他就是其中之一。據我所知，當年東區服務隊的隊歌就是由他作曲的。另外，他真正的身分則是東區服務隊中共黨支部的負責人。我不知道這個同鄉的身分，怕他是來摸底的特務，趕緊說我也不知道新傑的去處，鑰匙你帶回去。也許他出去哪裡玩，這幾天就回來了。其實，在此之前，我已經得知林啟周校長被捕的消息了。

謝克：我是林啟周的愛人。我們是在東區服務隊

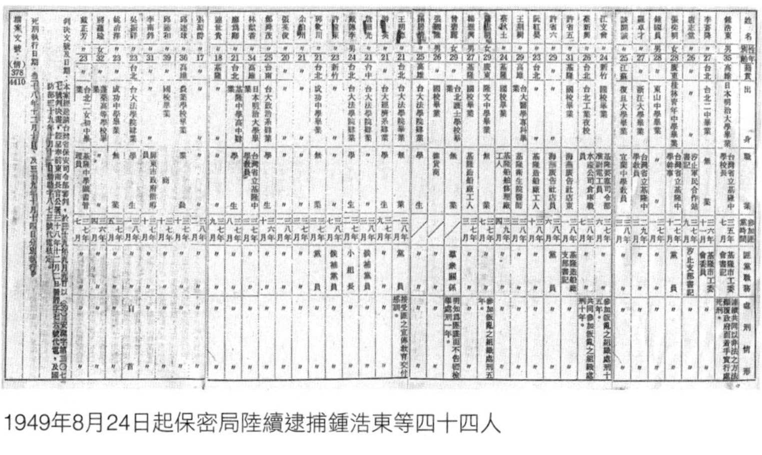

姓名	性別	年齡	籍貫	出身	職業	參加匪黨時間	匪黨職務	處刑情形
鍾浩東	男	35	高雄	日本明治大學畢業	台灣省立基隆中學校長	三五年七月	基隆市工委會書記	連續共同以非法之方法顛覆政府而着手實行處死刑。
李蒼降	〃	27	台北	台北二中畢業	無業	三六年十一月	基隆市工委會委員	〃
唐志堂	〃	26	〃	〃	汐止軍民合作站書記	三七年九月	汐止支部書記	〃
張奕明	女	28	廣東	桂林青年中學畢業	台灣省立基隆中學幹事	三七年十二月	黨員	〃
鍾國員	男	28	〃	東山中學畢業	〃	三七年一月	〃	〃
羅卓才	〃	27	〃	浙江大學畢業	台灣省立基隆中學教員	三九年二月	〃	〃
談開誠	〃	25	江蘇	復旦大學畢業	宜蘭中學教員	三八年三月	〃	〃
江支會	〃	24	新竹	國校畢業	基隆要塞司令部准尉電工員	三七年六月	〃	參加叛亂之組織處刑十五年。
蔡新興	〃	26	台北	台北工業夜校	水產公司倉庫職員	三八年七月	〃	共同參加叛亂之組織處刑十年。
許省五	〃	31	基隆	國校畢業	海燕廣告社店東	三八年一月	基隆造船廠支部書記	〃
許省六	〃	29	〃	〃	海燕廣告社店員	三八年六月	黨員	〃
阮紅嬰	〃	23	台北	〃	基隆造船廠工人	三八年十月	〃	〃
王荊樹	〃	29	高雄	台大醫學專科畢業	基隆衛生院醫師	三八年三月	〃	〃
蔡秋土	〃	24	基隆	國校畢業	基隆船舶修理廠工人	三九年四月	〃	〃
[redacted]	女	29	廣東	隆文中學畢業	無業	三七年七月	〃	參加叛亂之組織處刑五年。
楊進興	男	27	基隆	國校畢業	基隆造船廠工人	三七年三月	〃	〃
曾碧霞	女	29	〃	台北護士學校畢業	無業	／	羣衆關係	明知為匪諜而不告密檢舉處刑一年。
張燦隆	男	26	〃	國校畢業	雜貨商	／	〃	〃
[redacted]	〃	25	高雄	台大法學院肄業	學生	／	〃	〃
王明[redacted]	〃	21	台北	台大法學院畢業	無業	三八年一月	黨員	接受匪之宣傳教育交付感訓。
[redacted]	〃	21	〃	台大經濟系肄業	學生	三七年九月	〃	〃
[redacted]	〃	21	台中	台大法學院肄業	〃	三八年三月	候補黨員	〃
戴傳李	男	24	台北	台大法學院肄業	學生	三七年二月	小組長	〃
[redacted]	〃	23	新竹	〃	〃	三八年七月	候補黨員	〃
郭數川	〃	21	台北	成功中學畢業	無業	三七年三月	黨員	〃
[redacted]	〃	21	〃	〃	〃	三七年三月	〃	〃
張英俊	〃	20	〃	〃	〃	三八年二月	〃	〃
鄭舜茂	〃	25	台南	台大政治系肄業	學生	三六年十月	〃	〃
林獻書	〃	34	高雄	日本明治大學畢業	台灣省立基隆中學教員	三七年三月	〃	〃
廖為卿	〃	21	台北	基隆中學高中肄業	學生	三七年八月	〃	〃
連世貴	〃	18	基隆	〃	〃	三七年九月	〃	〃
張紹爵	〃	17	〃	〃	〃	三八年二月	〃	〃
邱連球	〃	36	高雄	農業學校畢業	農	三七年十月	〃	〃
邱德和	〃	39	〃	國校畢業	商	三七年十月	〃	〃
李南鋒	〃	31	〃	〃	屏東市政府僱員	三七年十月	〃	〃
吳振祥	〃	23	台北	台大法學院肄業	學生	三八年一月	〃	自首
姚清澤	〃	23	〃	成功中學畢業	無業	三七年五月	〃	〃
蔣蘊瑜	女	32	〃	蓬萊高等學校畢業	〃	三六年四月	〃	〃
戴芷芳	〃	23	〃	台北二女初中畢業	基隆中學圖書管理員	三七年七月	〃	〃

判決文號及日期：本案經送請台灣省保安司令部案判，於三十九年九月[illegible]日以(39)安潔字第二〇七七號判決書，經呈奉前東南長官公署三十八年十二月二日[illegible]字第[illegible]六號代電，及國防部三十九年十月十一日勁功字第八七三號代電核定。

死刑執行日期：三十八年十二月[illegible]日、及三十九年十月十四日分別執行。

檔案文號：(情)378 4410

1949年8月24日起保密局陸續逮捕鍾浩東等四十四人

認識的。一九三九年，我為了參加抗戰而離家出走。在韶關，我遇到丘念台，於是就走了十一天的路，到徐福田隊部參加東區服務隊。我哥謝瀛洲在國民黨做官，硬是要抓我離開東服隊，去福建讀書。我徵求愛人林啟周的意見，決定到韶關念書。台灣光復後，林啟周擔任新竹商校校長。我並沒有跟過去。一九四九年，他準備撤退大陸，於是先將文憑及其他證件寄來給我。怎知，因為郵檢而暴露了曾經就讀陝北公學的身分。六月二十三日就在松山機場被捕。我和妹妹隨後也在廣州被捕。

劉茂常：一九四七年十一月，在台南民教館擔任教育研究部長的一位民盟盟員被捕。我們隨即停止活動。兩個月後，台南民教館被政府撤銷。丘念台答應我們，在找到工作之前，暫時供給每人伙食費每月十多塊錢。其實，這些錢都是東區服務隊的老同志們個別捐助的。一九四八年農曆春節過後，我改了名字，到林啟周擔任校長的新竹商校任雇員，月薪八十元。到了年底，林校長向我表示，他準備離開台灣，要我找其他工作。一九四九年，過了寒假，我又通過組織安排，轉到桃園，在當時的新竹縣政府當事務員。解放軍渡江以後，鍾浩東向我表示，因為在台灣已經無法工作，許多大陸籍的東區服務隊老同志都陸續回大陸了。我跟他研究之後，也決定回大陸參加革命工作。六月二十二日於是搭船離台。

黎明華：林校長被捕後，新竹商校的其他地下工作人員，立即在組織安排下分頭轉移。徐新傑也由鍾浩東安排，轉移到屏東長治鄉的邱連球老家。

八月中旬，忙完學校的閱卷工作後，我隨即抽空前往基隆中學，找鍾浩東，瞭解徐新傑的情況。鍾浩東說，徐新傑在那裡不是很安全。我立刻南下，把徐新傑帶上來。那天晚上，因為已經很晚了，又沒有車班，我和徐新傑就到台中徐森源家過夜。我們因為和徐森源沒有直接的組織關係，彼此都心照不宣。第二天一早，我又把徐新傑帶到楊梅山上暫住。過了一段時間後，我認為徐新傑的安全問題還是要進一步解決，就在八月二十六日再次北上，前往基隆中學，找鍾浩東商量是不是有更安全的地方可去。我到基隆中學時已是黃昏時分。鍾校長恰好不在。吃過晚飯後，學校老師張國雄和蔣碧玉的妹妹，以及一些教職員，還在宿舍外頭的樹下，一邊納涼，一邊彈吉他、唱歌。

那天晚上，我就在學校職員鍾國員的宿舍過夜。睡到半夜，特務就來抓人了。我和鍾國員被一陣急躁的敲門聲驚醒。鍾國員亮了燈。一位年輕的配槍特務進來，向我們索身分證看，然後問我從哪裡來？找誰？我據實回答，說我從中壢來，找梅縣同鄉鍾國員。對方沒有多說什麼就出去了。不久，他們就把蔣碧玉和她妹妹抓走了。

蔣碧玉：到了半夜，大概是一點多鐘吧。我聽到粗暴而急躁的叩門聲。宿舍裡的人都知道是憲兵特務來了，沒有人敢去開門。我起身去開門。門一打開，一名領隊的特務頭子看是我開的門，便以一副嘲諷的語氣對我說：「校長太太，我們是人民解放軍，要來解放你們。」他們入內後，當然是一陣粗暴無禮的搜索。那名頭子又問我，說傍晚時候有個人來找過校長，那個人叫什麼名字？在此之前，剛好有一名與組織不相干的新聘教員來拜訪浩東。浩東不在，我要他留了字條，再轉達浩東。於是，我就把字條拿給那名特務頭子看，暫時掩護了黎明華。他們搜索之後，那名特務頭子就派一部分人到別的地方抓人。在這等待的空檔，他又故意與我談馬克思的辯證邏輯，談人民民主專政……等到那些人又回來時，那名頭子就命令我和當時才十八歲的妹妹換衣服，準備上車。那些人還無恥地看著我們姐妹換衣服。

上車前，我要把最小的兒子託付給教務主任的太太張奕明。校長太太，不會去太久的。張奕明安慰我說小孩還要吃你的奶，還是帶進去吧。這樣，我連小孩的衣服、尿布也沒帶，帶著才五個月大的嬰兒，跟著妹妹被押上車。車子在市區轉來轉去。我們不知道自己要被帶到那裡。

陳仲豪：那晚，我在學校單身宿舍睡覺，對外面發生的事，毫不知情。天剛蒙蒙亮，張奕明來敲門，悄悄對我說昨夜特務來抓鍾校長。校長不在，把校長太太和妻姨抓走了……這天，我照常上課，保持安靜。同時派人到台北找林英傑，報告緊急情況。很快，林英傑約定時間，要我和陳少麟，到陳太太方喬然台北二女中的宿舍會晤。我們冷靜地分析局勢，商討應急對策。最後，林英傑歸納了幾點意見：第一，現在，敵人要抓捕的是受台大學生牽連的鍾浩東，以及與鍾有關係的台籍人；鍾浩東下落不明，基隆中學地下黨整體並未暴露。第二，形勢緊迫，《光明報》是個大目標，主要的有關人員應立即離校隱蔽，留下的同志應該提高警惕，準備好撤走方案；要隨時、隨地，獨自應付突發事變。第三，鍾浩東也可能在校外出事了，由陳少麟或方弢去找王致遠，看能不能轉請丘念台和李友邦救助。

王致遠：老蔣正式批准丘念台辭職後，另派陳誠接任國民黨台灣省黨部主任委員。陳誠安排了他的部屬李友邦為副主任委員，管理日常事務。李友邦讓我繼續留在主委室，幫他處理秘書事務。

八月底的一天早上，我剛到省黨部上班。忽然，在基隆中學任教的方弢氣急敗壞地來找我，告訴我一個不祥的訊息，說昨晚鍾浩東夫婦在學校裡被捕了。因為鍾浩東出任基

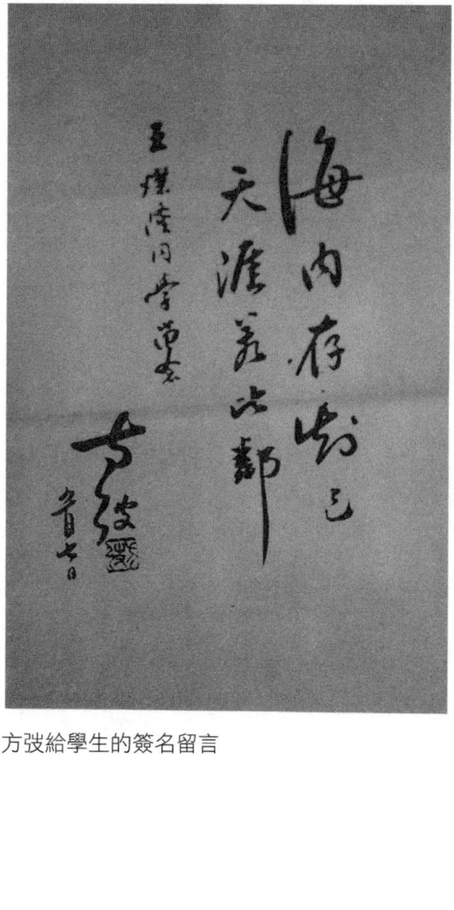

方弢給學生的簽名留言

中校長是由丘念台和李友邦介紹的；抗戰期間，他同李友邦在福建一帶一起工作過，並跟李友邦回台灣，關係密切。方弢希望我向李友邦提出，設法營救。方弢走了之後，我就到主委室，把這消息告訴李友邦。他當時沒說什麼，但隔了一會，卻走到隔壁我的辦公室來，主動談起這件事。他知道，我抗戰時期在東區服務隊與鍾浩東一起工作過，就問我鍾浩東的為人如何，是否能吃苦等等。我就把我所了解的鍾浩東情況詳細地告訴他。我揣測，他提問這些的用意，可能是考慮到：鍾浩東在獄中被刑訊時，能否頂得住，會不會把一切都招供出來，牽涉到他。我即如實給他介紹，也著重說明鍾浩東一向艱苦樸素，為人堅強、正直、靠得住，重情誼，以讓他安心。

陳仲豪：隨後的幾個夜裡，我沒有睡在宿舍。在教學樓二樓圖書館裡的藏書室，隨便躺在長椅上休息，不敢熟睡。隔天一早，張奕明便來告知昨晚校裡有沒有出事，然後照平時那樣上課。

李旺輝：八月底，我聽說鍾校長突然失蹤了。當時，我

1949年9月9日早上軍警包圍基隆中學後山

就判斷他一定是被抓了。我心裡頭在想，再下來，不知將會是一場多麼大的政治風暴。後來，我才知道，鍾校長是在學校開學前被捕的。那天是星期日，他到基隆與李蒼降會面，整晚未歸。第二天，也就是星期一，一早，他搭公路局車，在八堵下車，然後走回學校。這時候，一路跟監的吉普車從後頭駛來，兩名特務迅速下車，隨手把他抓上車。在車上，鍾校長試著要把自己被捕的情況讓外頭的人知道，卻因為被夾在中間，動彈不得。後來，他被押上火車，送往台北。當火車駛經基隆中學旁的鐵道時，他又藉著擦汗，乘機向窗外揮動手上的手帕，想要引起學校的師生注意。無奈，他搖了幾下，又被特務發現而制止。因為這樣，他無法及時將被捕的情況通知大家。後來他遭到嚴厲的刑求，卻堅決不肯吐露任何一點組織關係。到後來，他們就威脅校長，說他如果不說，他們就把學校的老師、職員和學生統統抓來。為了減輕受害範圍，同時也為了向我們提出警訊，他才故意供出跟組織完全沒有關係的一些名字，例如學校校醫。

連世貴：鍾校長被捕入獄後，校醫及一名基中前輩也相繼被捕。但這三人中只有鍾校長具共產黨員身分。我猜想：校醫與那位前輩之所以被捕，可能是鍾校長故意供出假名單，以放出警訊，要同志們小心。事後，基中的一些外省籍老師（如聶英等），均紛紛搭船逃回大陸。

何文章：事發後，陳仲豪老師想返回大陸，曾找上我家一位開輪船公司的親戚。但我親戚表示，船還要四五天才會出海。陳老師說來不及，此後便失去音訊。

陳仲豪：我接到地下黨上級的撤退通知後，就把學校地下黨支部書記的任務交給陳少麟。那天清晨，張奕明從學校山旁的小路送我離開基隆中學。臨別時，她關切地叮囑我說一切都要小心，後會有期。我回答說你們留下來的都要十分警惕啊。我們也許在大陸再見，也許是台灣解放後又在此地重逢。

李旺輝：九月二日，星期六晚上。一群穿便服的特務又到校長宿舍來抓校長。事實上，校長早就被他們抓走了，可他們卻佯裝不知，問說校長到哪裡去了？他們在校長的宿舍搜屋，翻箱倒櫃，帶走了一些資料，然後才離開。

一個禮拜後，九月九日，同樣是星期六，早上十點多鐘，我正在上課中，突然發現校舍周圍的後山已經被軍警包圍了。大家惶惶不安，不知這次他們又要抓哪些人。結果，中午以前，一共有四名教師、三名職員和三名學生被抓走。

70.5.16

肅諜行動憶往
——早年基隆「工委會」破獲記詳

裴可權

治安機關於三十八年九月，將基隆匪黨組織「工委會」書記鍾浩東逮捕，該組織已局部破獲，其殘餘部份尚有共匪基隆「工委」李蒼降、藍明谷所領導的關係，及少數「個別黨員」。辦案人員奉命掃清基隆沿匪第二階段工作，是在三十九年初捕獲李蒼降等時開始的。

李蒼降自鍾浩東被捕後即逃離基隆，直到翌年元月，根據新獲線索，在其臺北市南京東路住所，將其捕獲。同時被捕的尚有其妻曾×麗、其姊李×娟。偵訊李蒼降的過程進展得很快，辦案同志與他晤談數次，就得到所要的資料。

李蒼降當時年僅二十七，臺北縣人，臺灣光復後曾往杭州唸高中，返臺後考入臺灣通志館任職員。三十六年十一月由陶炳基介紹參加共黨，在臺北與陳炳基、林如增、李熹山等，組成「支部」，由林如增負責，曾以「新民主同志會」及「臺灣解放同盟」名義發展群眾及黨員。[illegible]

他聽了以後，馬上回去通知林英傑。林英傑得到這消息，立刻將全部文件收存攜行逃走，並交待李蒼降設法將現住房子賣掉。林搬走後，李蒼降十分不安，惟其妻曾×麗已有身孕，不便隨其逃亡，因此李蒼降託請其姊李×娟到其住處陪伴曾×麗，自己則在外躲避。

這時，已得到有關線索的辦案人員，判斷李蒼降躲藏在南京東路，就在其住處附近佈置盯梢，嚴密監視，並繼續偵查，發現僅有曾×麗、李×娟二人。雖然暫時失去其蹤影，但我治安同志認為李蒼降早晚會回來探望，仍然日夜監視，不敢懈怠。[illegible]

一直到三十九年底，基「工委」藍明谷仍逍遙法外。有關滲透工作第二階段，從三十九年底到四十年初，重點工作就是追捕藍明谷和他領導的人。自從三十八年年底開始，經刑警總隊通令各地警局刑警嚴密緝捕在逃匪犯，而情治工作人員亦分頭在不同的地方展開搜索。藍明谷等人在警方嚴密搜索網包圍下，無處可逃，紛紛落網。

藍明谷原為臺灣高雄人，抗戰時赴大陸求學。三十五年經北平「臺灣同鄉會」返抵上海，五、六月間抵臺，住上海「臺灣同鄉會」，認識同鄉會辦事員林×。林×本為共黨黨徒[illegible]

1981年5月16日《中央日報》關於基隆工委的肅諜文章

連世貴：鍾校長是在暑假被捕的，我們並不知道。開學後，我升上高二。我發現學校有許多老師不見了。但是，學校仍正常上課，所以我認為他們大概是回大陸老家度假，沒有多做聯想。開學第二週，有一天，我跟同學正在教室外面談笑，上課鐘響，準備進教室時，訓導處突然派人把我叫去校長室。在校長室，我看見高三的廖為卿和高一的張源爵也被叫來了。然後，三、四名便衣，沒說什麼便將我們三人逮捕，押上一輛廂型車，載往保密局。

李旺輝：當天晚上，我就離開基隆中學，坐最後一班火車，逃回南部。第二天早上，我在屏東下車。在車站前的一家腳踏車行，我用身分證抵押，租了一台腳踏車。我先騎到內埔，向在家養病的鍾國輝通報基中出事的消息。然後我再騎到長治鄉崙上村，通知邱連球。最後，我再騎回屏東，付了租金給車行，要回身分證，搭車回美濃。從此展開整整一年的逃亡生涯。逃亡期間，我一直在山上四處躲藏。睡在土地公廟或工寮。吃香蕉或乾糧。有時候，就偷偷跑回尖山腳下鍾里志的兄弟家，吃碗飯。最終於一九五〇年九月底被捕。

鍾里志：浩東失蹤後，李旺輝跟我說，他要去台北探聽情況。我沒問他去哪裡探聽。他說，回來後，再和我商量以後怎麼辦。結果，他沒聯絡上我，於是交代一個姓高的工友（小孩子）轉告我，說他先回南部去了。我覺得，自己待在基隆中學，早晚也會出問題，不能繼續待在那裡。第二天晚上，我就安排我老婆，帶著出生才沒幾個月的男孩回士林娘家。我把出納組保險箱的鑰匙包好，留在宿舍，然後什麼東西也沒拿，自己一個人先回南部。從此展開我的走路生涯，直到一九五一年元月十日才不得不向警務處刑警總隊駐高雄縣工作組「自首」。

李南鋒：我在基隆中學當了一年的管理組長。學校的管理工作已經初步就緒後，我就辭職回故鄉。因為我是從大陸回來的本省人，也就是所謂的「半山」，所以沾了點外省人的光，找工作很容易。一回屏東，我就到屏東市政府上班。我的職銜是民政課合作室的指導員兼九如農場場長。一九四九年九月初，徐新傑流亡到我家。聽他說，我才知道基隆中學出事了。他在我家躲了兩三天才

1988年李南鋒、李旺輝與邱連和在鍾理和老家

離開（聽說後來在苗栗大湖山區被追緝的警特當場擊斃）。他走後沒兩天，我也被捕了。那天傍晚，下班後，我從屏東市政府走回家的路上，突然被兩個便衣警察合力押上車，往鳳山、高雄的方向疾馳。車子駛經高屏大橋，路面正逢下坡，車速減緩了些。我想趁機掙脫，於是在車內與押解的三個便衣刑警展開打鬥。打鬥很激烈，司機（也是警察）只好停車加入。他們四個人把我拉下車，打得半死，才又拖上車，繼續前進。在半昏迷的狀態中，我模糊地感覺到車子停了下來。我被他們拖下車，再從樓下硬拖到樓上的一個房間。他們用水把我潑醒，立刻就展開一場徹夜不休的重刑審問。第二天，我在押房昏沉沉地過了一天。第三天傍晚，連球、連和兩兄弟也被抓來了。聽他們說，我才知道自己被關在鳳山警察局。第四天一早，我們三人又一起被押往台北。

邱連和：我們是在浩東被抓幾天後才知道基隆中學出事了。有一天晚上，有幾個基隆中學的教職員逃亡到我們邱家。我和連球當下即設法掩護他們。後來來了一批要抓他們的警特，因為遍尋不著，只好悻悻地離開。第二天早上，他們幾個就離開崙上，繼續流亡。中午時分，我正在吃飯。警特又分別闖入連球和我家，把我們強行押解到鳳山的高雄警察局。在那裡，我們看到浩東的表弟李南鋒也已經被抓來了。當天晚上，我們三個人就在那裡過夜。第二天早上，我們又被押往台北。在北上的火車上，我和連球被銬在一起。南鋒先前有過抵抗的記錄，除了手銬，還給他加上腳鐐。我們和一般乘客坐在同一個車廂。一路上，都有人用一種好奇、訝異而驚恐的眼神打量我們。我們就這樣忍受著屈辱到了台北。一出火車站，我們立刻被押上一輛等在外面的吉普專車，送到小南門附近保密局的秘密押房。那間小小的押房一共關了十七八個因為牽連基隆中學事件而被捕的人。大約三個月後，我們才被移往青島東路三號的軍法處看守所。

蔣碧玉：我被捕後的第二天早上，從同房難友口中得知，原來我們是被關在保密局的南所。我也看到浩東了。我看到他由兩名難友攙扶著走過押房。我看到他身體承受過拷打的傷痕。這時，我才知道，原來浩東早就被逮捕了。

後來，每當這些特務要到基中抓人時，必定帶著我那年輕的妹妹同行。我知道，

1993年9月8日蔣碧玉與張奕明的孤女在樹林海明寺五〇年代政治案件死難者超渡大法會〔藍博洲／攝影〕

這是他們故意分化基中教職員的詭計。他們故意要讓其他人認為是我妹妹出賣他們的。有一天，戴家的親生父母帶著我的小孩來探監。但押房看守卻不讓我接見。同房的師範學校的老師就叫我哭。我聽她的話放聲大哭。她就跑去要求看守說校長太太哭得好可憐，你就行行善，讓她見見她父母吧。看守回答她，說他可以讓我見客，條件是不要再哭了。我立刻停止哭泣。看守於是讓我出去見父母。不久，妹妹也來了。我就乘機告訴她，自己要注意，不要被他們利用了。妹妹以為我誤會她，很生氣。

九日下午，學校的女職員張奕明和王阿銀也一起被抓進來了。張奕明並且和我關在同一個押房裡頭。校長太太，你也在這裡啊！當她被關入押房看到我時，驚慌中不失欣慰，然後戲謔地笑說這是什麼鬼地方。

陳仲豪：基隆中學有一位鍾淼祥老師於一九五〇年夏天回到大陸。後來，他告訴我說，九月九日那天，他在現場，親眼看到張奕明冷靜沉著面對特務的搜捕。他看到，張奕明臨走時，不捨地把身邊三歲的女兒託付給一位蔡姓職員，請這位潮汕老鄉好好照顧她。

蔣碧玉：不多久後，張奕明被槍斃了。那天，吃早飯時，押房的窗戶都被放了下來。一些關較久的難友就說早上一定有槍斃。不久，吉普車的聲音在押房外頭響了起來。我於是把棉被墊高，從押房的小窗口往外看。我看到吉普車上面坐著幾名持槍的憲兵。然後，押房的門突然開了。憲兵班長大聲點名說張奕明開庭。我看到張奕明一路微笑著，從容地走出押房。臨上車時，她還堅定地呼喊著共產黨萬歲。我難過地唱著她之前教我唱的一首〈惜別〉歌，給她送行：「紅燭將殘，瓶酒已乾，相對無言無言！潯陽就赴，誰知長夜何漫漫？共君一夕話，明日各天涯，徒然惜別，終須別！誰知後見期？……」在歌聲中，我知道，過沒多久，十四歲就入黨的張奕明，就要在新店溪畔馬場町刑場早晨的槍聲中仆倒了。

第二天，又有槍斃要執行。聽到押房外頭的吉普車聲，我想，這下輪到我了。同房的難友們也都以為是我。我從容地換好衣服。她們幫我梳頭。有沒有什麼要交代的？有人在一陣恐怖的安靜之後問我。沒什麼好交代的。我說，我的東西，你們都拿去用吧。押房的門開了。然而，被點名的人並不是我，而是七、八位金門籍的老師。

在軍法處熬過半年的審訊後，

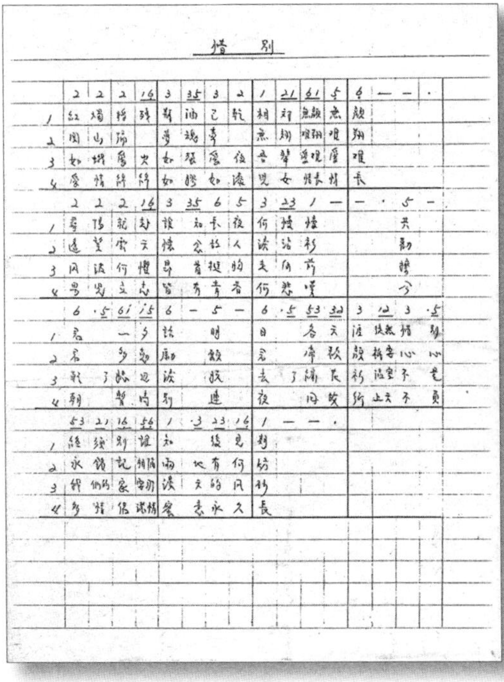

蔣碧玉保存的〈惜別〉歌譜

我因為與浩東聚少離多，涉案不深，終被釋放。

李南鋒：我和連球、連和一起被移送到軍法處的第二天一早，就有幾名大陸來的客家青年被槍斃。就我所知，他們是張奕明、鍾國員等基隆中學的教職員。他們這幾個外省人槍斃後，我們也就結案了。我被判了六年的有期徒刑。大約又是三個月後，連同浩東、連球在內，我們又被移往內湖國小的新生總隊接受感訓。

新生總隊成立於一九五〇年二月一日，隸屬保安司令部。一九五一年四月移遷綠島，擴大為新生訓導處，編制為新生訓導總隊，下轄三個大隊，分別按「匪俘」、「匪嫌」或「叛亂犯」等三種不同的性質來分隊。每一大隊又再分為十二個中隊，以「團結新生同志完成第三任務」等十二字為隊名；另外還特別編了一個女生中隊。它的主要工作是「改造」我們這些涉案政治犯的思想。平常，除了勞動生產外，主要是上課。課程包括：國父遺教、領袖言行、共產主義批評、

1950年2月1日設於台北內湖國小的保安司令部新生總隊

共匪暴行、蘇俄侵略中國史等政治課程，以及中國地理和歷史、數學等一般課程。

連世貴：內湖國小新生總隊的牢房是由一般教室改建的，只有兩間，男、女各一間。我記得，我們那間男押房便有一百多人，十分擁擠。那裡的伙食也很差，最好吃的菜是豆芽菜；其餘的菜都像豬食一樣，全都混在一起。值得一提的是，我們的校長鍾浩東被送去內湖感訓時，曾以絕食的方式，拒絕接受思想改造。他整天躺在床上，不參加朝會，也不上課。獄方拿他沒辦法便問他：「你想要怎樣？」「我的同志都死了。」校長說：「我身為領導者，豈有臉面苟活下去！」

由於鍾校長不合作，沒多久，他便遭槍斃。他這種捨生取義的精神，我至今仍十分敬佩。事實上，當年能參加組織者，必須具備兩項特質：除了頭腦要好外，還要是真正想為國家、人民做事的愛國主義者。

戴傳李：後來，我和校長同時被移送保安司令部內湖新生總隊感訓。這時候，我們知道大陸已完全赤化，國民政府已撤至台灣了。感訓隊的難友們心裡都認為就快解放了。鍾校長表現得非常篤定沉穩。他按照規定參加隊上的各種活動。只是，在思想上，他的反應卻是以沉默來表白他的立場。每天飯前，隊上總要我們針對三民主義的某一部分討論發言。因為沒有人自動發言，隊上教官就以指定的方式，輪流點名。這樣，通常每個人一個禮拜都會被點到一次。一般說來，大家也都按照教官要的答案上台發言。可校長他卻不這樣。每次被點到名時，他總站起來說我沒有什麼話好講。

我已覺悟了。有一天，校長突然這樣跟我說，並且勸我說你們年輕人要忍耐，要稍微適應環境，不要太勉強。還有，你向來愛出鋒頭，一定要收斂些。後來，校長一連寫了好幾份申請退訓的報告，表明不接受感訓的堅定立場，要求政府另外發落。幸好，這些報告都被感訓隊一名廣東梅縣客家籍教官中途阻截，沒有再往上報。這名教官還一直勸校長，說國民政府認為台灣青年對大陸的狀況不明瞭，只是思想左傾而已。政府認為台灣青年都是被誤導的，因此，

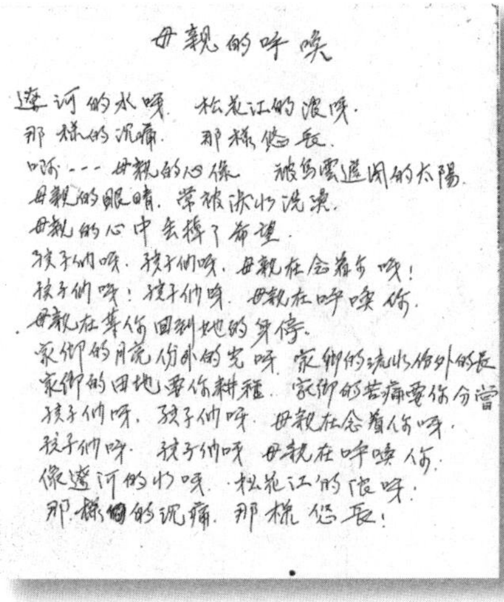

母親的呼喚

遼河的水呀. 松花江的浪呀.
那樣的沉痛. 那樣悠長.
啊——母親的心像 被烏雲遮閉的太陽.
母親的眼睛. 常被淚水洗[illegible].
母親的心中丟掉了希望.
孩子們呀. 孩子們呀. 母親在念着你哦!
孩子們呀! 孩子們呀. 母親在呼喚你.
母親在等你回到她的身傍.
家鄉的月亮你來的光呀. 家鄉的流水你外的長
家鄉的田地要你耕種. 家鄉的苦痛要你分嘗
孩子們呀. 孩子們呀. 母親在念着你呀.
孩子們呀. 孩子們呀 母親在呼喚你.
像遼河的水呀. 松花江的浪呀.
那樣的沉痛. 那樣悠長!

蔣碧玉晚年手抄在獄中學唱的〈母親的呼喚〉〔蔣碧玉／提供〕

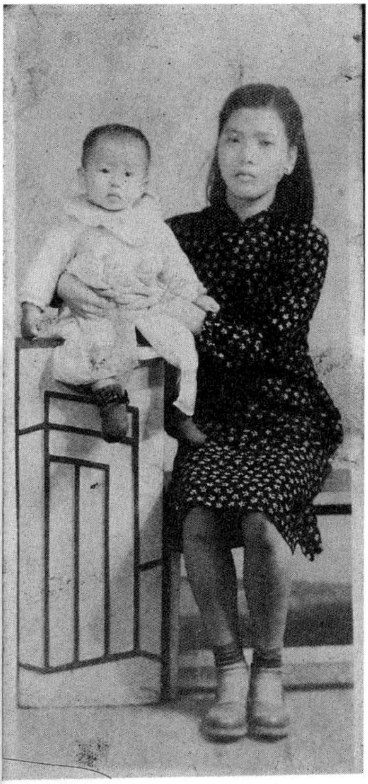

蔣碧玉的妹妹出獄後與蔣碧玉的么兒合照寄給獄中的鍾浩東報平安〔蔣碧玉／提供〕

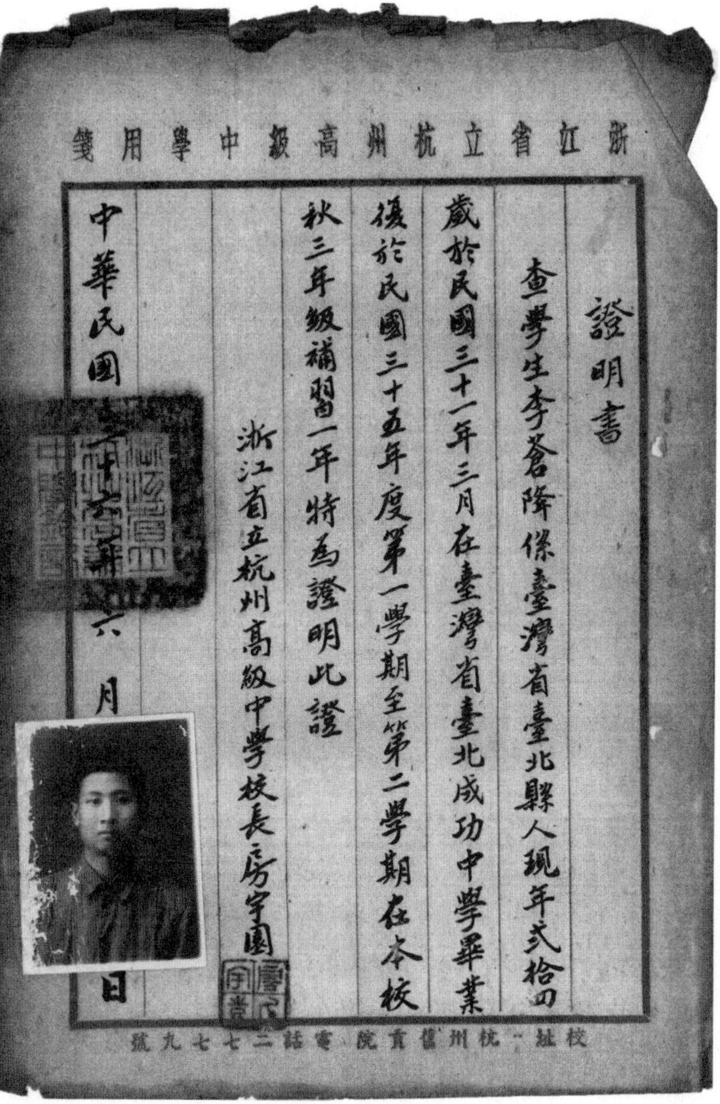
浙江省立杭州高級中學用箋

證明書

查學生李蒼降係臺灣省臺北縣人現年貳拾四歲於民國三十一年三月在臺灣省臺北成功中學畢業後於民國三十五年度第一學期至第二學期在本校秋三年級補習一年特為證明此證

浙江省立杭州高級中學校長方宇園

中華民國三十六年六月 日

校址：杭州舊貢院 電話二七七九號

李蒼降（1924-1950）

決定不「打」本省人，只「打」外省人。然而，校長不為所動，仍然一再填寫退訓報告。有一次，這名教官剛好出差。校長的報告就被呈報上去了。因此，當李蒼降被捕時，感訓隊便把校長再度送往軍法處審理。

裴可權：李蒼降當時年僅二十七歲，台北縣人，台灣光復後曾往杭州念高中，返台後考入台灣通志館任職員。民國三十六年十一月在台北參加共黨，曾以「新民主同志會」及「台灣解放同盟」名義發展群眾及黨員。三十七年冬，「台北支部」瓦解。李蒼降乃將台北一部分同黨分子移交「上級」李某，轉往基隆工作。自鍾浩東被捕後，李蒼降即逃離基隆，直到翌年元月，根據新舊線索，在其台北市南京東路住所，將其捕獲。

李南鋒：浩東因為一直表現出不接受感訓的堅定立場，所以又被提出內湖的感訓隊，再度送往軍法處。臨走時，浩東還用客家話特地鼓勵我和連球、連和三人，說他日你們出去後一定要繼續為理想奮鬥。希望我們的子孫也能為理想奮鬥。然後，他又提高嗓音，像呼口號似地大聲叫說堅持到底，為黨犧牲。後來，我們三人同被移往綠島囚禁。兩年後，連球又因為家鄉有人被捕，供出與他的組織關係，而以「不坦白」之由，送回島內重審。怎知，他竟一去不回。一九五五年六月，當我刑滿歸鄉時，我才知道，連球也繼浩東之後，已在台北馬場町刑場仆倒了。

裴可權：鍾浩東自三十八年十二月移送保安司令部，經半年之感訓，思想毫未轉變，態度頑劣；上課時稱病不到，討論時拒不發言，不服長官指導。除這些破壞紀律的行為外，他還在感訓隊中暗中從事反動宣傳，企圖發展同黨組織非法團體，繼續顛覆陰謀。像他這樣執迷不悟的人，再予以感訓也不可能有什麼效果，所以將他提出感訓隊，與李蒼降等人同時審理。

蔣碧玉：聽到浩東被送回軍法處審理的消息，我感到惶恐不安。因為怕浩東出事，我於是去找丘念台先生；希望丘先生能夠設法幫忙。丘先生要我放心，並安慰我說沒有審判兩次的。

丘念台：當時所捕獲的共產黨人和嫌疑者，有外省籍的人，也有本省籍的人，其中性質自然有所不同。根據我所瞭解的，本省籍涉案者多屬思想犯，只是有左傾思想而已，很少有參與實際叛亂行動的。像這樣的思想犯，確有值得同情之處。所以在民國三十九年春，我就和省內士紳聯名向當局建議，對於本省思想犯，務請稍微從寬處理，給他們以悔

蔣碧玉釋放出獄後寄兩個幼子的照片給鍾浩東報平安〔蔣碧玉／提供〕

過自新之路。這樣的做法，是可以得到台省同胞一致感戴的。

蔣碧玉：一九五〇年三月一日，蔣介石復職視事，並著手改組內閣，提名陳誠任行政院長，積極推進反共抗俄的政策。四月，駐海南島的國軍約八萬人撤退來台。五月，國軍自動放棄舟山群島基地，將十五萬精銳部隊撤到台灣。同一時期，萬山群島及閩南東山島的國軍也紛紛跟著撤退了。局勢至此，是很明顯了。我想，只要浩東不死，不久就可重聚了吧。然而，六月二十五日，韓戰爆發。第三天，美國總統杜魯門下令第七艦隊巡弋台灣海峽。從此，歷史改變了它的軌道。我也開始調整對浩東的未來的想法。

憶火燒島系列賀卡
企劃　原畫：政治受難者 陳孟和

李南鋒與邱連和、邱連球三人同被移往綠島集中營囚禁〔陳孟和／提供〕

第九樂章：訣別

十月十四日，星期六。

晴，天高氣清……

痰有顯著的變化；……開刀的功效似乎到了最近才顯明的表現出來。

看來自己不但居然沒有死掉，而且似乎還再一次的獲得了生命，雖然還要再靜養一至二年。我要好好的抓住和保重自己的健康，切不再浪費！

這是我的新生！

和鳴死！

——《鍾理和日記》（一九五〇年十月十四日，松山療養院）

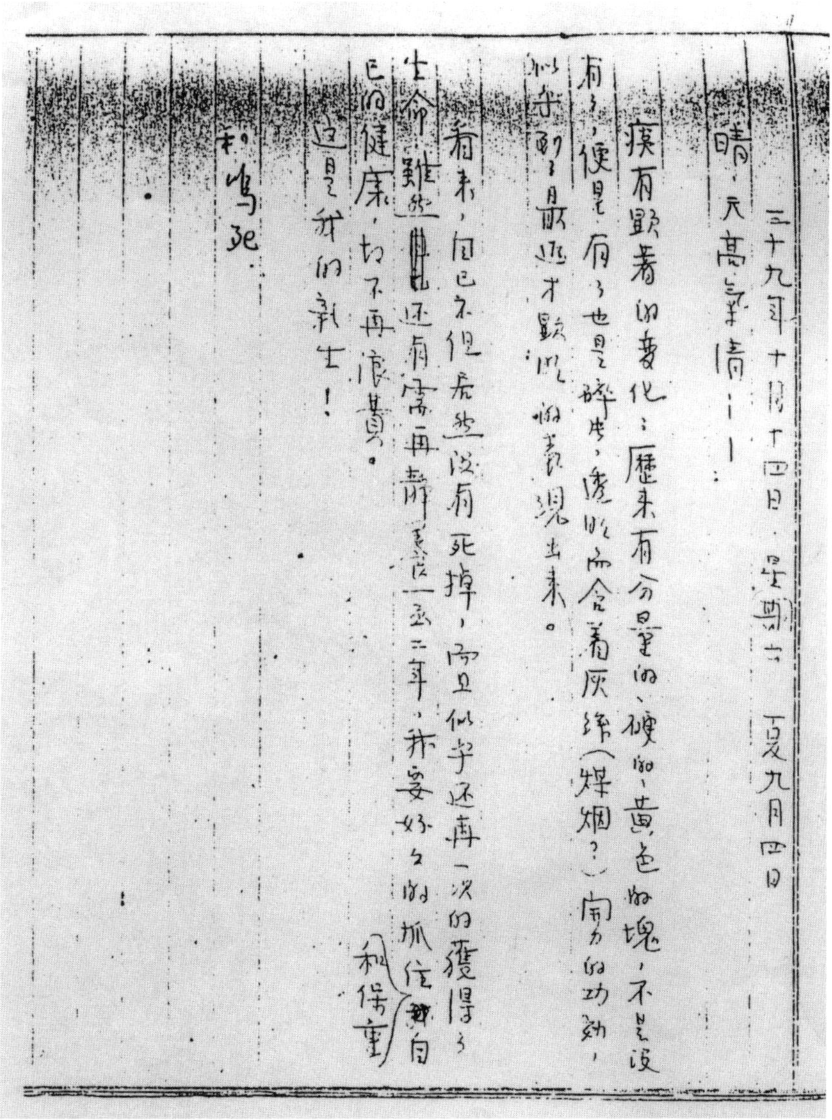

三十九年十月十四日．星期六　夏九月四日

晴．天高氣清——：

痰有顯著的變化：歷來有分量的、硬的、黄色的塊，不是沒有了，便是有了也是碎片，透明而含着灰綠（煤烟？）開刀的功效，似乎到了最近才顯明的表現出來。

看來，自己不但居然沒有死掉，而且似乎還再一次的獲得了生命，雖然還有需再靜養一至二年，我要好好的抓住我自己的健康，切不再浪費。

這是我的新生！

和鳴死

和保重

1950年10月14日鍾理和日記〔鍾鐵民／提供〕

一九五〇年七月中旬，鍾浩東、李蒼降和唐志堂等「基隆市工作委員會叛亂案」同案共十四人，移送台灣省保安司令部軍法處結案。八月十一日，審判官陳慶粹第一次提訊了鍾浩東、李蒼降與唐志堂等七人。根據台北檔案館解密的「訊問筆錄」所載，首先出庭的鍾浩東面對審判官訊問的回答內容如下：鍾浩東，男，三十六歲，高雄縣人，住八堵基隆中學宿舍，業前基隆中學校長。日本明治大學肄業，一九三八年回來，至一九四〇年到祖國，一九四六年台灣光復回來，任基隆中學校長。一九四六年底一九四七年初時，由朋友詹世平介紹參加共產黨，寫了一張自傳交他，由上級批准告知。擔任吸收黨員的工作。同藍明谷、李蒼降三人籌設基隆市工作委員會。工作委員會正在籌備，沒有具體計畫，分三部分，由三人負責領導。

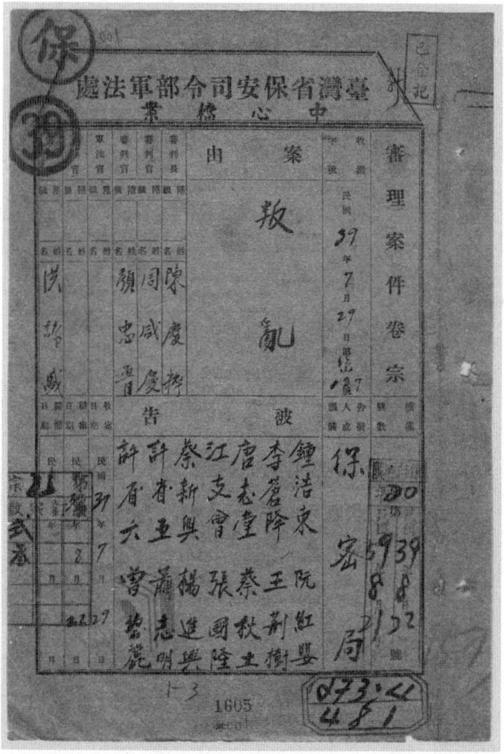

1950年7月29日軍法處案卷

發展鍾國員、戴芷芳、王阿銀、蔣碧玉，領導他們四名，再加陳仲豪、張奕明、羅卓才、廖為卿、張源爵、連世貴，一共十名。他們十位都在新生總隊管訓。藍明谷部分領導的是林獻香、王荊樹、謝阿冬、鍾國輝、蕭志明及二灣鐵蛇（姓名不詳）等七名。李蒼降在鋼鐵造船廠領導有四個姓名不詳的工人。同案十四名當中，跟他有關係的有蕭志明（鍾國輝妻）、李蒼降，曉得王荊樹的名字但不認識，其餘不清楚。

就內容來看，鍾浩東所供都是已經暴露的部分，牽連者大體已經被捕，或者早已逃亡而被通緝者如藍明谷、鍾國輝與陳仲豪，甚至是已經處決者如鍾國員、張奕明、羅卓才等。因此構不上出賣組織與同志的罵名。

鍾浩東之後，審判官陳慶粹接著點呼李蒼降入庭訊問。根據原始筆錄，李蒼降所供與鍾浩東有關的內容如下：「三十八年四五月由一位外省人姓李的介紹到基隆與鍾浩東聯絡鍾說要組織基隆工作委員會由我鍾藍三人分別領導」。

八月十五日，審判官陳慶粹再提訊鍾浩東，點呼入庭，驗明身分之後，隨即追問因受高雄岡山同鄉藍明谷牽連而被捕的二十九歲的基隆衛生院醫師王荊樹是他領導的嗎？鍾浩東答錄載道：「據藍明谷對我講他已參加，但參加不久。這是受藍領導，不歸我領導。」陳慶粹再問：「藍明谷將王荊樹報告上級嗎？」鍾浩東答說：「藍對我說王荊樹、林獻香、謝阿冬等七名要參加可以不可以？我答應他可以。不過，後來我被拘了。他們有無報

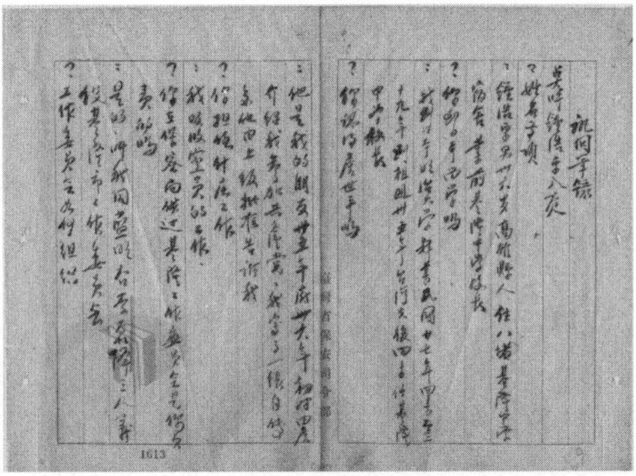

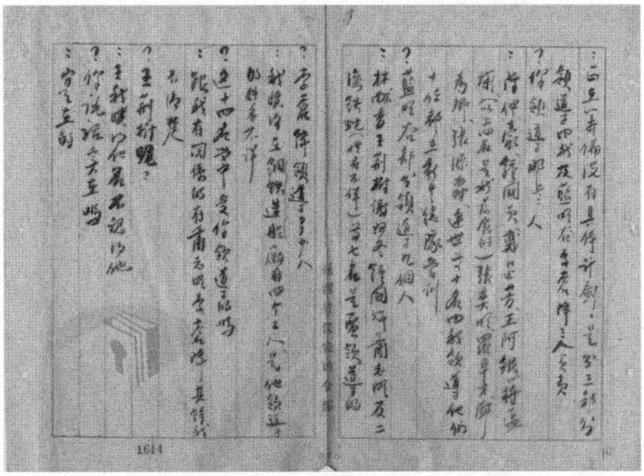

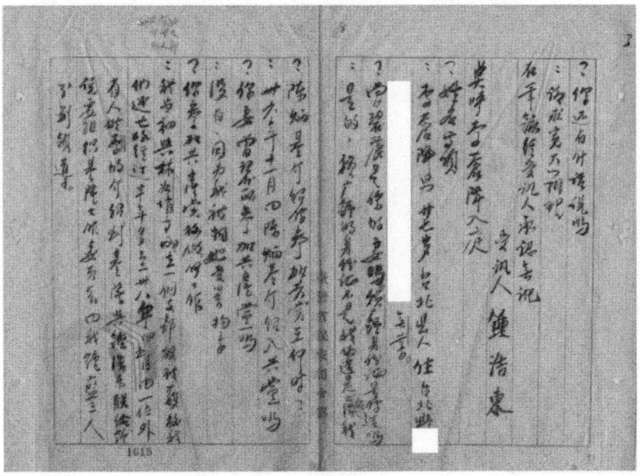

1950年8月11日鍾浩東「訊問筆錄」

上級？我不曉得。」陳慶粹隨即點呼王荊樹入庭對質：「你說沒有參加組織。但鍾浩東說，藍明谷對他說王荊樹要參加，鍾已准了。你可問鍾浩東。」「訊問筆錄」緊接著在括弧內寫著：「王荊樹問鍾浩東你允許藍明谷要我參加組織嗎鍾答是的」。陳慶粹隨後又問鍾浩東「普通入黨手續為何」。鍾浩東回答：「我們吸收黨員要報上級核准，並通知其本人，才是正式入黨。不論預備黨員或正式黨員都如此。」他的言外之意就是說，王荊樹並沒有正式入黨。

八月二十一日，上午八點，台灣省保安司令部軍法處再將鍾浩東等同案共十四名提訊，由陳慶粹擔任審判長，與兩名審判官周咸慶和顏忠魯，共同在第二法庭會審。根據「會審筆錄」，鍾浩東應訊的內容如下：一九四八年八月間領導基隆中學支部。一九四九年七月間與藍明谷、李蒼降籌組基隆市工作委員會。領導的只是鍾國員等十名，現在新生總隊管訓還有四個人。沒有做過其他工作。平常吸收黨員只叫他們吸收黨員，沒有其他活動等等。他們十四人一一個別訊問之後，陳慶粹又點呼鍾浩東和李蒼降入庭，訊問他們家裡的財產狀況。鍾浩東說他家裡有「妻一母一兒二」，「沒有產業」，「住岳母家」。會審結束了。鍾浩東等十四人又被還押。陳慶粹與兩名審判官，以及書記官洪源盛，隨即在軍法處會議室召開該案評議會。評議結果是：「鍾浩東李蒼降係台灣共產黨匪要廣收黨員圖謀不軌應處極刑」。

八月二十二日，陳慶粹與台灣省保安司令部軍法處審判官周咸慶與顏忠魯，根據「鍾浩東等案評議錄」，草擬完成該案（三九）安潔字第二〇七八號的判決書，其中寫道：「鍾浩東李蒼降連續共同意圖以非法方法顛覆政府而著手實行各處死刑各褫奪公權終身全部財產除酌留家屬必需生活費外各予沒收」。陳慶粹隨即將草擬的判決書呈送台灣省保安司令部軍法處長包啟黃，並附便條說明：「本案係國防部保密局奉總統（卅九）午梗機資字第二三〇四號代電發交本部審判茲已審判終結應否先向資料組徵詢意見敬請核示」。

八月二十八日，包啟黃「核判」了陳慶粹與審判官周咸慶、顏忠魯共同草擬的判決書。第二天，台灣省保安司令部即以兼司令吳國楨與副司令彭孟緝的名義，將「鍾浩東等叛亂案卷判」，以代電發文總統府機要室資料組。

九月二日，總統府機要室資料組以代電回覆台灣省保安司令部：「本案既經依法擬判本組無意見」。

九月九日，台灣省保安司令部再將「鍾浩東等叛亂一案罪刑」卷判呈奉國防部參謀總長周至柔批示。

九月二十一日，周至柔核准鍾浩東等叛亂一案罪刑，並要保安司令部將執行鍾浩東、李蒼降二名死刑日期具報備查。與此同時，他還特別批示：「基隆中學校長按其地位應簽請總統核示」，並於同月二十九日，檢同原卷判，簽請總統蔣介石「鑒核示遵」。

十月四日，蔣介石以代電核示：「查本案被告唐志堂係於民國三十七年參加共匪組織據供且有吸收黨員之活動惡性甚大核其犯罪情節與僅消極的參加叛亂組織之情形不同除唐志堂一名應以共同意圖非法方法顛覆政府而著手實行改處死刑並沒收財產外餘均准照簽擬辦理可也」。同月十一日，周至柔再電令台灣省保安司令部：「鍾浩東等叛亂一案罪刑奉總統核定希遵照執行並將執行鍾浩東等死刑日期報備」。

十月十三日，台灣省保安司令部即由總司令吳國楨、副司令彭孟緝署名，以最速件發出布告：「一、查被告鍾浩東李蒼降唐志堂均係台灣著名朱毛匪徒……並均廣吸黨員共同意圖以非法方法顛覆政府而

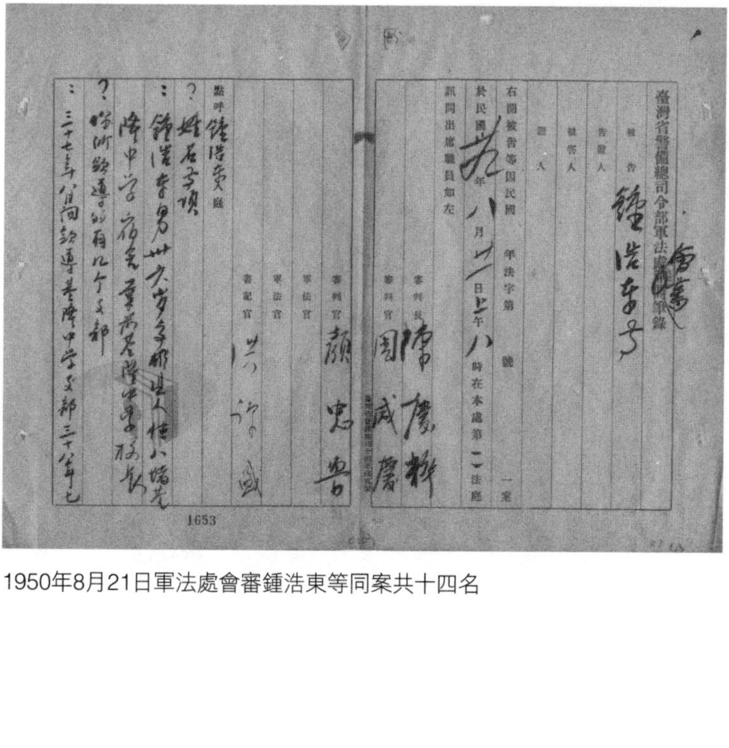
臺灣省警備總司令部軍法處審判筆錄
被告 鍾浩東等
告發人
被害人
證人
右開被告等因民國 年法字第 號 一案
於民國三九年八月廿一日上午八時在本處第二法庭
訊問出席職員如左
審判長
審判官
審判官
軍法官
軍法官
書記官
點呼 鍾浩東入庭
問 姓名年齡
1653

1950年8月21日軍法處會審鍾浩東等同案共十四名

著手實行經國防部保密局偵悉解送本部審理明確各判處死刑各褫奪公權終身全部財產除酌留其家屬生活必需外沒收報奉國防部三十九年十月十一日（39）勁助字第873號代電核准立案。二、除驗明該鍾浩東李蒼降唐志堂正身發交憲兵第四團於本（十四）日綁赴刑場執行槍決外合行布告周知」。與此同時，該部特將布告二紙隨電發交憲兵第四團李團長，希即派員率兵準時於十月十四日上午六時三十分前來該部軍法處，將該鍾浩東、李蒼降、唐志堂三名，綁赴本市馬場町刑場執行槍決具報。最後再以部銜代電發文台北市政府吳三連市長，告知該部奉國防部核准判處死刑人犯三名於本（十）月十四日上午六時三十分執行槍決，請即備棺三具，屆時雇工抬往本市馬場町刑場收屍掩埋並見覆。

十月十四日，上午六時，陳慶粹即將鍾浩東、李蒼降、唐志堂三名各提庭宣判，驗明正身，然後發交憲兵第四團。憲兵第四團第一連西區憲兵隊隊長王才金親率少尉排長林世傑與十五名士兵，將叛亂犯鍾浩東等三名綁赴馬場町刑場，執行槍決，並報告說「各中三彈斃命，任務完畢，並無事故發生」。馬場町所屬台北市古亭區永成里里長林連生也開具證明云：「茲有台北西區憲兵隊於中華民國三十九年十月十四日上午六時三十分於本處馬場町刑場執行槍決叛亂犯等三名，均已畢命，計耗子彈三發，特此證明屬實。」六時三十分，台北市衛生院院長桂華岳奉台灣省保安司令部代電所囑，派工備棺抬往本市馬場町刑場，收埋執行死刑人犯屍身三具，轉飭極樂殯儀館收殮完畢。

蔣碧玉：終於，該來的還是來了。十月十四日，一大早，軍法處派人來通知，要我們到殯儀館領屍。戴家生父和妹妹去了。他們不讓我去，要我待在家裡。七點左右，有個通車上學的甥兒，在火車站的槍決告示上看到浩東的名字，急急忙忙跑回來告訴我。「我已經知道了。」我平靜地說。

父親和妹妹在殯儀館的停屍車上看到三副棺材。他們是浩東和他的同志李蒼降與唐志堂。棺材是公家的，殯儀館卻大敲竹槓，要價七百多塊。那時候，一錢黃金也不過三十幾塊。父親身上只有二三十塊錢，妹妹只好回來拿錢。妹妹告訴我說浩東挨了三槍，都在胸部，額頭許是倒地時碰了點傷，手裡還抓了一把土。我想，打在胸口，死得較快，沒有那麼痛苦吧。妹妹又說，她在殯儀館遇見最後審判的法官。法官對妹妹說勸你姐姐，叫她不要太悲傷。

浩東的屍身送回家時，打開棺板，我們驚訝地發現兩封夾在棺材板間的遺書。一封是寫給母親的。

鍾浩東：母親，不見母親的慈顏，已一年多了。這期間我雖在不自由的環境中，無時不在想念著汝，母親的健康，母親的日常起居，在在都使我懷念。葉落秋風的時候了。汝好吧！

前星期，我給里義一封信，他告訴汝嗎？母親，汝年紀已那麼高了，里義弟已長成，最好凡事汝不要去多管，他自然會一天一天進步。他不是一個愚昧不出息的人，遇到困難的日子，自然會改進過去一切不良習慣。

母親，我實在對不起汝，一輩子我只給汝痛苦，從未好好侍候過汝，現在我只能請汝原諒。

九妹姐，我也有信給她，她天性友孝，家境還好，汝老人家有時不妨到她家裡住，她對我的愛情，使我衷心感激，並且對於過去的疏淡，覺得很難過，但是大姐是會原諒我的，因為在心裡，我是常常在想著她正和想著母親一樣。

蘊瑜和東、民二兒的現況，汝明瞭吧！蘊瑜經常有信給汝嗎？前星期四，蘊瑜帶二兒來看我，已長得很活潑可愛。幾個月前，蘊瑜曾經告訴我，要帶民兒回南部，去給汝看一面。汝看過了吧！我希望汝們很快的能住在一起。她每天要送東西來給我，家庭生活相當辛苦。

不過，汝老人家也不必掛慮那麼多啊！我身體幸得還很好，請安心，完了。祝　汝平安。不孝兒浩東手啟。

蔣碧玉：蘊瑜和浩東，是我們參加東區服務隊時丘念台先生給我們另取的化名。浩東給母親的遺書寫於九月二十五日，另一封則是十月二日深夜寫給我的。

鍾浩東：蘊瑜，我以很沉重的心情來寫這封信給汝。汝我共處已有十三年，時間不短

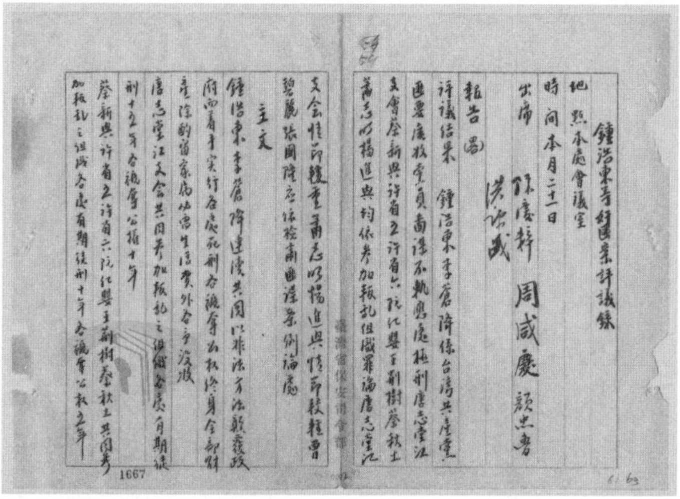

鍾浩東等奸匪案評議錄
地點 本處會議室
時間 本月二十一日
出席 [illegible]慶梓 周咸慶 顧忠魯
洪[illegible]戡
報告（略）
評議結果 鍾浩東李蒼降係台灣共產黨
匪基隆[illegible]委員[illegible]不執應處極刑唐志堂江
文會蔡新興許省五許省六阮紅嬰王荊樹蔡秋土
黃志明楊進興均依參加叛亂組織罪論唐志堂江
文會惟[illegible]黃志明楊進興情節較輕曾
碧麗張國隆應依檢肅匪諜條例論處
主文
鍾浩東李蒼降連續共同以非法方法顛覆政
府而着手實行各處死刑各褫奪公權終身全部財
產除酌留家屬必需生活費外各予沒收
唐志堂江文會共同參加叛亂之組織各處有期徒
刑十五年各褫奪公權十年
蔡新興許省五許省六阮紅嬰王荊樹蔡秋土共同參
加叛亂之組織各處有期徒刑十年各褫奪公權五年
1667

軍法處評議會評議結果首頁

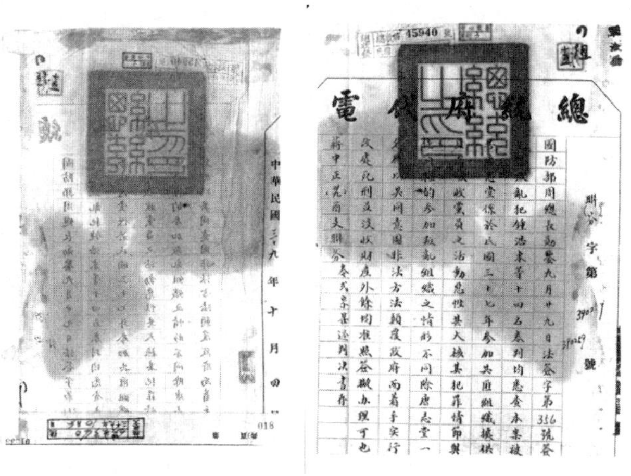

總統府代電
國防部周總長勛鑒九月廿九日法簽字第356號簽
中華民國三十九年十月四日

1950年10月4日總統蔣核示

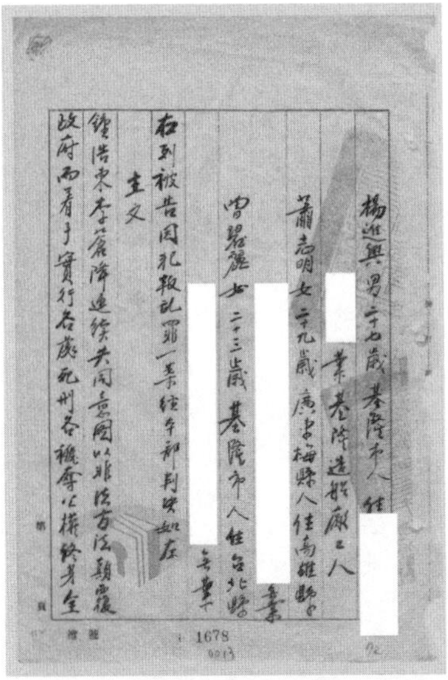

楊進興 男 二十七歲 基隆市人 住[redacted]
蕭志明 女 二十九歲 廣東梅縣人 住高雄縣[redacted] 業基隆造船廠工人
曾碧麗 女 二十三歲 基隆市人 住台北縣[redacted] 無業
[redacted]
右列被告因叛亂罪一案經本部判決如左
主文
鍾浩東李蒼降連續共同意圖以非法方法顛覆政府而着手實行各處死刑各褫奪公權終身全

1678

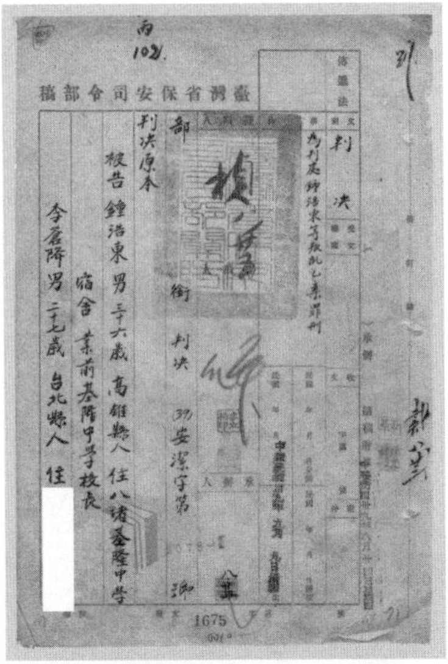

臺灣省保安司令部稿
判決原本
判決 (39)安潔字第 號
被告 鍾浩東 男 三十六歲 高雄縣人 住八堵基隆中學宿舍 業前基隆中學校長
李蒼降 男 二十七歲 台北縣人 住[redacted]

1675

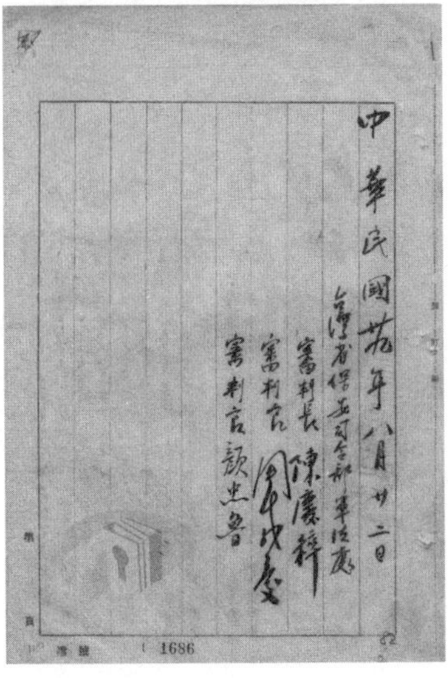

中華民國卅九年八月廿二日
臺灣省保安司令部軍法處
審判長
審判官
審判官

1686

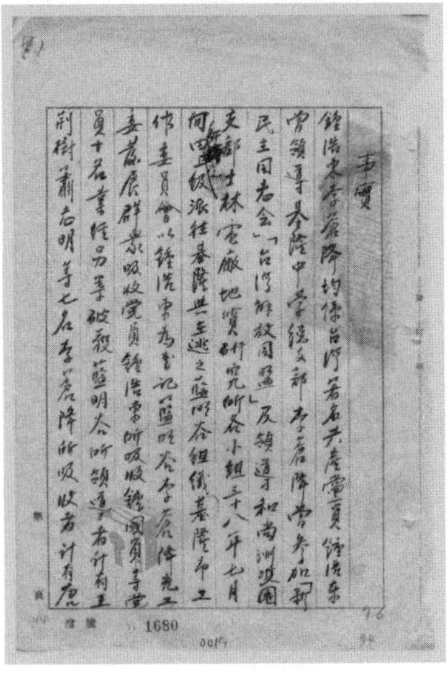

事實
鍾浩東李蒼降均係台灣著名共產黨員

1680

1950年8月22日軍法處審判官草擬完成（39）安潔字第2078號判決書

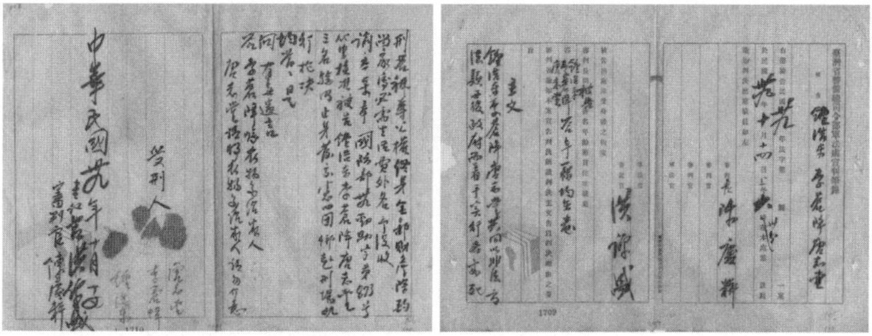

1950年10月14日台灣省警備總司令部宣判筆錄

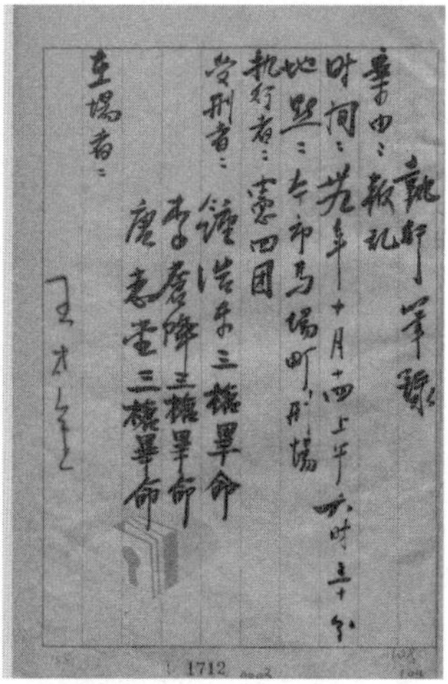
執行筆錄
事由：執行
時間：卅九年十月十四上午六時三十分
地點：台北市馬場町刑場
執行者：憲四團
受刑者：鍾浩東三槍畢命
李蒼降三槍畢命
唐志堂三槍畢命
在場者：

憲兵隊長的執行筆錄

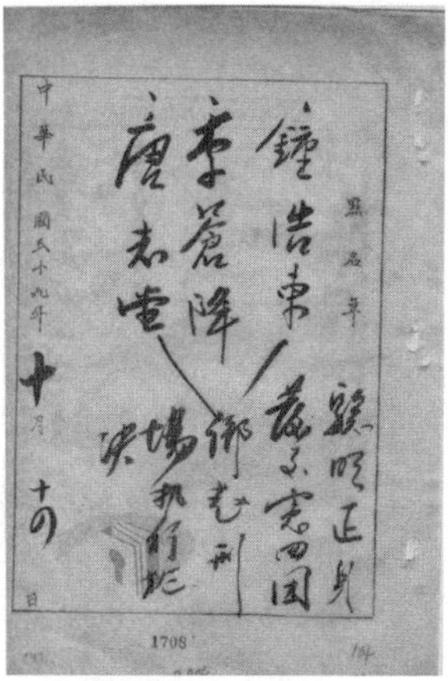
鍾浩東
李蒼降
唐志堂
驗明正身發交憲四團綁赴刑場執行槍決
中華民國三十九年十月十四日

憲兵第四團的點名單

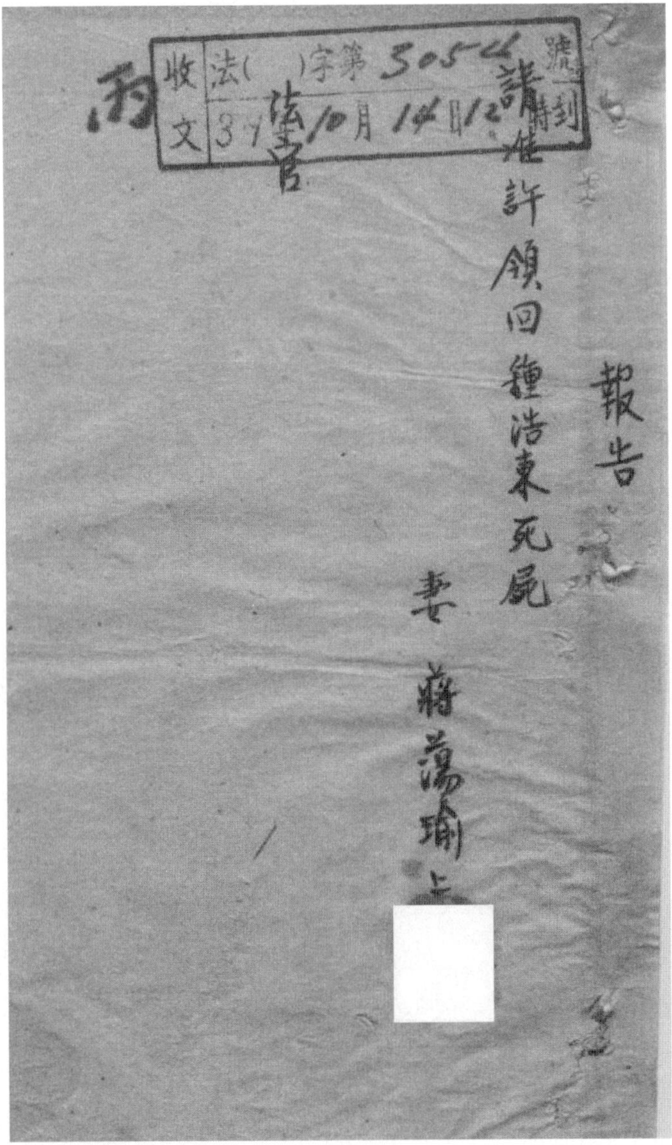
收文 法（ ）字第3054號
37年10月14日12時到
報告
請准許領回鍾浩東死屍
妻 蔣蘊瑜 上

蔣碧玉的領屍報告

不長，而且抗戰期間在極端艱苦困厄的環境中，以汝孱弱的身體，共同甘苦，竟挨過差不多十個年頭，在工作中，在養育小孩的事情上面，汝都沒有我多少幫助，盡了汝的責任。

光復後返台，汝我又以工作的關係，不能常在一起，家庭的瑣務，全由汝負擔，這是委屈了汝的。這一年來，更難為汝了。我實在不敢去設想汝們如何生活，在接見的時候，我覺得汝似乎更瘦了。一切的一切說來都是不幸的。

但是蘊瑜，我們也曾有不少美麗珍愛的過去，那些回憶與感懷時常要把我沉重的心情變鬆得多。蘊瑜，在困苦的環境中還是找些愉快吧！忍耐能克服不少困難，它能增進人的活力。

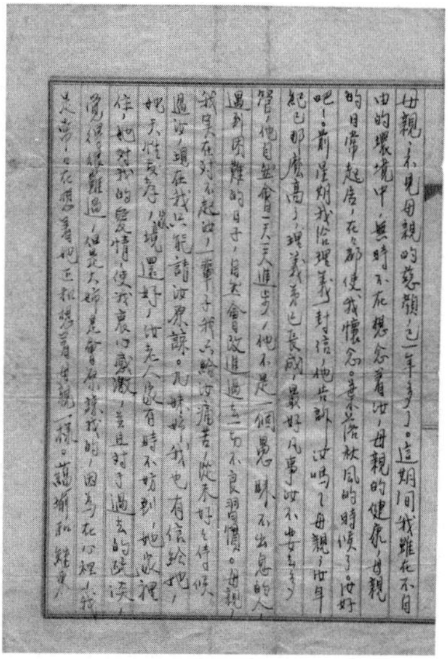
母親，不見母親的慈顏已一年多了。這期間我雖在不自
由的環境中，無時不在想念着汝，母親的健康，母親
的日常起居，在在都使我懷念。[illegible]秋風的時候了。汝好
吧！前星期我給理義寫了封信，他告訴汝嗎？母親，他年
紀已那麼高了，理義也長成，最好凡事汝不要去多
管，他自然會一天一天進步，他不是一個愚昧不出息的人，
遇到困難的日子，自然會改進過去一切不良習慣。母親，
我真在對不起汝，一輩子只給汝痛苦，從不好好侍候
過汝，現在我只能請汝原諒。凡妹妹，我也有信給她，
她天性最孝，環境還好，汝老人家有時不妨到她家裡
住，她對我的愛情，使我衷心感激，並且對於過去的疏淡，
覺得很難過，但是大姊是會原諒我的，因為在心裡，我
是常常在想着她正如想着母親一樣。蘊瑜和[illegible]，

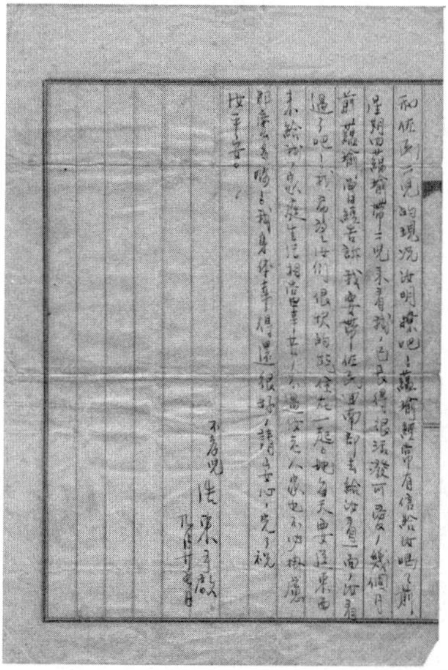
和依到二兒的現況汝明瞭吧！蘊瑜經常有信給汝嗎？前
星期四蘊瑜帶二兒來看我，自己長得很活潑可愛，幾個月
前蘊瑜曾經告訴我[illegible]給汝看[illegible]，汝看
過了吧！我希望汝們很快的能住在一起，她每天要往東西
奔跑，家庭生活相當辛苦，汝老人家也不少掛慮
那麼多，只我身體幸得還很好，請汝安心，並祝
汝平安。

不孝兒 浩東 手啟
[illegible]

1950年9月25日鍾浩東寫給母親的遺書〔蔣碧玉／提供〕

蘊瑜，請不要驚駭，也不要悲傷，我告訴汝一個設想——當然汝我都希望它是架空的、不會兌現的設想——我的著落發生汝最不願意的情形！那汝將如何呢？

我知道汝的心情將會受到莫大的衝擊，汝將沉淪於悲痛的苦海中，但是我希望汝能很快就丟掉悲傷的心情，勇敢的生活下去。

……

關於我們的生平，汝知道很多，我不想在這裡說些什麼。關於後事，切不可耗費金錢，可用最簡單的方法了決一切。汝知道，在這裡我沒有什麼東西，一些用品，汝們領回去，以為紀念……

南部母親我已另有信給她，我只希望汝多給她通訊，多給她安慰，東、民二兒多給她見面。東兒的牙齒不好，恐怕是汝們傳統的缺陷，須及早設法補救。民兒太可憐了，恐怕他還不認識我呢！

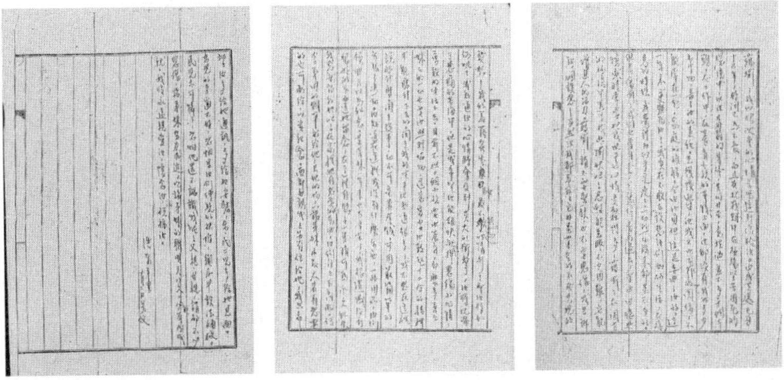

1950年10月2日鍾浩東寫下未必能寄出的與妻訣別書〔蔣碧玉／提供〕

父親、母親，請都不必悲傷，諸弟妹努力求進，以諸弟妹的聰明天資，必能有所成就。我將永遠親愛汝懷念汝，祝福汝。浩東手書。

蔣碧玉：浩東被槍決之後，我雖然處於一種巨大的悲傷之中，仍然強忍著，四處籌錢，給他辦理後事。原先，我身上還存有一些錢。可我出獄後，這些錢，給基中那些仍拘押在軍法處看守所的外省教職員送菜，全花完了。後來，我就向親友借了點錢，在歸綏街風化區巷口擺了個小攤，賣紅豆餅營生。在押的浩東知道這事後，即刻寫信給南部老家的里義，要他處理名下的一片山林地。一九四三年八月三十一日公公過世，留了一份遺產給浩東。原先，浩東是不肯要這份父親留下來的遺產的。因為族親長老的堅持，他也不好破壞規矩，於是就把名下的財產交給弟弟里義去經營。里義收到浩東從獄中寄出來的信後，隨即設法變賣那片山園。我於是南下美濃，處理賣山的錢。我把錢分作兩份，一份留給里義，一份則帶回台北。然而，這筆賣山所得的錢，早在浩東槍決前幾天就已經用完了。我不得不再向親友借錢。浩東火化後，里義上來台北，把他的骨灰接回南部家鄉奉祀。同時也把我一貧如洗的情況，帶回家鄉。浩東的大姐——九妹，隨即囑咐她兒子上台北，帶一筆錢給我。

鍾里義：浩東槍決之後，我上台北，把他火化後的骨灰，捧回家鄉入祀。回到家時，七十三歲的母親見我手上捧著的骨灰罈，好奇地問我：那是什麼？母親沒念過書，不識

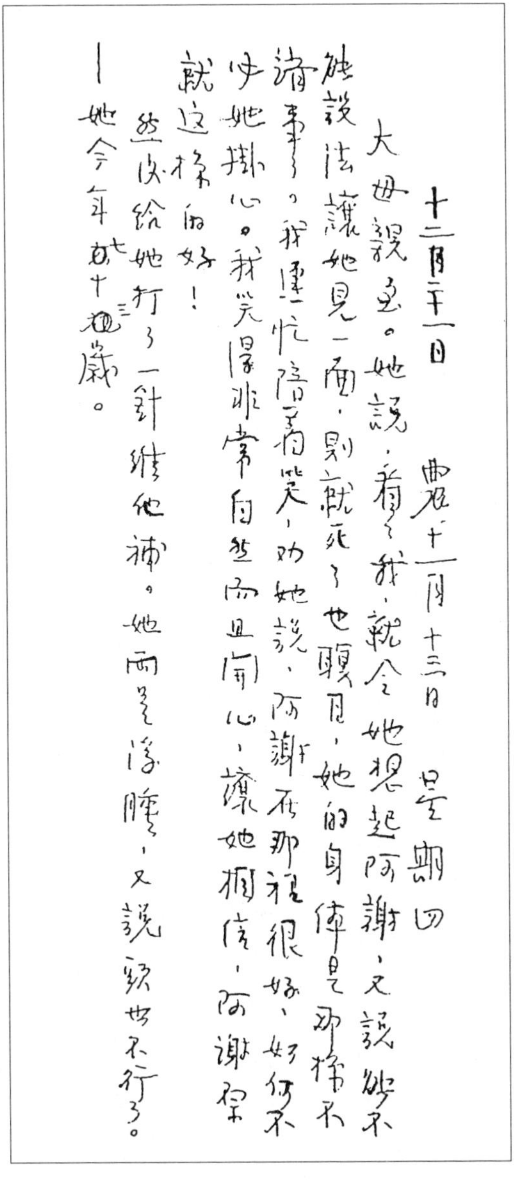

十二月二十一日　庚寅十一月十三日　星期四

大母說要。她說，看看我，就令她想起阿謝，又說從不能設法讓她見一面，則就死了也瞑目，她的身體是那樣不濟事了。我連忙陪着笑，勸她說，阿謝在那裡很好，好何不以她掛心。我笑得非常自然而且開心，讓她相信，阿謝保就這樣的好！

然後給她打了一針維他命。她兩足浮腫，又說頭也不行了。

一她今年七十三歲。

1950年12月21日鍾理和日記〔鍾鐵民／提供〕

字，無法從報上得知浩東的消息。我於是騙她說：這是我去廟裡燒香，請回來的佛祖的骨灰，放在家裡奉祀，可以保庇阿謝哥的劫難早點消除。母親聽後，頻頻點頭，笑著說：這樣子好！這樣子好。我忍不住心中難過，跑到屋裡，關起門來，先是乾號，然後就放聲大哭，眼淚流個不停……

鍾理和：十二月二十一日，大母親至。她說，看了我就會令地想起阿謝，又說能不能設法讓她見一面，則就死了也瞑目，她的身體是那樣不濟事了。我連忙陪著笑，勸她說，阿謝在那裡很好，她可不必掛心。我笑得非常自然而且開心，讓她相信，阿謝原就這樣的好……

鍾里義：一九五三年，母親去世。一直到逝世為止，她都不知道浩東已經死了。我想，她生前如若知道的話，一定也會發瘋而死吧。

尾聲：和鳴！你在那裡？

第二封信是西奧（梵谷的兄弟）寄來的：

「素描畫得很好，我將盡全力賣掉它們。附上去阿姆斯特丹的路費二十法郎。祝你成功，老孩子。」

——抄自史東著《梵谷傳》

啊！啊！和鳴！你在那裡？

——《鍾理和日記》（一九五八年二月二十二日，美濃尖山）

那麼，文生還有什麼可說呢，他是這樣幸福的！

畢竟他還有一個徹底瞭解、同情和愛他的好兄弟呢！

而我？

啊啊！和鳴，你在那裡呀？

——《鍾理和日記》（一九五八年二月二十三日，美濃尖山）

一九八八年九月初稿

二〇〇四年六月二稿

二〇一五年十月三稿

二〇二二年十二月四稿

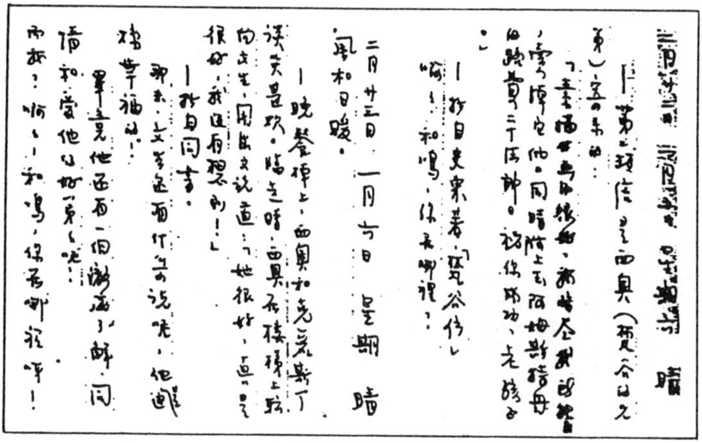
二月廿二日 [illegible] 晴

[illegible]（梵谷的之弟）[illegible]：

「[illegible]」

一 [illegible]「梵谷傳」

啊啊！和鳴，你在哪裡？

二月廿三日 一月六日 星期 晴

風和日暖。

一 晚餐桌上，西奧和克莉斯丁談笑甚歡。臨走時，西奧在樓梯上輕輕向文生，用英文說道：「她很好，真的很好，我從前沒想到！」

一 我自同意。

那末，文生還有什麼可說呢，他過得幸福的！！

畢竟他還有一個徹底了解、同情和愛他的好弟弟呢！

而我？啊啊！和鳴，你在哪裡呀！

●鍾理和手稿。〔資料提供／鍾鐵民〕

1958年2月22、23日鍾理和日記

【口述證言】

李清增：一九八七年三月八日，台北市。

李旺輝：一九八七年三月十二日，高雄美濃。

一九九六年十月六日，高雄美濃。

蔣蘊瑜：一九八八年三月十九日，台北市。

一九八八年六月十三日，高雄美濃。

一九八八年六月二十二日，台北市。

一九八八年七月一日，台北市。

一九八八年九月十四日，台北市。

一九八九年九月五日，台北市，與蕭道應、黃素貞、李清增、李南鋒座談。

一九九〇年一月九日，台北市。

一九九〇年三月九日，台北至高雄的公路局國光號。

一九九〇年三月二十九日，廣東羅浮山沖虛古觀。

一九九〇年四月三日，桂林。

鍾里義：一九八八年六月十三日，屏東縣麟洛鄉。
邱連和：一九八九年八月十一日，屏東縣長治鄉崙上村。
李南鋒：一九八九年九月二十五日，台北市。
一九九六年四月一日，基隆中學。
鍾里志：一九九〇年一月二十四日，三重市。
一九九四年十一月十日，新店市。
劉茂常：一九九〇年三月二十七日，廣東羅浮山沖虛古觀。
謝　克：一九九〇年三月二十七日，廣東羅浮山沖虛古觀。
吳克泰：一九九〇年四月七日，北京。
戴傳李：一九九〇年五月三十日，台北市東方飯店咖啡廳。
一九九七年六月十四日，北投吟松閣。
一九九七年八月十一日，台大法學院。
黎明華：一九九二年三月四日，台北市。
一九九四年十一月九日，台北市。
鍾潤生：一九九三年三月二十九日，屏東縣長治鄉崙上村。
蕭道應：一九九三年十一月七日，台北市。

一九九四年三月十七日，台北市。

黃素貞：一九九三年十一月七日，台北市。

一九九四年十一月九日，台北市。

丘繼英：一九九五年一月十一日，廣東蕉嶺。

陳仲豪：二〇一三年二月二十一日，廣東蕉嶺。

【文字資料】

郭乾輝：《台共叛亂史》，台北：中央委員會第六組印「保防參考叢書之一」，一九五四年四月。

汪知亭：《台灣教育史》，台北：台灣書店印行，一九六二年十二月增訂再版。

丘念台：《嶺海微飆》，台北：中華日報叢書，一九七六年十二月三十日再版。

裴可權：〈肅諜行動憶往——早年基隆「工委會」破獲記詳〉，一九八一年五月十六日《中央日報》。

卓揚、丘繼英、鄧慧：〈東區服務隊與丘琮〉，《廣州文史資料》第二十八期，一九八三年。

廣東省民盟宣傳部整理：〈抗戰勝利後，我縣民盟成員在台灣省活動的情況〉，廣東：《蕉嶺文史》第三輯，一九八六年十二月。

裴可權：《台共叛亂及覆亡經過紀實》，台北：台灣商務印書館，一九八七年八月二版。

谷正文：〈李登輝究竟有幾位？〉，原載李敖主編《烏鴉評論》第四期，一九八八年十月二十一日。
鍾鐵民：〈我的父親鍾理和先生遇鬼記〉，一九九〇年九月二十一日，《台灣時報》副刊。
蕭道應：〈我所瞭解的許強教授〉，一九九一年十月致筆者書信。
安全局機密文件：《歷年辦理匪案彙編》，台北：李敖出版社，一九九一年十二月三十一日初版。
鍾理和：《原鄉人》，高雄：鍾理和文教基金會印行，一九九四年十月初版。
谷正文口述：《白色恐怖秘密檔案》，台北：獨家出版社，一九九五年九月。
楊基銓：《楊基銓回憶錄》，美國：台灣出版社，一九九六年四月十五日。
郭婉馨：〈基中校友陳德潛憶恩師〉，一九九七年六月十二日《自立晚報》。
黃克武：〈陳德潛先生訪問紀錄〉〈基隆中學畢業校友訪談紀錄〉〈連世貴先生訪問紀錄〉：收錄於《戒嚴時期台北地區政治案件口述歷史》，台北市文獻委員會，一九九九年九月。
王致遠：《虎口餘生》（回憶錄），二〇〇四年七月，未刊手稿。陳仲豪先生提供。
陳仲豪：〈緬懷在五〇年代台灣白色恐怖中的殉道者林英傑、張伯哲、鍾浩東、張奕明等等革命烈士〉，二〇〇九年十月二十日，鳳凰網論壇。
徐森源：〈悼念戰友鍾浩東烈士〉，未刊手稿。蔣碧玉女士提供。
徐森源：《自傳》（前半部分），未刊手稿。徐博東先生提供。

餘音

鍾浩東的身後處分

鍾浩東等三名槍決後，陳慶粹擬寫了一份由台灣省保安司令部兼司令吳國楨單獨署名的部銜代電，於十月二十三日發文向國防部參謀總長周至柔呈報：「遵於十月十四日上午六時三十分將叛亂犯鍾浩東李蒼降唐志堂三名提庭宣判驗明正身發交憲兵第四團於綁赴刑場執行鎗決據報該犯皆各中三鎗斃命在卷」。

十一月一日，周至柔呈文軍法局轉報總統蔣「鑒核

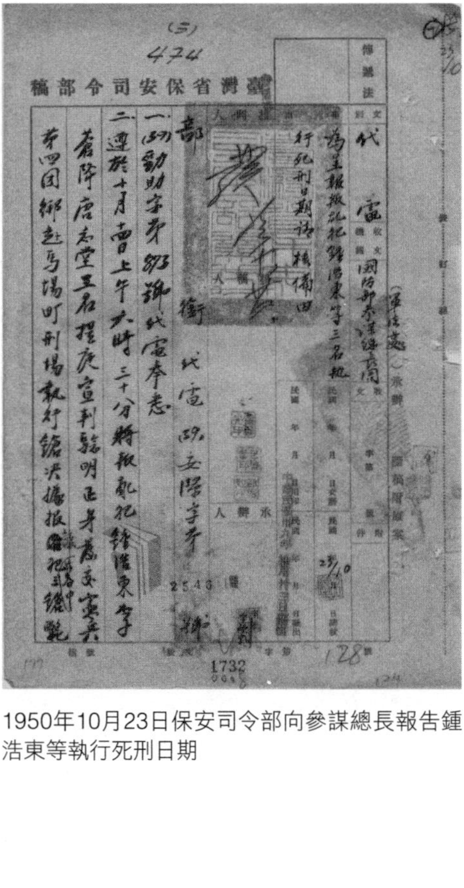

1950年10月23日保安司令部向參謀總長報告鍾浩東等執行死刑日期

備查」。同月四日，總統府駐國防部聯絡室主任傅亞夫電覆軍法局：總統批示「准予備查」，「希查照轉陳為荷」。周至柔即於同月十四日特電知照台灣省保安司令部。

十一月四日，台灣省保安司令部又以部銜代電發文台灣省教育廳和台北縣政府，「查明鍾浩東唐志堂之介紹人保證人及單位主管姓名分別議處具報」。同月十八日台灣省教育廳廳長陳雪屏電覆台灣省保安司令部：「查鍾浩東一員係現任資政丘念台先生於三十五年六月函介於前教育處相機任用旋於同年八月呈奉為省立基隆中學校長前教育處改制為教育廳後仍蟬聯斯職再本省於三十八年七月份起始規定公教人員應取具防範匪諜連〇保結以前均未辦理互保手續」。

一九五一年

一月十七日，台灣省保安司令部以部銜代電發文高雄縣警察局，指稱「鍾浩東叛亂一案業經本部判處死刑褫奪公權終身全部財產除酌留家屬必需生活費外沒收」，已奉國防部核定在案，要求該局查明該犯「住所有無財產」，及「其家屬人口生活狀況一併列表具報憑核」。

高雄縣警察局局長李知章隨即轉飭旗山分局調查，並於二月十七日據報覆電台灣省保

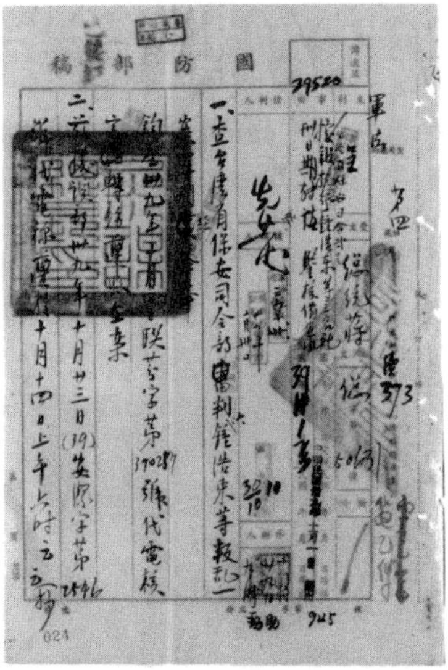

1950年11月4日總統府駐國防部聯絡室主任回覆總統的批示

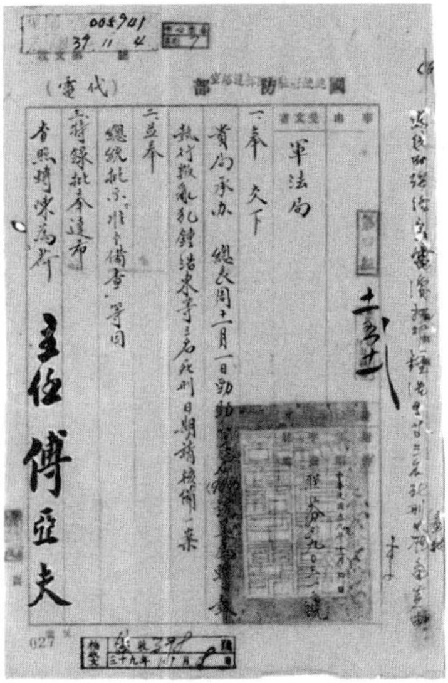

1950年11月1日國防部轉呈總統蔣鑒核備查

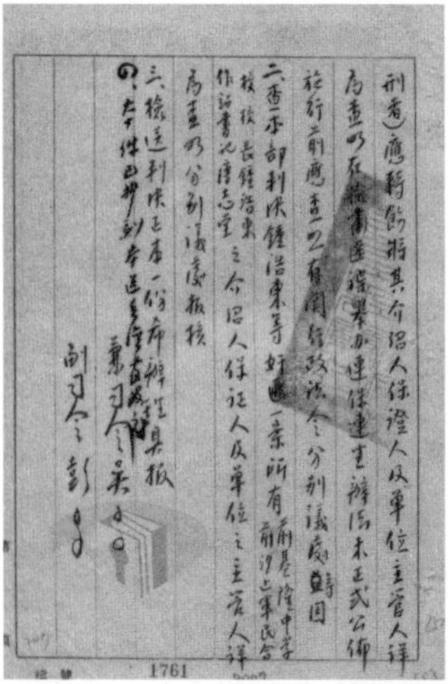

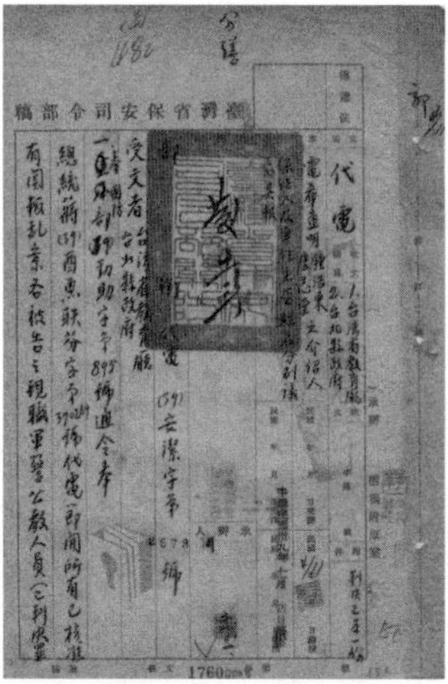
臺灣省保安司令部稿
代電

1950年11月4日保安司令部電令台灣省教育廳與台北縣政府查處鍾浩東擔任公職之介紹人保證人及單位之主管人

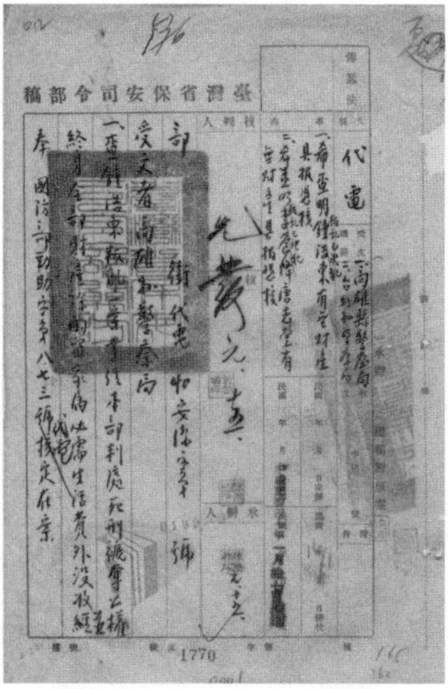
臺灣省保安司令部稿
代電

1951年1月15日保安司令部電令高雄縣警察局查明鍾浩東有無財產

安司令部兼司令吳國楨稱：「查鍾匪浩東（原名鍾和鳴）共兄弟七人已於三十五年六月三十日分居各自生活其所持得財產僅不動產山林十九甲經於三十九年五月鍾匪被捕後由其妻轉賣張舉昌現其一切財產絲毫無存」。

二月二十三日，台灣省保安司令部再以部銜代電發文高雄縣警察局，要求切實查明報核：「該鍾匪之妻是否為避免查封沒收而故意出賣及該張舉昌有無明知而故為買受行為」。

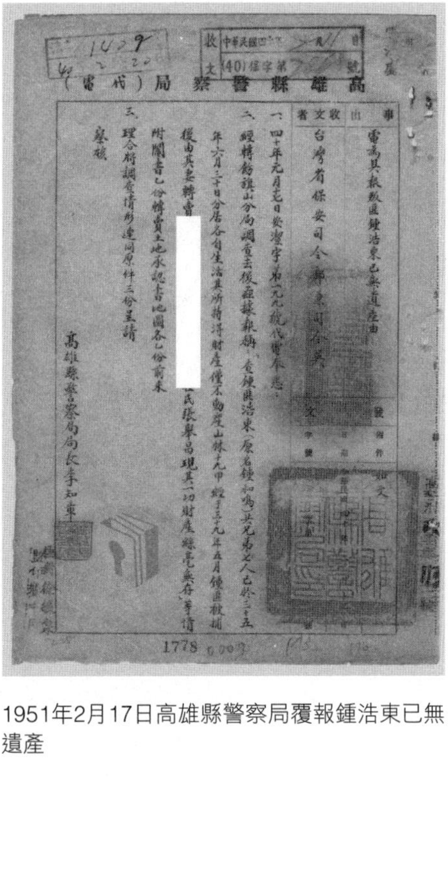
高雄縣警察局（代電）

事由：電高其報鍾匪浩東已無遺產由

收文者：台灣省保安司令部兼司令吳

一、四十年元月七日安潔字第一九九號代電奉悉。

二、經轉飭旗山分局調查去後茲據稱：查鍾匪浩東（原名鍾和鳴）共兄弟七人已於三十五年六月三十日分居各自生活其所持得財產僅不動產山林十九甲經於三十九年五月鍾匪被捕後由其妻轉賣[illegible]民張舉昌現其一切財產絲毫無存」等情附關書乙份轉賣土地承認書地圖各乙份前來

三、理合將調查情形連同原件三份呈請

鑒核

高雄縣警察局局長李知東

1778

1951年2月17日高雄縣警察局覆報鍾浩東已無遺產

三月八日，旗山分局警察楊永亨奉命審訊二十三歲的農民張舉昌。張舉昌應訊回答說，他以前不認識鍾和鳴之妻，經美濃鎮興隆里人黃阿番介紹，說她生活困難，要賣鍾和鳴的兄鍾里虎名下，鍾和鳴與其兄鍾壽生共同持分的十九甲山林。他說他當時不曉得鍾和鳴被捕，槍殺後遺骨回來始曉得。因為他認識鍾壽生，也信用介紹人，所以也沒多問就答

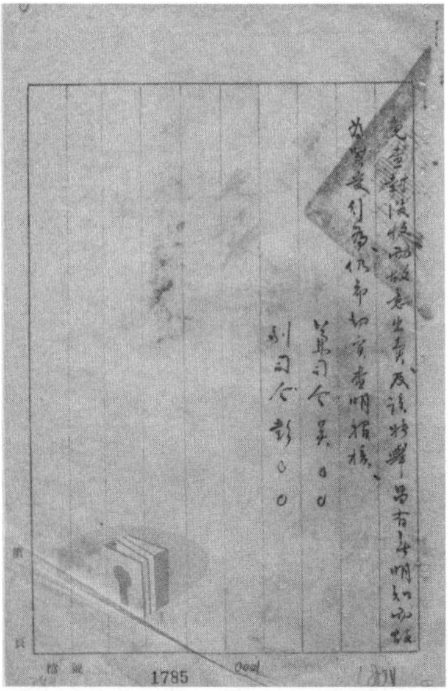

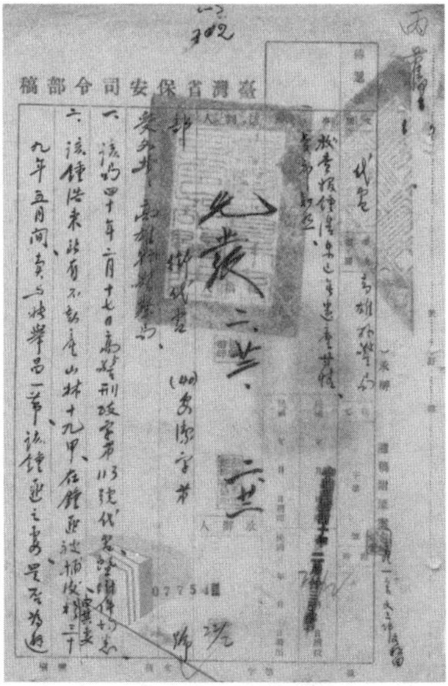

臺灣省保安司令部稿

1951年2月23日保安司令部再電高雄縣警察局查明蔣碧玉是否為避免查封沒收而故意出賣土地

應買了。民國三十九年三月二十日就帶著印章，以新台幣六千元，完成買賣契約。接著，楊永享又審問了介紹買賣的五十六歲農民黃阿番。黃阿番應訊回答說，他以前不曉得鍾和鳴被捕的事，也沒有聽到鍾和鳴有什麼風評，最近有聽到鍾和鳴被槍殺的消息。先是鍾和鳴的兄鍾壽生來我的家中，告訴我說他與鍾和鳴的持分要出售，我就介紹龍肚人張舉昌。簽約那天，鍾壽生與鍾和鳴的妻來我家中。她告訴黃阿番說，那片山林是鍾壽生與她共同持分的，既然壽生要出售，她的持分也要同時出售，以免將來引起爭紛。

第二天，也就是三月九日，楊永享繼續在旗山分局審訊四十三歲業農的

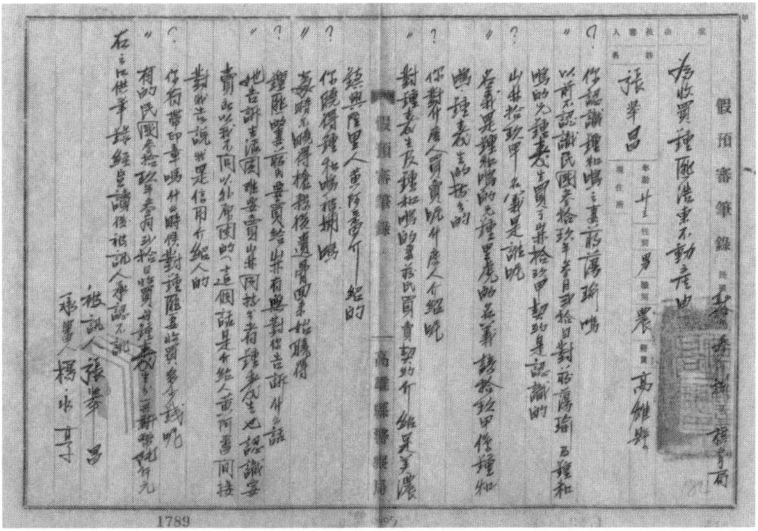
假預審筆錄

高雄縣警察局

1789

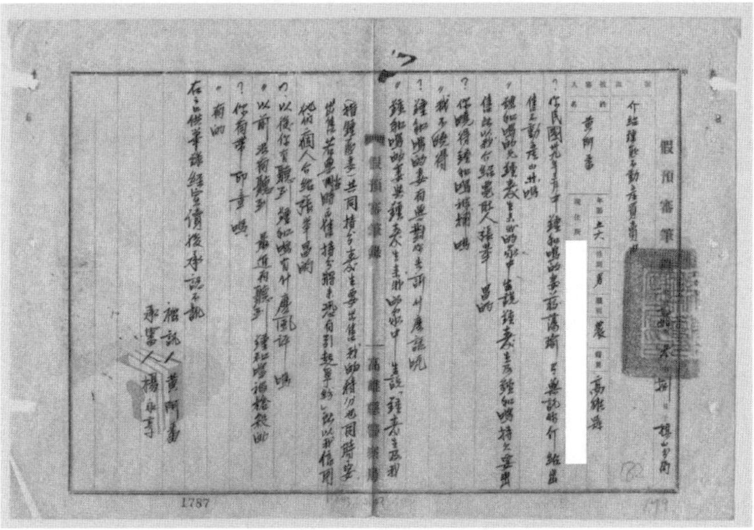
假預審筆錄

高雄縣警察局

1787

1951年3月8日旗山分局審訊收買鍾浩東不動產的農民與介紹人

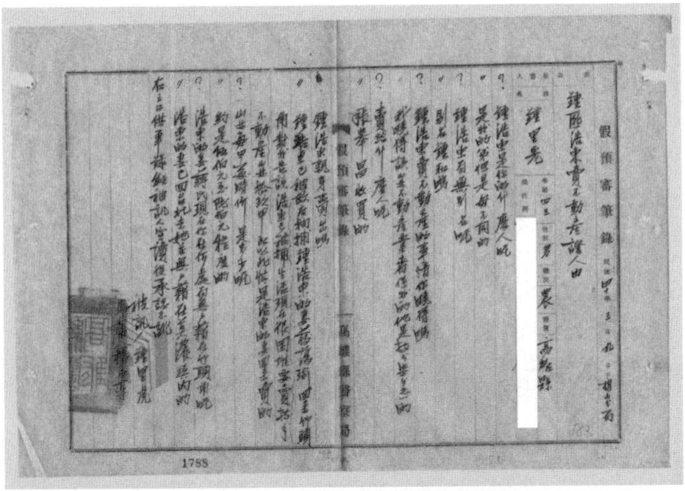

1951年3月9日旗山分局審訊鍾浩東同父異母哥哥鍾里虎

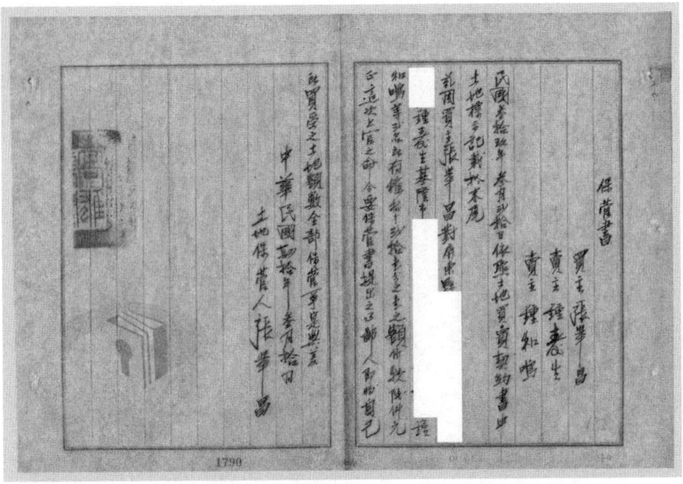

1951年3月10日土地保管人張舉昌謄寫買受鍾和鳴不動產的保管書

鍾浩東的哥哥鍾里虎。鍾里虎應訊回答說，鍾浩東別名鍾和鳴，是他不同母親生的弟弟。鍾浩東的妻回來竹頭角對他說，浩東已被捕，生活現在很困難，要賣持分不動產山林十九甲。那份山林不動產業者是他，鍾浩東持分七分之一。所以浩東的妻回來賣給張舉昌，每甲時價約是五百元至六百元程度。她並無戶籍在美濃鎮內，賣了之後就回台北。

其後，旗山警察分局附上張舉昌等三名訊問筆錄三份，保管書、契約書各乙分，呈報高雄縣警察局，略稱：「經傳介紹人黃阿番暨買者張舉昌訊問供稱均不知鍾匪浩東被捕情事並僅係信用介紹而已查該匪妻蔣蕩（蘊）瑜現已逃回台北市在本轄內並無設籍無法調查其妻確實詳址惟該山林地賣買價格便宜甚多理合將情報請察核」。三月二十七日，高雄縣警察局局長李知章據此以「為具報鍾浩東財產變賣經過」事由，發文轉呈台灣省保安司令部兼司令吳國楨。

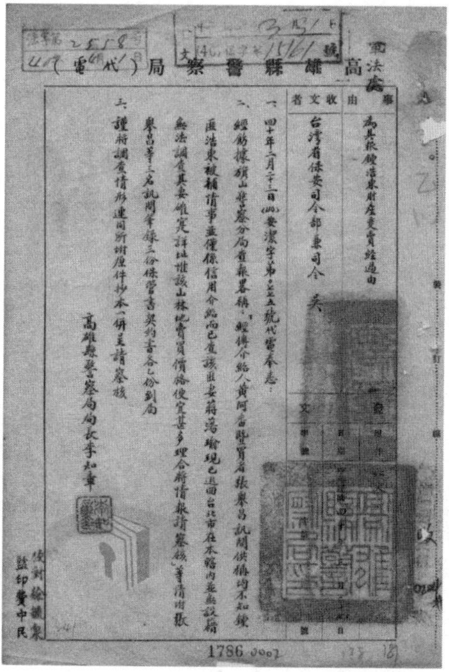
高雄縣警察局（代電）

事由：為具報鍾浩東財產變賣經過由

收文者：台灣省保安司令部吳兼司令

一、四十年二月二十三日(40)安潔字第0255號代電奉悉。

二、經飭據旗山警察分局查報略稱，「經傳介紹人黃阿番暨買者張舉昌訊問供稱均不知鍾匪浩東被捕情事並僅係信用介紹而已查該匪妻蔣蕩瑜現已逃回台北市在本轄內並無設籍無法調查其妻確實詳址惟該山林地賣買價格便宜甚多理合將情報請察核」等情附張舉昌等三名訊問筆錄三份保管書契約書各乙份到局

三、謹將調查情形連同所附原件抄本一併呈請察核

高雄縣警察局局長李知章

校對 監印

1786 0007

1951年3月27日高雄縣警察局覆告鍾浩東財產變賣經過

四月六日，台灣省保安司令

部軍法處審判官陳慶粹根據上述材料寫了一份關於鍾浩東財產問題的總結簽呈：

一、查基隆中學校長鍾浩東等叛亂一案，前經依法判決奉准確定執行在案，並宣告沒收財產，經飭擬高雄縣警察局調查結果，該鍾浩東原有財產僅不動產山林十九甲，經於三十九年五月在鍾匪被捕後，由其妻蔣蕴（蘊）瑜轉賣與高雄縣住民張舉昌，現一切財產無存等情。

二、經再電飭高雄縣警察局，查明該蔣蕴（蘊）瑜是否為避免查封沒收而故意出賣，及該張舉昌有無明知而故意買受行為。去後，茲擬復稱：經傳介紹人黃阿番及買主張舉昌訊問均稱，該蔣蕴（蘊）瑜謂生活困難，故欲出賣，於三十九年三月二十日立約，收買鍾壽生（鍾浩東之兄）、鍾和鳴（即鍾浩東）持有份額，共價款台幣六千元，並不知鍾匪被捕之事等語，並查蔣蕴（蘊）瑜現已逃回台北市，在本轄內並無設籍，無法調查確實住址，請察核前來。

三、查懲治叛亂條例第八條第一項但書規定，沒收財產應酌留其家屬必需之生活費。該蔣蕴（蘊）瑜因乃夫鍾浩東被捕後，生活無著，經於三十九年三月間，將該山地出賣，五月間立具土地標示確認書。而本部宣告沒收財產，則係同年八月間判決，至十月間始奉准確定。是該鍾浩東既無遺存其他財產，且該山地出賣在先，價款無處〇早開費淨盡，又

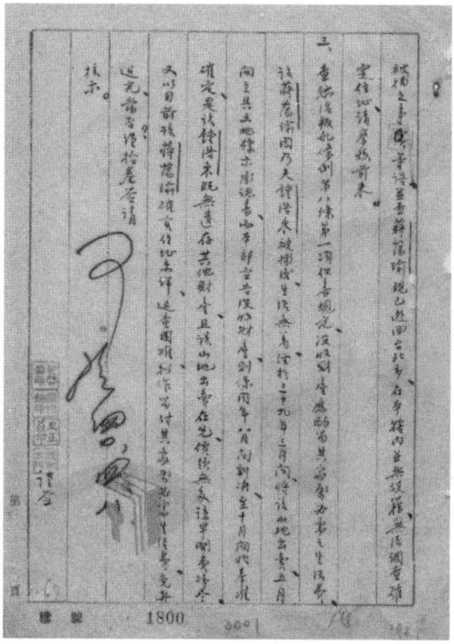
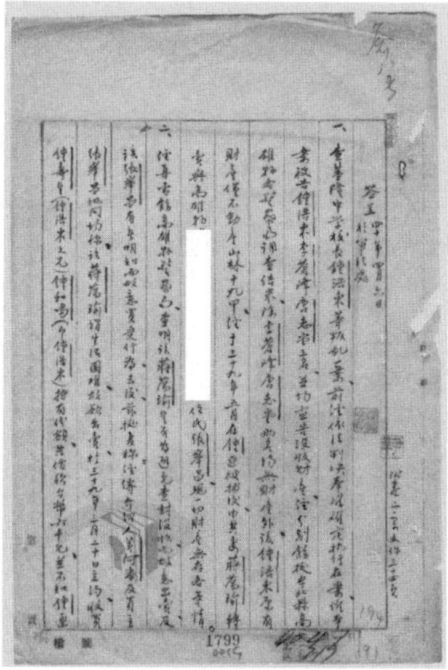

1951年4月6日承辦軍法官的總結簽呈

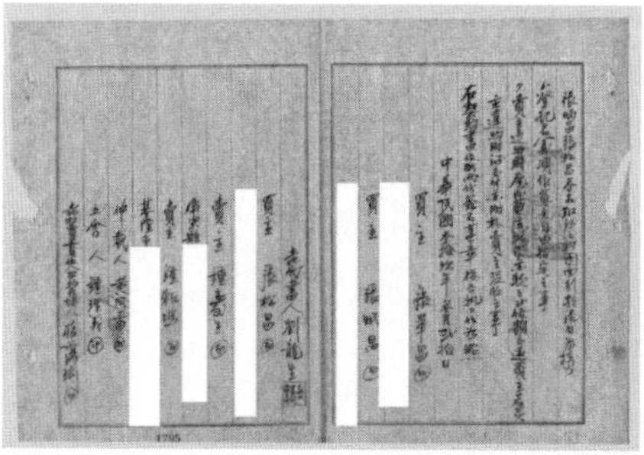
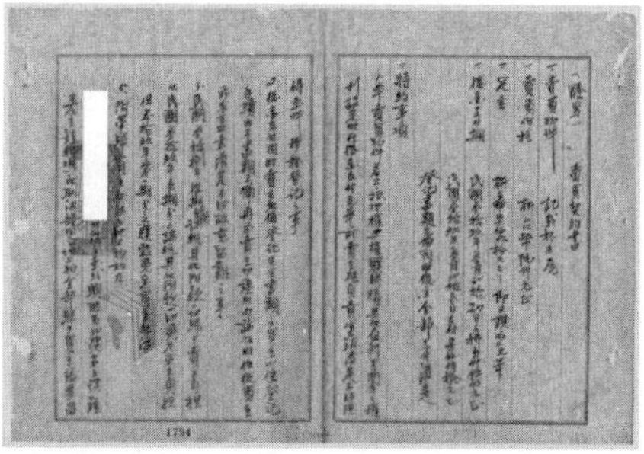

1951年3月10日土地代書人謄寫的鍾和鳴不動產賣買契約書

以目前該蔣蕩（蘊）瑜確實住址未詳，追查困難，擬作留付其家屬必需生活費，免再追究。當否？謹拾卷簽請核示。

此後，目前可見的台北檔案局的開放檔案，再無有關「鍾浩東叛亂一案」的相關文件。也就是說，對統治當局及其所屬的情治單位而言，鍾浩東一案可以掩卷入庫了。（二〇二二年十二月十五日修訂於上海）

蔣姑娘的餘生

山上的荒地是什麼人來開？
地裡的鮮花是什麼人來栽？
什麼花兒開放呀結出了自由的果？
什麼花兒開出呵幸呀幸福來？

山上的荒地是我們大夥兒開，
地裡的鮮花是我們大夥兒栽，
民主花兒開放呀結出了自由的果，
和平花兒開出幸福呵幸福來。

嘿呀嘿呀嘿呀嘿呀嘿呀嘿呀，

和平民主的鮮花開，
自由幸福的日子來，
咱們大夥兒多自在，
快來看好花果樹呀，
讓它好好的站起來！
站起來呀！站起來！
別讓它遭災害！
別讓它遭災害！
嘿呀，別讓它遭災害！

這是抗戰期間蔣碧玉女士在東區服務隊學會的一首傳唱於廣東前線的民謠小調〈別讓它遭災害〉裡頭的一段歌詞。就內容來看，它一般地反映了當時人們的心願。然而，長久以來，它卻因為不言自明的理由被台灣當局列為禁歌。這個現象，在一定程度上反映了一九五〇年代白色恐怖以來的政治現象——專制，獨裁，沒有明確的是非。然而，這首歌詞蘊含的願望依然是蔣碧玉女士對於未來的社會懷有的理想。

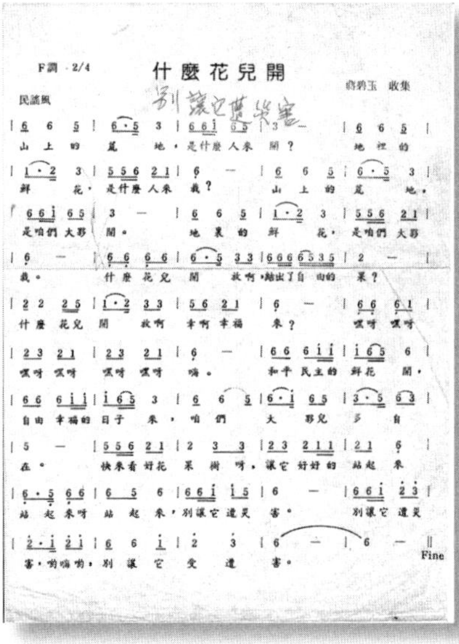

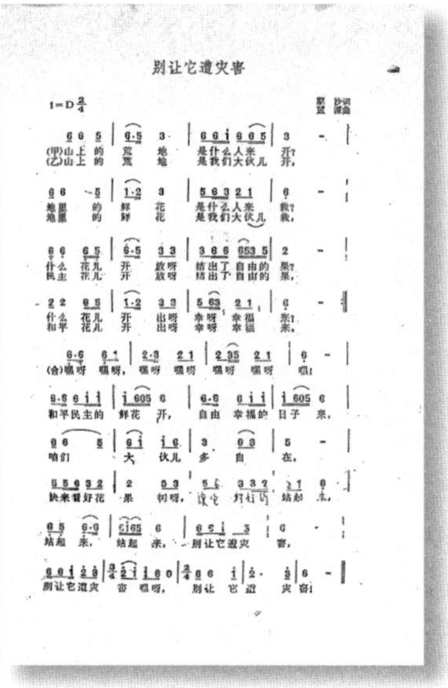

蔣碧玉在東服隊採集的民歌

在底層社會營生

校長鍾浩東先生為了理想、信仰而坦然赴義後，虛歲才三十歲的蔣碧玉在心理上受到莫大的衝擊，並且不可免地沉淪於悲痛的苦海中。但是，現實卻要求她很快就丟掉悲傷的心情，帶著才滿週歲的么兒及三歲大的老三，勇敢地生活下去。在經濟極端困窘的狀況下，她仍然在歸綏街的風化區賣紅豆餅、陽春麵等小吃。

因為心情苦痛，她不自覺地就藉煙來解悶。晚上，入睡前，她也總要喝了酒才容易入睡。然而，她一旦喝醉就會抽筋，痛得難受；醉得不厲害的話，就會不由地哭了起來。有一次，躺在旁邊的才三歲多的東兒看她哭，也陪著她哭，並且勸她說：「媽媽，不要哭了！不要喝那麼多的酒了……」她心中難過而感動。此後，她就再也不讓自己喝醉酒了。同時，她也決心從悲痛中走出來，勇敢地面對生活。她不願鄰居們施捨同情的眼光，第二天起，就開始搽粉，讓自己顯得容光煥發。因為這樣，鄰居們都覺得奇怪，怎麼她突然顯得滿面風光，跟前些日子完全不同了？鍾浩東生前並不喜歡她搽粉打扮。她個性強，也從來不曾搽粉打扮；可現在，為了面對新的生活挑戰，她故意給自己搽粉打扮。然而，一段時日後，當鄰居不再以同情的眼光看待她時，她就讓自己恢復昔日素樸的妝扮。

虛歲三十的蔣碧玉在歸綏街風化區擺攤撫養兩個幼兒〔蔣碧玉／提供〕

由於她系出名門，卻能毫無怨言地帶著兩個幼小的兒子，勇敢地活下去；同時，也由於抗戰時期的磨練而成就的普羅性格，平易近人的她很快就結識了這一帶的「販夫走卒」。

後來，有一個東區服務隊的隊友找上蔣碧玉，要她合夥做生意。她剛從軍法處放出來時，這個人就來找過她。但她懷疑他已經是國民黨的走狗，所以當時沒有見他。

第二天，那人又來了。蔣碧玉已經探聽過他的底細，也就和他見了面。他邀蔣碧玉合夥做客家糯米酒。他告訴蔣碧玉，國民黨政府裡頭有很多大官喜歡喝這種客家風味的糯米酒。因為經濟上的需要，蔣碧玉就答應與他合夥，做起釀酒的寡婦。起初，他們做的酒都是大官買去喝。可是，後來做的人多了，競爭激烈；生意不比以往好做。所以，這項釀酒的營生，只做了一年多，她就決定退股。

蔣碧玉然後就待在親生父母家裡帶小孩，煮飯，準備找一份比較安定的工作。那時候，蔣碧玉的大弟戴傳李被流放到綠島集中營，三弟和四弟分別還在高商和小學就讀，只有拉三輪車的二弟還有點微薄收入。家裡，連她在內，一共有五個姐妹，大姐已經嫁人了，四妹和小妹又還在念小學，只有三妹在當店員還有收入。這樣，一家近十口人，只靠二弟和三妹賺錢，當然無法維生。她那個性樸實的生父於是把樓下店面賣掉，暫時來維持一家的生計。這樣，蔣碧玉與生身父母一家，幾乎處在坐吃山空的經濟狀態。

不久，蔣碧玉退回來的股金用完了。她於是找出以前的護士證明，由大同區區長作保，試著向台大醫院應徵護士工作。然而，後來在海外搞台獨的台大醫院護士長陳翠玉，聽了裡頭一名護士的報告，知道她先生是被槍決的政治犯，因此就不敢雇用她了。

因為身分的關係，蔣碧玉在「白色恐怖」猶然籠罩的台灣社會，幾乎要走投無路了。儘管她算是台灣第一批受過專業訓練的護士，可冷酷的現實竟無法接納她為台灣人民付出而獲得的代價。

就在這最最困頓的時候，一線生機出現了。

有一天，台北市議員曾得志到戴家拜訪。曾得志是日據時代台灣民眾黨的幹部，與蔣碧玉的生父算是舊識了。曾得志把拜訪之意告訴他們說建成區的建設協進會負責管理兩個菜市場，現在需要雇用一個小妹，幫忙掃地、泡茶。他建議說就讓小妹去吧，多少也可以補貼家用。

「我去好了。」蔣碧玉當下就自願地說道：「小妹找工作容易。我身分不好，還是讓我去好了。」

「這不好吧！」曾得志不忍地說：「這樣的工作，太委屈你了。」

「沒關係。」蔣碧玉堅定地答道。

這樣，蔣碧玉就去上班當小妹了。半年後，協進會的會計因為舞弊被抓，她才升上來當會計。然而，這個工作並沒有維持多久。

一九五三年七月十五日，曾得志涉嫌「資匪」而被捕。案發當時，地方法院和軍法處都來傳蔣碧玉去，問她與曾得志的關係。她告訴他們，曾得志是因為她的義父蔣渭水的關係才雇用她的。其實，她也知道，這件事主要是他的一些政敵故意要搞他，卻一直找不到把柄，就想拿她來作文章。同年十二月，曾得志以「知匪不報」的罪名被處五年徒刑。蔣碧玉也不得不離開建成區建設協進會了。

其後，蔣碧玉又通過對面鄰居的介紹，到民生西路一家紙行應徵會計。由於這位鄰居是永豐餘紙廠老闆的親戚。紙行老闆又聽說蔣碧玉是蔣渭水的女兒，當場就錄用了她。可他後來還是知道蔣碧玉的先生的遭遇了。還好，他並沒有因此而辭退她。事實上，因為她能為他跑稅捐處，處理帳目，他反而更加重用她。四五年後，她在工作上與老闆意見不合又因此被無理責罵。為了維持一個受雇者應有的尊嚴，她嚴詞回答老闆的無理責罵，說你雖然是老闆，可你有什麼資格隨便罵人。同時辭職不幹。他因為怕蔣碧玉去告他做假帳而百般慰留。可她告訴他說我不會做這種事的。他才放心讓她離開。

蔣碧玉離開紙行後，五〇年代因為牽連大安印刷廠案入獄的光復初期的台灣礦業鉅子劉明就介紹她到劉啟光的華南銀行上班。劉啟光本名侯朝宗，曾經是日據時期台灣農民運動的領導幹部，也算是蔣渭水的舊識了。可他卻基於個人的考慮，不敢用她。劉明於是又介紹她到新店一家煤礦廠做會計。

煤礦廠在新店山上。每天一大早，蔣碧玉就要搭公路局車到碧潭，然後再換搭卡車入山。非常辛苦。與此同時，紙行老闆再三地找她回去。因此，做了半年後，她就回去紙行繼續做會計。這次，她一直待到紙行因為老闆流連風月場所，養酒家女而倒閉才離開。

苦盡甘來

紙行倒了，蔣碧玉原先一個月六千多的薪水也沒著落了。這時候，她家老三阿東已經到了考初中的年紀了。現實不允許她沒有經濟收入。她因為通過工作認識了一些下游紙店的老闆與工人，於是就自己做起賣紙的

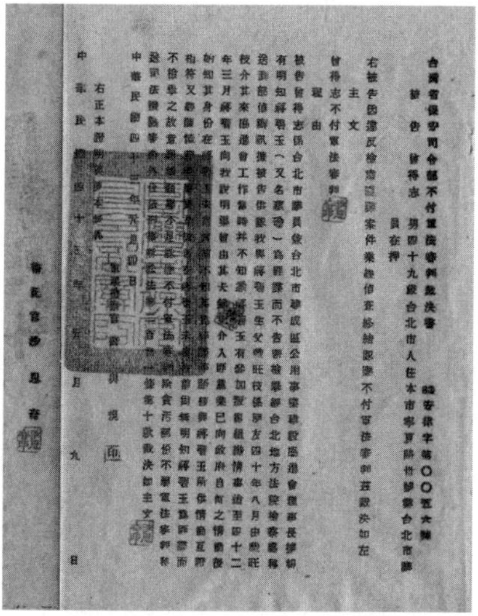

台灣省保安司令部不付軍法審判裁決書

右被告因違反檢肅匪諜案件業經偵查終結認應不付軍法審判茲裁決如左

主文

曾得志不付軍法審判

理由

1954年軍法處的曾得志裁決書

小生意。

蔣碧玉做了一段時日勉強餬口的賣紙生意後，又回到歸綏街的風化區擺小吃攤子。在這個「半下流社會」的小市民蝟集之處，她與這裡的販夫走卒相處得很融洽。當他們知道她的身分遭遇後，自然就對她更加敬重了。一段時日後，她又把攤子推到台北橋下勞動者密集的夜市。

蔣碧玉的攤販生涯，一直要到她的大弟戴傳李經營電影事業後才結束。

一九五一年，戴傳李

恭賀新年

煤炭・金鑛業
振山事業社
劉明
辦事處 臺北市京町四丁目一號
電話 三七七三
・金鑛・瑞芳街大粗坑
煤炭・文山郡新店街 振山本坑
同 輝林炭坑
海山郡鶯歌街三峽 振山炭礦
基隆郡暖暖 盛興炭礦

劉啓光 附逵
臺灣華南銀行董事長

本省新竹縣人 現年四十三歲 原名侯朝宗 世代務農 早歲參加反日運動 與趙港 簡吉二先生 共同領導臺灣農民組合 一時有三大農民領袖之稱 經常出入於全省拘留所及監獄 民國十七年 受日當局以紊亂國憲罪 被拘處判徒刑 刑滿後逃回祖國 繼續在上海福州 廈門等地 糾集台灣青年 從事反對日本帝國主義 及收復台灣之活動 日領館警探 對氏之活動 備極注意 追緝甚嚴 故改名易姓 至於遷居隱匿 已成常事 劉啓光三字 即七七事變後 延用之化名 抗戰期間 挺身服務於前方 徐州突圍 曾受重傷 約半年始愈 後入軍事委員會政治部 主持對敵宣傳工作 一面發動台灣革命戰線統一運動 組織台灣革命同盟會 一面建議中央 成立台灣黨部籌備處 建立本省黨務基礎 嗣奉 蔣主席命令 擔任軍事委員會派駐工作團主任 訓練台灣革命青年 準備配合盟軍登陸 光復後返臺 出任新竹縣長 以公正 認真 廉潔 親民 自矢 並勵勉僚屬 深得民心 政聲斐然

劉明與劉啓光

在綠島集中營管訓兩年多歸來後，經由台大師長的引介，進入地方戲劇協進會，負責修改戲碼劇本，薪水三百元。一九五八年，他加入地方戲劇協進會理事長蔡秋林創立的美都影業社，擔任排片員，在電影發行與製片工作上積累了豐富的經驗與人脈，建立了一條北自基隆南達屏東的發行院線。一九六一年，他自創永新影業社，同時經營台語片的製片與發行。永新以《桃太郎》為創業作，並以《流浪三兄妹》《尋母三千里》打下半壁江山，從此在台語片圈中霸坐山頭，代表性的製片作品有一九六二年的《舊情綿綿》與一九六五年的《地獄新娘》等等。

蔣碧玉後來就到永新影業社處理公司的普通事務，並負責管理預告片的宣傳海

1997年8月11日戴傳李於台大法學院〔藍博洲／攝影〕

報。後來，電視出來了，台語片也漸漸沒落了。這時候，她的兩個兒子也相繼大專畢業，入伍服役了。生活的擔子總算減輕了許多。

鍾氏兄弟的老么因為念的是師專，服役退伍後就到學校任教。台北工專畢業的老三阿東，就業狀況就不是那麼順利了。退伍後，他先到新力電視做事，後來又考上台視。當時，能夠到電視公司上班，可以說是非常不簡單的了。然而，阿東通過三個月的在職受訓後，台視方面卻以他的安全檢查不通過之名，把他淘汰了。蔣碧玉考慮到阿東的身分暴露對他往後的就業會更困難，所以並沒有要他為這件事去爭，只是要他另外找個民間企業的工作。阿東也沒有讓她失望，再度以自己的實力考入一家聲譽頗佳的公司就職。

這時候，蔣碧玉也才應兩個兒子的要求，卸下扛了幾十年的生活重擔，好好地為未來的日子打算。

母子重逢

對蔣碧玉來說，生活安定之後，最重要的事，就是打聽流落在大陸的長子鍾繼堅的下落了。一九六〇年以來，一些從綠島倖存回來的基隆中學的老同事見到她時，都向她轉達了鍾浩東校長的遺願，說能不能把在大陸的兒子找回來。現在，生活條件許可了，她於是就開始努力去完滿這份缺憾。

問題是，在兩岸隔絕對峙的狀態下，蔣碧玉要從何找起呢！

一九八三年年底，事情終於有轉機了。蔣碧玉的老戰友蕭道應，通過一位旅美但常到大陸開會的醫師朋友協助尋訪三年後，終於輾轉收到一封署名「蕭滙豐」，可能就是他們當年留在大陸的兒子的來信。隔年二月，老蕭夫婦於是通過在美國的女兒，寄了一封信和四張照片，給在始興開小雜貨店的蕭滙豐。三月中，收到信的蕭滙豐立即給老蕭夫婦在美國的女兒回了一封信，並附上幾張全家合照的相片。然而，這次，他卻遲遲沒有收到輾轉從台灣來的回音。他於是又連續寄了六封信。結果依然。一九八七年四月，蕭滙豐寄往美國的第七封信，因為「收信人不在」的理由而被退回。他於是再度陷入與台灣的父母音訊完全中斷的痛苦之中。

兩岸書信往返之所以突然中斷的原委是這樣的：老蕭夫婦看到大陸寄來的照片時就一眼認定，這個蕭滙豐並不是他們的兒子，而是蔣碧玉和浩東生的。他們隨即把她請來家裡。她仔細地看了照片，總覺得不太像。可老蕭夫婦卻當場笑她說：「奇怪！怎麼我們只看一眼就認定他是老鍾和你的兒子，不是我們的。」

因為這種不確定的狀況，解嚴以後，蔣碧玉於是親筆寫了一封信，給這個「妾身」還不明的蕭滙豐。在信中，她向他說明當年送子的緣由，以及回台以後幾十年來兩岸關係的變化，然後問他養父母的家庭狀況等等。

這樣，同年的十一月二十一日，在廣東始興的蕭滙豐終於又接到了從香港轉來的台灣來信。只是，這次的寫信者並不是老蕭夫婦，而變成了有可能是他生身母親的蔣碧玉。第二天，蕭滙豐立即給蔣碧玉寄了一封特快的回信。這封信也輾轉從香港寄到了蔣碧玉的手裡。在信中，他告訴蔣碧玉，在他不懂事時，養父母開什麼店，他並不清楚；因為他們不曾告訴他。可他懂事時，他的養父是在始興河邊街，開設一家店號叫「蕭玉利」的缸瓦雜貨店……蔣碧玉因為曾在一九四三年時去過一次，所以就確定他就是她那失散了四十幾年的長子——鍾繼堅。

恰恰就在蔣碧玉母子重新聯繫上的這一年，封斷四十年的海峽兩岸，終於在中共中央「和平統一」的政策下，隨著國民黨初步開放大陸探親，而重新活絡起來。一九八八年一月十四日，為「返鄉運動」奔走呼號了一年多的「外省人返鄉促進會」組成了十五人的「台灣返鄉探親團」到大陸。蔣碧玉於是委託隨團成員的楊祖珺，帶一封信到廣州轉寄給他的長子。

蔣碧玉在信中詳細地告訴長子鍾繼堅，說他是在什麼情況下送人領養的。她要他理解，不是他們做父母的不負責任，而是當時的客觀條件不允許他們親自撫育他。她告訴他，他的外公蔣渭水是台灣的抗日志士；他父親和她也是為了抗日而奔赴大陸的。她告訴

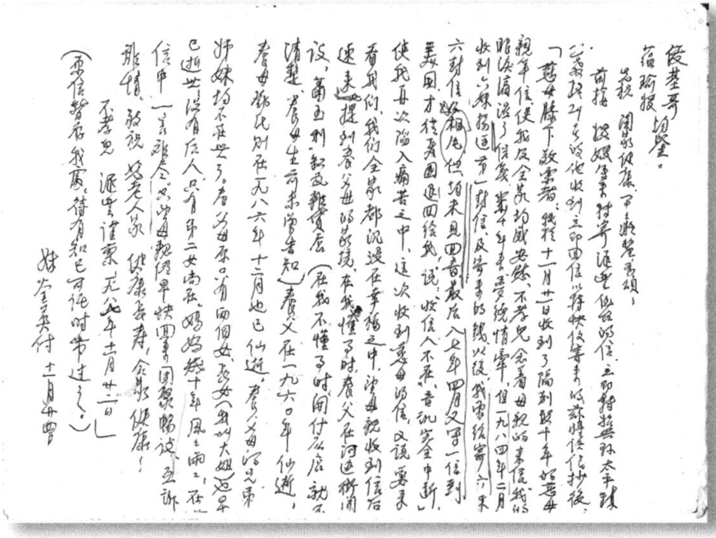

俊基哥
碧玉嫂 均鑒。
兄嫂 闔家健康，万事順遂，恭頌！
前接 提姆寄來 涯雲 給你的信，立即轉托舊金山太平洋
公司郵政，他收到立即由信以特快信寄來的，茲將該信抄後：
「慈母膝下敬稟者：我於十一月廿一日收到了隔別幾十年的慈母
親筆信，使我及全家均感安慰，不孝兒念着母親的來信我的
眼淚滴濕了信箋，幾十年未受親情溫暖，但一九八四年二月
收到小妹轉遞之一封信，及寄來的錢以後，我曾經寄六、七
六封信給 桐 他，均未見回音，最后八七年四月又寫一信到
美國，才從美國退回給我，說：收信人不在，音訊完全中斷」
使我再次陷入痛苦之中，這次收到慈母的信，又說要來
看我們，我們全家都沉浸在幸福之中，[illegible]母親收到信后
速來提到養父母的處境，在我懂了時，養父在河边街開
設，蘭玉利、鉅泰雜貨店（在我不懂了時，開什么店就不
清楚，養母生前未曾告知）養父在一九六〇年仙逝，
養母鄧氏則在一九八六年十二月也已仙逝。養父母沒兄弟
姊妹均不在世了。養父母原只有兩個女，長女（我叫大姐）近早
已逝世，沒有后人，只有第二女尚在。媽媽幾十年風風雨雨，在此
信中一言難盡之，只望母親保重，早快回來團聚暢談，互訴
離情。敬祝 媽老人家 健康長壽，全家健康！
不孝兒 涯雲 謹稟 一九八七年十一月廿二日」
（原信暫存我處，待有知己可託時帶送之。）
妹 [illegible] 奉付 十二月廿四日

1987年11月21日蔣碧玉通過蕭道應夫婦協助，收到美國友人轉來失散近50年的長子的來信抄文

他，他們回台後仍然為了一個統一的新中國而奮鬥。她告訴他，他父親已於一九五〇年為理想而犧牲了。此外，她還告訴他，她已經在趕辦手續，很快就要到大陸看望他們一家人了。

同年的五月四日晚上，蔣碧玉終於從台灣飛抵香港。到了下榻的旅館，她立即給她的長子打電話。鍾繼堅放下電話後，立刻就從韶關趕到廣州。五日早上，當她從香港進入廣州，在廣州車站下了火車時，迎接她的，除了四十五年不見，已然年近五十的長子之外，還有一個未曾謀面的排行第三的孫兒。然而，她也因此知道，因為她和鍾浩東在丘念台領導的東區服務隊待過的關係，文革時，她這個送人領養的兒子被批鬥得很慘。她心痛地聽著兒子敘述文革期間的遭遇。他告訴母親，當他被公開批鬥時，群眾質問張三姑說他的父母是不是國民黨的軍人？

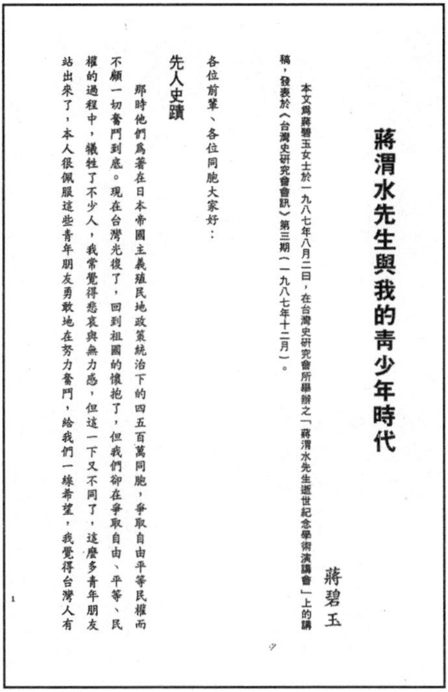
蔣渭水先生與我的青少年時代

蔣碧玉

本文爲蔣碧玉女士於一九八七年八月二日，在台灣史研究會所舉辦之「蔣渭水先生逝世紀念學術演講會」上的講稿，發表於《台灣史研究會會訊》第三期（一九八七年十二月）。

各位前輩、各位同胞大家好：

先人史蹟

那時他們爲著在日本帝國主義殖民地政策統治下的四五百萬同胞，爭取自由平等民權而不顧一切奮鬥到底。現在台灣光復了，回到祖國的懷抱了，但我們卻在爭取自由、平等、民權的過程中，犧牲了不少人，我常覺得悲哀與無力感，但這一下又不同了，這麼多青年朋友站出來了，本人很佩服這些青年朋友勇敢地在努力奮鬥，給我們一線希望，我覺得台灣人有

1

1987年蔣碧玉終於又再以「蔣渭水的女兒」的身分出現在台灣社會運動的舞台

張三姑說是。他因此挨批挨鬥。聽兒子這樣講，蔣碧玉不忍而憤恨難過，心想自己的丈夫死在國民黨的槍口下，怎知，流落大陸的兒子，還要因為他們的抗日經歷而挨鬥。可她知道，這樣的遭遇，不但是個人的不幸，也是整個民族的悲劇。她也希望這樣無條理的歷史，終將因著一代代人的努力而翻過去吧。

撥雲見日

為了「和平民主的鮮花開」與「自由幸福的日子來」，作為台灣抗日前輩蔣渭水的女兒，年輕時候的蔣碧玉就以奔赴大陸前線的實際行動，延續了渭水先生的遺志。一九五〇年，她的丈夫鍾浩東，又為了中國整個民族的解放與社會主義的理想，而在國民黨的槍口下犧牲了。這之後，她幾乎在台灣社會銷聲匿跡了四十年之久。然而，台灣人民並沒有忘記她。她也從來沒有忘記此生未竟的志願。

一九八七年七月十日，台灣民眾黨建黨六十週年的那一天，這位曾經為了抗日而棄捨愛子，前後兩次在海峽兩岸各坐過國民黨半年牢，並且在五〇年代的左翼肅清時喪夫的先烈之女，終於又再以「蔣渭水的女兒」的身分出現在台灣社會運動的舞台上。

蔣渭水是蔣碧玉的舅舅。她的生母是他的么妹。她的生父戴旺枝，家裡很有錢，是渭水先生非常要好的朋友，所以一手撮合他和么妹的婚姻。戴旺枝長期在幕後支持蔣渭水從事抗日民族解放運動。因為這樣，一九二一年農曆一月十日，蔣碧玉在台北市太平町二丁目（今延平北路二段）蔣渭水開設的大安醫院出生。十月十七日，蔣渭水與台灣的進步知識分子和開明紳士在台北市組成全島規模的抗日組織——台灣文化協會，有計畫地進行反殖民的文化啟蒙運動。大安醫院是棟兩層樓的建築，樓下三間店面，分別是大安醫院、文化書局與後來的台灣民報社。寬大的二樓因此好像一家大旅社，經常有南來北往從事反日社會運動的志士住在那裡。蔣碧玉的親生父母帶著姐姐、弟弟和她一直到她六歲那年才搬到外面去住。她因為過繼給舅舅而繼續住在這裡，也因此親歷了幾件讓她印象深刻，並啟蒙她的反日民族意識的童年往事。她記得，那時候，家裡住的，吃飯的人都很多，熱鬧極了。醫院門前也經常有日本的私服警察監視。每當渭水先生因為出診的需要而購置的那輛人力車啟動時，那個警察就會認定是他出門了而騎著腳踏車緊跟在後。因此，每逢下雨天，車伕林寶財看到蔣碧玉在走廊玩時，就叫她上車，把帆布放下來，然後拉著車，載她到圓環繞了一圈才回來。因為帆布放下來了，那個日本警察看不到裡面坐的人。可車後有個小窗，她只要稍微撥開一點帆布，就可以清楚看到外面的動態。一路上，林寶財一面拖車一面回頭問她臭狗仔有沒有跟來？當他聽她說有時，就很得意地繼續拖著車跑。日本警察也拚命地追趕著，一直到回來，看到跳下車來的是她時，就搖搖頭，一副無辜受騙的可憐樣。

在蔣碧玉的印象中，蔣渭水和他的同志們時常晚上出去演講，可到了半夜，往往卻是另一批人回來給他們拿衣服，說是又被日本鬼子抓去了。這種事，雖然已經司空見慣了，但還是教她感到憤慨。每當發生這種事的第二天，他們幾個小孩又要騙祖母說爸爸到南部演講去了。因為這樣，家裡的反日氣氛是非常濃厚的。可是，小時候的她不懂事，有一次，在學校開完「六．一七」日本始政紀念會，回到家，依然高高興興地唱著剛學會的〈始政紀念歌〉。她因此遭到一位長輩嚴厲的責罵，然後語氣沉重地跟她說：對有良知的日本人來說，「六．一七」這天不應該是什麼「始政紀念日」，而是日本侵佔台灣的「恥」政紀念日。對我們台灣人來說，這一天則是我們最痛苦的悲慘之日；因為從這一天開始，日本帝國主義開始殖民統治台灣，大家應該關起門來痛哭才對。從此以後，喜愛唱歌的她再也不唱這一類的日本歌了。她的反日意識也就更加堅定了。

一九二七年元月，隨著資本主義一般的階級分化原理，作為文化啟蒙運動的台灣各階層人民統一戰線的文化協會，也因為對中國的改造的認識不同而引起「台灣是否資本主義化」的爭論，並且形成「民族運動」與「階級運動」的兩種主張而分裂。蔣渭水等主張民族運動的舊幹部退出文協，於七月十日另組台灣民眾黨。其後，「孫中山信徒」的蔣渭水等人又隨著該党所領導的「工友總聯盟」的鬥爭而日益左傾化，一九三一年通過為「擁護勞動者、農民、無產市民及一切貧苦民眾之經濟利益，政治自由及擴大組織」而鬥爭的階級性政綱。殖民當局遂以妨害秩序安寧為由，命令解散。八月，四十二歲英年的蔣渭水病歿，臨終前呼籲該黨同志謂：「台灣社會已進入第三期，無產階級的勝利迫在眉睫，須繼續為同胞之解放而努力。」

那年，蔣碧玉才剛滿十歲，正就讀於蓬萊女子公學校。蔣渭水病逝，家裡馬上面臨經濟的壓力，使得她原先懷抱到日本上野音樂學校深造的志願遭到阻礙。因此，蓬萊高等科畢業後，她就放棄報考第三高女的機會，報考台北帝大醫院（今台大醫院）首設的護士班，開始了她少女護士的生涯。也因此，她後來認識了為了尋索抗日救國之路而住院的鍾和鳴，並且與他走上新民主主義革命的道路。

時光荏苒！一九八七年的蔣碧玉，已經是個滿頭白髮、年近七旬的老婦人了。可她那浪漫的革命情懷，卻不曾為長年的磨難所減損。大約就在同年的秋冬之交吧，某個有陽光的午後，我在老台北大稻埕寧夏夜市對面一棟老式洋樓的陰暗的二樓，就著桌前一盞暈黃的檯燈初訪了日據時期台灣文化抗日領導人蔣渭水先生的女兒蔣碧玉女士。當訪談依序進行到她的戀愛對象時，我才知道，她竟然就是原基隆中學數學老師李旺輝先生答應要幫我引見，卻遲遲尚未落實的一九五〇年十月十四日犧牲的鍾浩東鍾校長的遺孀。我也才知道，鍾浩東校長的本名叫鍾和鳴。我於是立刻把採訪主題從蔣渭水轉移到她和鍾校長共同走過的道路。

歷經一年多的採訪與寫作，一九八八年九月，這篇關於鍾浩東與蔣碧玉革命戀曲的報導終於以他們戀愛時喜唱的〈幌馬車之歌〉為題，在著名作家陳映真先生創辦的《人間》雜誌刊載，並且引起台灣文化界的震動。從此以後，蔣碧玉也終於得以基隆中學校長鍾浩東夫人的身分重新在台灣社會現身。

我們為什麼不歌唱

喑啞了近四十年的蔣碧玉，突破蔣政權反共的政治禁忌，從「蔣渭水的女兒」到「基隆中學校長鍾浩東夫人」的現身，預告著兩岸長期對峙封斷的歷史已經對面臨重大轉折的兩岸人民，發出了要求反省、批判、探索和重新出發與團結奮鬥的召喚了。

一九八八年起，頭髮斑白、巍巍顫顫的蔣碧玉又再投入改造社會的進步運動的隊伍。三月十六日，她走入台灣農民反對美帝的遊行隊伍，一起高喊「反美帝」、「反傾銷」的口號。四月四日，她在中國統一聯盟建盟大會被提名為執行委員候選人，並且凜然地走向前列，以一種台灣腔的普通話面對群眾說：「我叫蔣碧玉，我是蔣渭水的女兒，中國統一不但是我父親蔣渭水和我先生鍾浩東的遺志，更是我一生的願望……」五月一日，在戰後台灣第一次慶祝五一勞動節的遊行中，她也走入了勞動工人的隊伍。此後，她還參加了無住屋運動、反白色恐怖大遊行等不計其數的社會運動。每一次，當我看到她那滿頭銀髮背已略駝的身影，在台北街頭一片琳琅的商業招牌下前行吶喊時，我總會感到眼前那矮小的身影忽然顯得那麼地樸實而崇高！

通過蔣碧玉的人生採訪，一九六〇年出生的我，也因此對於近現代台灣——中國荒湮而無條理的歷史、政治，有了初步而感動的理解。在這樣的認識與交往基礎上，我與蔣碧玉女士也成為無所不談的忘年之交，並且經常像她長子當年那樣，在私下戲稱她「蔣姑娘」。就在她人生之旅的最後幾年，即便是身染癌症，她仍然經常與我們一群年輕朋友，一起搞文化活動，一起喝酒、聊天。也因為這樣，越來越多通過閱讀而知道她的年輕朋友，見了她以後就更喜歡上這個一生風浪的「蔣姑娘」了。

一九八九年十月二十五日，陳映真、王墨林及藍博洲等《人間》雜誌同仁，在台北市大同區公所禮堂演出報告劇《幌馬車之歌》。一九九一年二月二十八日，蔣碧玉出席參加五〇年代白色恐怖政治受難人及犧牲者家屬在台北市青年公園及馬場町刑場首次公開舉行的追思紀念會。與此同時，蔣碧玉七十歲生日那天，一個台灣最有代表性的紀錄片工作團隊也開始進行她的影像記錄的工作，直至她逝世火化為止（後來因為政治正確的考慮而未剪輯公映）。

1991年2月28日蔣碧玉在台灣地區政治受難人互助會在台北馬場町刑場旁青年公園第一次公開舉行「二二八暨五〇年代白色恐怖犧牲者追思會」帶領其他受難者遺族祭悼先烈英魂

就在蔣碧玉的病情開始惡化的一九九四年夏秋之交吧，侯孝賢導演決定改編《幌馬車之歌》，把她與鍾浩東的生命故事拍成電影《好男好女》，同時撥出一部分經費，讓報導攝影家關曉榮和我等人拍攝台灣第一部紀錄五〇年代白色恐怖的真實電影。因為電影攝製工作的忙碌，我去探望「蔣姑娘」的機會就相對少了。因為這樣，心裡總是有一種無法落實的掛念。十二月底，蔣碧玉住進了新店耕莘醫院。我隨即利用拍片的空檔前往探望。那時候，她已經不能言語了，可意識還很清楚。一向口拙的我，因為心情難過，竟然一句安慰的話也說不出來，只是在床頭握著她老人家已經沒有多少氣力的手。

一九九五年年初，前往廣東拍攝紀錄片之前，紀錄片工作小組的同仁——關曉榮、李三沖、范振國和我一同前往耕莘醫院，探視處於彌留狀態的蔣碧玉女士。蔣女士的么妹看到我，就把嘴附在她耳邊說阿姐，藍博洲他們來看你了。可蔣女士似乎沒有什麼反應。我於是走到床邊，像上回一樣，握住她那更加感覺不到生命氣息的手，沒有言語。我心裡清楚，這一次，可能就是我最後一次見到「蔣姑娘」了吧！幾天後，紀錄片工作小組前往廣東梅縣一帶拍攝關於東區服務隊的歷史。一月十二日吧，因為應侯導之邀在電影《好男好女》中客串「老蕭」一角的關係，我個人先行離開，前往惠陽，與《好男好女》攝製組會合。就在惠陽，劇組的執行製片告訴我，說台北有消息來，蔣碧玉一月十日去世了。

電影在惠陽一帶繼續出外景，劇情主要是蔣碧玉當年在東區服務隊的抗日活動。在外景現場，看著青年蔣碧玉的歷史通過電影的拍攝逐一再現，我似乎感受不到「蔣姑娘」已經不在人間的現實。虛構的電影片場，迷霧般的歷史與海峽對岸的台北，就這樣混亂地交織在惠陽的冷空氣中。只有應劇情需要，與其他演員練唱蔣碧玉教唱的那首〈我們為什麼不歌唱〉時，我才能掌握住自己內裡的真實情感——

1991年5月20日七十歲的蔣碧玉再上街頭反對白色恐怖〔何淑娟／攝影〕

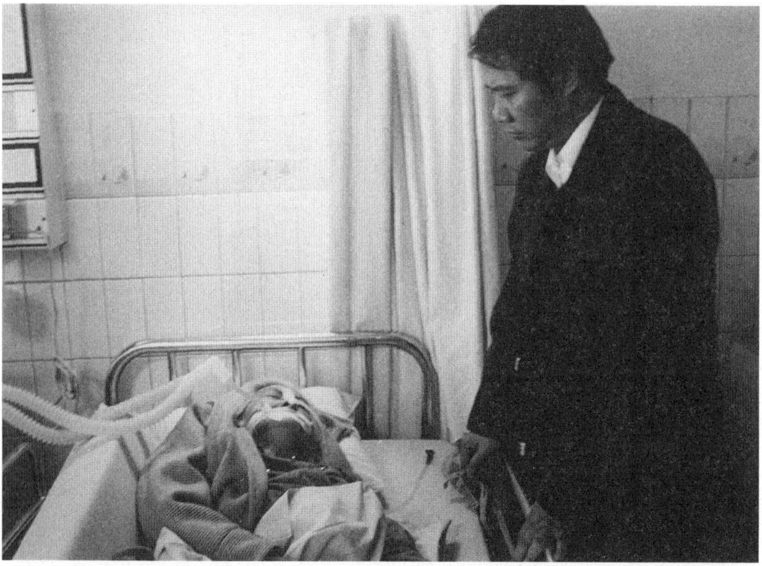

1995年初蔣碧玉三子東兒在新店耕莘醫院與處於彌留狀態的母親〔蔣碧玉家屬／提供〕

1995年1月《好男好女》在廣東惠陽殺青的同時得到台北傳來蔣碧玉去世的消息〔蔡正泰／攝影〕

當黑暗將要退卻，
而黎明已在遙遠的天邊，
唱起嘹亮的凱歌，
我們為什麼不歌唱！

當嚴冬將要完盡，
而人類底想望的春天，
被封鎖在冰霜的下面，
我們為什麼不歌唱！

當鐐鏈還鎖住我們的手足，
鮮血在淋流，
而自由已在窗外向我們招手，
我們為什麼不歌唱！

當悲哀的昨日將要死去，

歡笑的明天已向我們走來，
而人們說你們不應該哭泣，
我們為什麼不歌唱！

我的歌聲不好，可我喜歡唱這首「蔣姑娘」生前喜歡唱的歌。她說，那是她在軍法處坐牢期間，跟大陸籍的難友學唱的歌。她常常說，不管碰到再大的悲傷與挫折，只要唱起這首歌，就有勇氣繼續向前進。

是的。蔣碧玉七十四年的人生歷程，恰恰十足反映了愛國的，為了民族的存亡絕續而無私地奉獻了自己青春的一代台灣人，是如何「為了和平民主的鮮花開」與「自由幸福的日子來」，而在這混亂、無條理、沒有明確是非之分

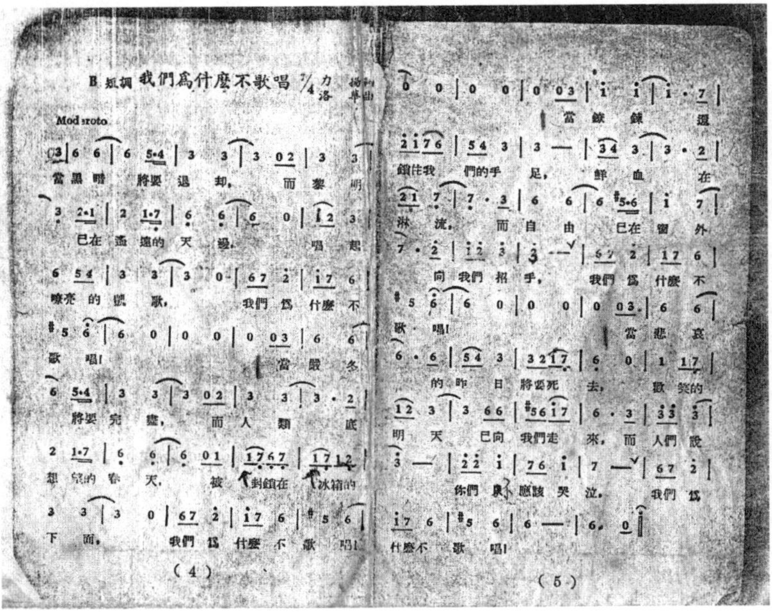

蔣碧玉愛唱的《我們為什麼不歌唱》

的年代，得到的歷史的報答。但我知道，「蔣姑娘」在天之靈一定會告訴年輕的朋友們，不要因為她的逝世而悲哀。她一定會像往常一樣說，我們為什麼不歌唱！

——原載台灣《民眾副刊》，題為「為了和平民主的鮮花開——記訪蔣碧玉人生七十年」
二〇〇〇年九月十二日中秋夜修訂

大事年表

一九一五年	鍾和鳴與異母兄弟鍾理和生於屏東郡高樹庄大路關（今屏東縣高樹鄉廣興村）。
一九二一年	蔣碧玉出生於台北市太平町（今延平北路二段）蔣渭水的大安醫院二樓。
一九二三年	鍾和鳴與鍾理和兄弟同入鹽埔公學校。
一九二九年	鍾和鳴入學高雄州立中學校，結識同具強烈民族意識的客籍同學蕭道應。
一九三一年	鍾和鳴參加在上海舉行的蔣渭水追悼會。
一九三三年	蕭道應考入台北高等學校第九屆理科乙類。
一九三四年	鍾和鳴考入台北高等學校第十屆文科乙類。
一九三六年	蕭道應進入台北帝國大學醫學部第一屆。 鍾九河考入台北高校第十二屆文科乙類。

一九三七年　盧溝橋事變爆發。全台灣進入戰時體制。

一九三八年　鍾和鳴自日本明治大學休學回台。

　　　　　　台灣當局簡化台民赴大陸旅行護照手續。

一九三九年　鍾九河台北高校畢業。

一九四〇年

元月　鍾和鳴與新婚妻子蔣碧玉及表弟李南鋒先行奔赴上海。

七月　鍾和鳴獨自前往香港；台北帝大醫學部畢業後的蕭道應與教北京語的妻子黃素貞前往上海，再與蔣碧玉與李南鋒轉往九龍與鍾和鳴會合，輾轉進入廣東東江流域的惠陽，以「日諜嫌疑」被第四戰區十二集團軍所屬惠淡指揮所營部扣押，經丘念台營救而免於槍決。

十二月　解送桂林軍事委員會審查。

一九四一年　農曆年前，鍾和鳴與李南鋒分發韶關民運工作隊受訓；蔣碧玉和蕭道應夫婦分發南雄陸軍總醫院服務。蔣碧玉、黃素貞先後產子。

九月

前往廣東始興送子；五人前往丘念台領導的東區服務隊隊部——羅浮山腳博羅縣福田圩徐福田村三星書院報到。鍾和鳴化名鍾浩東。蔣碧玉化名蔣蘊瑜。

一九四三年

四月

丘念台擔任在福建漳州正式成立的中國國民黨直屬台灣執行委員會執行委員，展開策進收復台灣失土的工作。

十一月

中、英、美三國首腦會議發表《開羅宣言》，宣告「三國之宗旨在剝奪日本自一九一四年第一次世界大戰開始以後在太平洋所奪得或佔領之一切島嶼，在使日本所竊取於中國之領土，例如滿洲台灣澎湖群島等歸還中國」。

1943年8月31日過世的鍾蕃薯（中坐者）生前猶在開山墾荒

一九四四年 二月	鍾浩東、蕭道應及李南鋒隨丘念台由惠州步行二十天到福建永安，向中國國民黨直屬台灣執行委員會述職。
三月	蔣碧玉在惠州橫瀝鎮旅社生二子惠東。東區服務隊隊員徐森源（廣東蕉嶺人）秘密吸收鍾浩東等隊員參加抗日民主同盟，準備轉移至中共東江縱隊。
年底	鍾浩東和徐森源、李南鋒、鄧慧奉丘念台之命深入廣州淪陷區，策動台胞反日。
一九四五年 二月	惠州再度失陷。丘念台率領粵東工作團移駐梅縣南口圩。鍾浩東與蔣碧玉到白渡鎮嵩溪原鄉走了一趟。
八月	日本無條件投降。
九月	鍾浩東以李友邦將軍領導的台灣三民主義青年團的第三分團名義，在廣州惠愛路（今中山四路）設置辦事處，協助台胞返鄉。
十月	台灣區受降典禮在台北公會堂舉行。台灣光復。

一九四六年

年初	原東江縱隊隊員鍾國輝（屏東內埔人）與原東區服務隊隊員丘繼英（蕉嶺人）、鍾浩東和徐森源等人商決去台灣搞地下工作，並由鍾浩東陪同去香港聯繫組織；香港地下黨領導人饒彰風支持並允諾把他們的組織關係轉到台灣。
四月	民盟南方總支部負責人陳柏麟指派丘繼英、徐森源、鍾浩東、鍾國輝等四位盟員到台灣工作。蔣碧玉帶著兩歲大的老二與李南鋒先行返台。
五月	徐森源應邀去基隆中學當事務主任。丘繼英擔任新竹縣苗栗區區長。
六月	鍾浩東跟隨滯留廣東的第三批台胞返台。
七月	中共「台灣省工作委員會」在台北秘密成立；蔡孝乾任書記，張志忠擔任委員。鍾浩東經吳克泰介紹給張志忠，正式參加台灣地下黨。
八月	鍾浩東擔任基隆中學校長。二子惠東病逝。徐森源轉任基中訓導主任，鍾國輝任基中事務主任。黃素貞前往任教中文。
十二月	鍾浩東與蔣碧玉的三子出世。

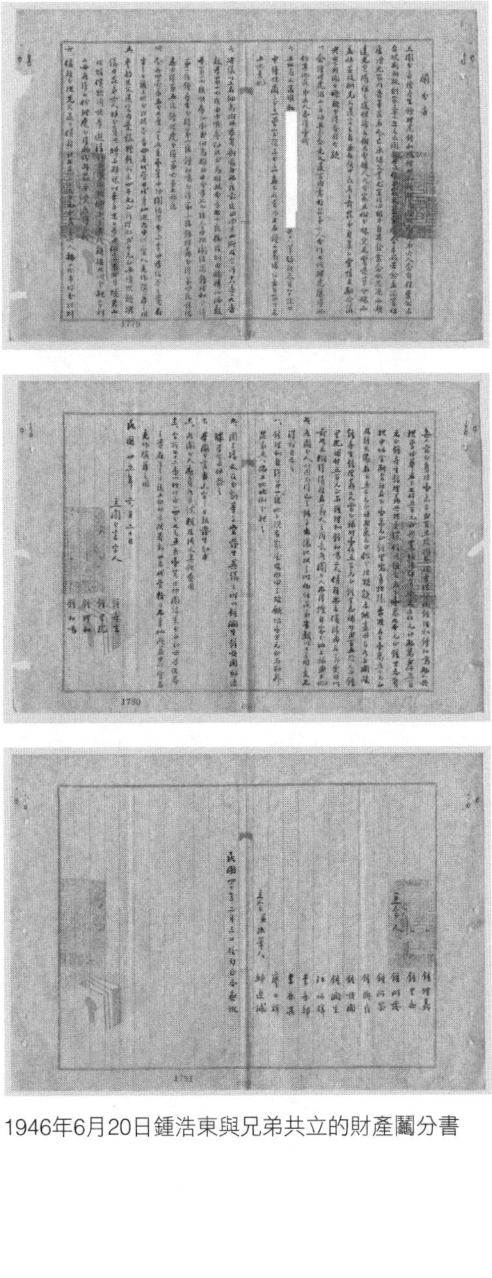

1946年6月20日鍾浩東與兄弟共立的財產鬮分書

一九四七年

二月 二二八事變在台北市延平北路引爆。

三月 一日，基隆要塞司令部正式宣布基隆地區戒嚴。二日，由於市參議會要求，基隆要塞司令部下午六點解除戒嚴。四日，台北市的暴動發展為全省性抗爭。鍾浩東安排李南鋒和邱連球帶領外省籍同事及其家屬，搭火車到南部屏東避難。九日，國軍第二十一師在基隆登陸，開始鎮壓。十四日，台灣省警備總司令部宣布肅奸工作進入綏靖階段。下旬，民盟台灣省工作委員會在台北成立。

五月　台灣省政府成立並宣告清鄉工作完成。警備司令部公布全省解除戒嚴，暫停郵電檢查。

七月　警備司令部公布社會秩序安寧維持辦法。

八月　丘念台就任國民黨省黨部主任。

九月　鍾浩東與徐森源、鍾國輝、丘繼英等參加民盟台灣省工作委員會在基隆中學召開的工作開展會議。黃素貞轉任北一女庶務主任。台灣省工委會基隆中學支部成立，由蔡孝乾領導。

十月　七日，省府依據中央所頒「後方共產黨處理辦法」令本省境內共產黨員於本月底前登記，逾期依法究辦。二十五日，台灣省第二屆運動會在台中舉行，市內及運動會場出現大量未署名宣傳品，介紹人民解放軍六十七條時局口號，並附解放戰爭形勢圖。台灣省工委會批准徐森源去台中擔任「國民黨台中縣黨部書記長」。

十一月　台南新豐農校校長陳福星身分暴露，潛往鍾浩東處秘藏三天。

一九四八年

二月　台灣省工作委員會發行《光明報》。

三月　全島各地出現「中國共產黨台灣省工作委員會」第一次正式署名的〈紀念二・二八告全島同胞書〉。

五月　中共華東局在香港秘密舉行台灣工作幹部會議。台灣地區開始戶口（身分證）總檢查。

九月　國民黨改組台灣省黨部，合併三民主義青年團；丘念台請辭省黨部主委之職。

秋　基隆中學支部劃為校內、校外兩個支部，分別活動。

十二月　國民政府任命陳誠為台灣省政府主席。國民黨中常會任命蔣經國為台灣省黨部主任。

冬　新民主同志會李蒼降轉往基隆工作。

一九四九年

三月　基隆中學創刊針對青年學生的《新世代》雜誌。

四月　軍警武裝進入師範學院與台大男生宿舍，強行逮捕大批學生，鎮壓學運。

五月

台北地下錢莊一片倒風；金融經濟混亂。台灣地區開始實施軍事戒嚴令。立法院頒布實施針對「匪諜」的「懲治叛亂條例」。台灣省警備司令部禁止一切「非法」集會、結社、罷工、罷課、罷市；並制定新聞、雜誌、圖書管理辦法。基隆市工作委員會正式成立，鍾浩東任書記，李蒼降、藍明谷為工委；下轄造船廠支部、汐止支部、婦女支部，並領導基隆要塞司令部、基隆市衛生院、水產公司等部門內的黨員與外圍群眾。

省工委指示下屬組織務必把「迎接解放」的政治口號轉為「配合解放」的實際行動。

六月

台灣地區幣制改革，發行新台幣；舊幣四萬元折合新台幣一元。舊幣

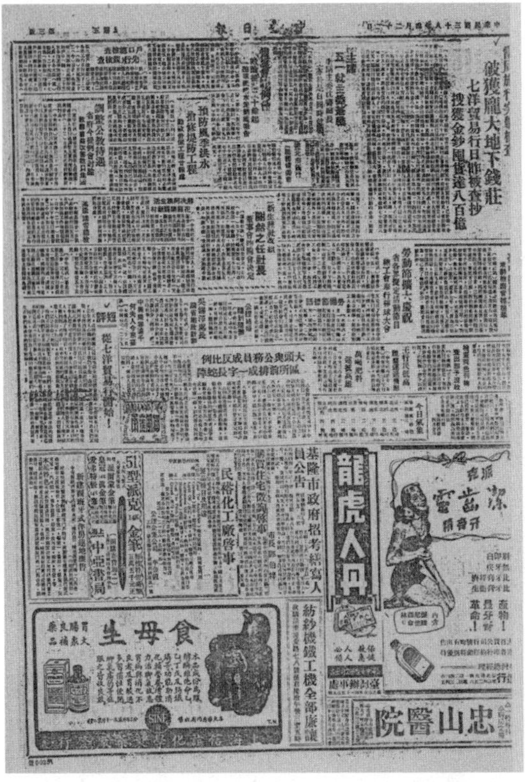
破獲龐大地下錢莊
七洋貿易行日昨被查抄
搜獲金鈔囤貨達八百億

1949年4月21日《中央日報》關於地下錢莊的報導

如同廢紙。

七月 鍾浩東校長與基隆中學教職員多人為了瞭解山地地形而爬獅頭山。台灣省工作委員會在全省同步散發〈人民解放軍布告〉與省工委、台盟、解放軍駐台代表聯名的〈告台灣同胞書〉，以及寫著明確口號的傳單。台灣省主席陳誠接獲《光明報》。台灣省郵電員工怠工請願。

省府在全省各縣市實施「三七五減租」。省級公務員推行聯保制。

八月 五日，美國發表中國問題白皮書，聲明不再介入中國內戰，停止援蔣。十八日，台大商科畢業的王明德於警方檢查戶口時被扣押。二十三日，保密局向警方提審王明德，並循供逮捕所謂「共產黨員及涉嫌分子」。二十四日，成功中學畢業的姚清澤、郭文川、余滄州等被捕。二十七日，台大法學院學生詹昭光、孫居清、吳振祥、戴傳李、林榮勛等在高雄被捕（戴傳李說是十三日）；蔣碧玉和妹妹戴芷芳在基隆中學被捕。

九月 一日，台灣省保安司令部（司令官彭孟緝）成立。九日，軍警包圍基隆中學，逮捕四名教師、三名職員和三名學生。李南鋒、邱連球、邱連和在屏東被捕。

十月 中華人民共和國成立。台北縣實施五人連保制。

十二月 九日，國府行政院正式遷移台北辦公。十日，台灣省保安司令部宣布破獲共產黨的

「光明報及基隆市委會案」，並槍決任職基隆中學的張奕明、鍾國員、羅卓才與談開誠等四人。鍾浩東交付感訓。

一九五〇年

元月 李蒼降在台北市南京東路住所被捕。鍾浩東被送回軍法處審理。

三月 蔣介石復職，提名陳誠任行政院長，積極推進反共抗俄政策。

四月 「懲治叛亂條例」修正案公布。全省戶口總檢查。

五月 蔣碧玉南下美濃轉賣鍾浩東名下十九甲山林。國防部總政治部主任蔣經國宣布偵破中共台灣工委會案，並公布「在台中共黨員自首辦法」。蔣介石提出「一年準備，兩年反攻，三年掃蕩，五年成功」的口號。

六月 公布「戡亂時期檢肅匪諜條例」、「戡亂時期教育實施綱要」；規定中小學起實施三民主義及反共抗俄教育。

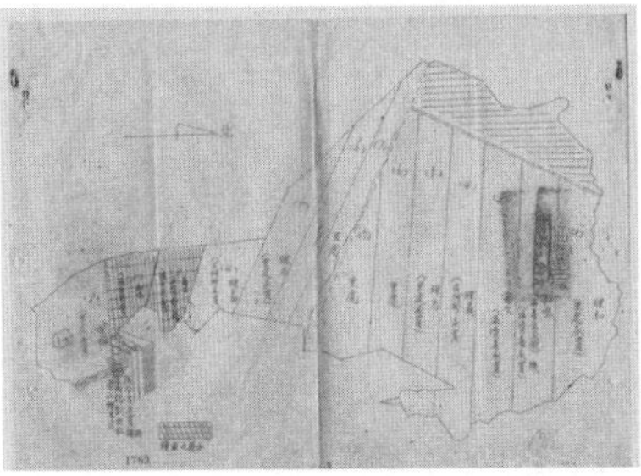

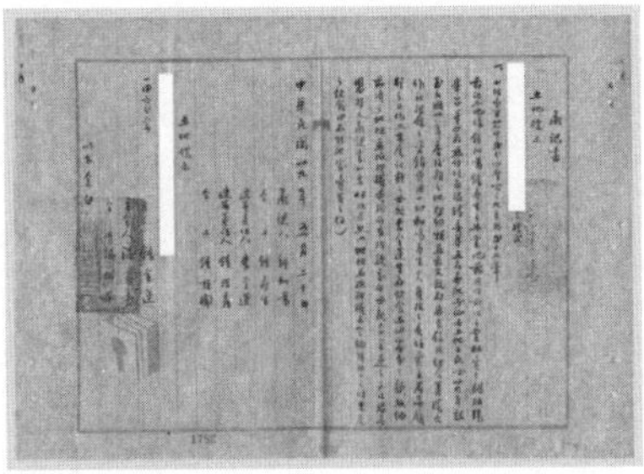

1950年5月20日鍾浩東名下山林變賣承認書與地目圖

七月　韓戰爆發。美國總統杜魯門下令第七艦隊侵入台灣海峽。兩岸封斷。

八月　鍾浩東、李蒼降和唐志堂等同案十四人移送台灣省保安司令部軍法處結案。

十一日，鍾浩東、李蒼降與唐志堂等七人第一次提訊。十五日，鍾浩東再被提訊，並安排與王荊樹對質。二十一日，台灣省保安司令部軍法處會審鍾浩東等十四人，議決：「鍾浩東李蒼降係台灣共產黨匪要廣收黨員圖謀不軌應處極刑」。二十二日，軍法處審判官草成該案判決書呈送包啟黃處長。二十八日，包啟黃核判。二十九日，台灣省保安司令部兼司令吳國楨與副司令彭孟緝將「鍾浩東等叛亂案卷判」呈送總統府機要室資料組。

九月　二日，總統府機要室資料組回覆台灣省保安司令部「無意見」。九日，台灣省保安司令部呈奉國防部批示。二十一日，國防部參謀總長周至柔批准。二十五日，鍾浩東給母親寫遺書。二十九日，周至柔簽請總統蔣鑒核。

十月　二日，鍾浩東寫與妻訣別書。四日，蔣中正批示：「唐志堂惡性重大應改處死刑並沒收財產外餘均准照簽擬辦理」。六日，周至柔向保安司令部轉達蔣中正指示。十一日，國防部核定保安

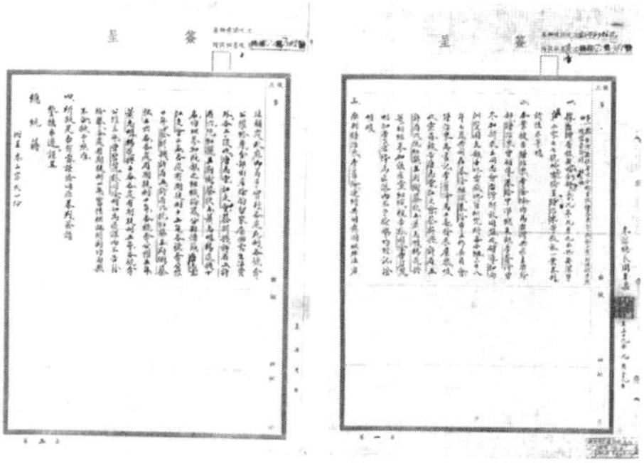

1950年9月29日參謀總長周至柔簽請「總統蔣鑒核示遵」

司令部關於鍾浩東等人判決及死刑執行日期。十四日，鍾浩東、李蒼降及唐志堂槍決。二十三日，保安司令部向周至柔呈報鍾浩東等三名執行死刑日期。

十一月

一日，周至柔發文軍法局轉呈蔣介石鑒核鍾浩東等三名執行死刑日期。四日，總統府駐國防部聯絡室主任傅亞夫回覆軍法局：總統批示「准予備查」；保安司令部發文台灣省教育廳：「查明鍾浩東之介紹人保證人及單位主管姓名分別議處具報」。十四日，周至柔發文保安司令部轉達蔣介石

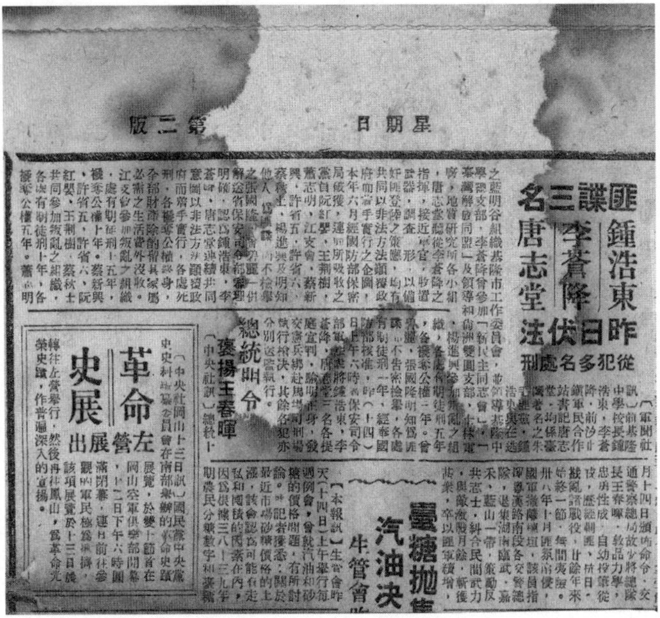

星期日　第二版

匪諜三名　鍾浩東　李蒼降　唐志堂　昨日伏法

從犯多名處刑

總統明令褒揚王春暉

革命史展　左營展出

臺糖拋售

汽油決

1950年10月15日《中央日報》關於鍾浩東等人槍決的報導

批示。十八日，台灣省教育廳長陳雪屏電覆保安司令部：前基隆中學校長鍾浩東的介紹人、保證人及單位主管人均未辦理互保手續。

十二月　二十八日，基隆中學英文老師張國雄槍決。

一九五一年

一月　保安司令部發文高雄縣警察局查明鍾浩東有無財產。

二月　保安司令部再發文高雄縣警察局：切實查明蔣碧玉是否為避免查封沒收而故意將鍾浩東所有山林十九甲賣與張舉昌，張舉昌有無明知而故為買受行為？

三月　旗山分局審訊張舉昌與介紹人黃阿番、鍾浩東的哥哥鍾里虎，高雄縣警察局據此向台灣省保安司令部「具報鍾浩東財產變賣經過」。

四月　保安司令部總結簽呈關於鍾浩東的財產問題。十日，鍾國輝槍決。二十九日，藍明谷槍決。

十一月　三日，基隆中學教務主任方弢槍決。

一九五四年

三月 十六日，張志忠槍決。

五月 五日，邱連球槍決。

十二月 三日，《中（台）美共同防禦條約》簽訂。

一九八七年

七月 十日，蔣碧玉在夏潮聯誼會等團體舉辦的「台灣民眾黨建黨六十週年」紀念會上，以「蔣渭水之女」的身分復出台灣社會運動的舞台。

十五日，台灣地區解除戒嚴；同日實施《動員時期國家安全法》。

九月 八日，執政當局開放大陸探親，除軍公教人員外，不分省籍、親等、年齡、黨籍，均可由第三地區自行前往。

十一月 二十一日，蔣碧玉通過蕭道應夫婦協助，給當年送人收養的兒子寫第一封信。

一九八八年

五月 五日，蔣碧玉在廣州車站重逢離散四十五年的長子。

九月 《人間》雜誌刊載關於鍾浩東與蔣碧玉的故事報導——〈幌馬車之歌〉。蔣碧玉終於以基隆中學校長鍾浩東夫人的身分現身。

一九八九年

三月 〈幌馬車之歌〉入選爾雅出版社《七十七年短篇小說選》（詹宏志編選）及第七屆洪醒夫小說獎。

十月 二十五日，《人間》雜誌同仁：陳映真、王墨林、鍾喬、范振國、韓嘉玲及藍博洲等人，在台北市大同區公所禮堂演出報告劇《幌馬車之歌》。

1988年蔣碧玉與李南鋒在美濃鍾家家墓祭拜鍾浩東〔藍博洲／攝影〕

一九九一年

二月　二十八日，蔣碧玉參加五〇年代白色恐怖政治受難人及犧牲者家屬在台北青年公園及馬場町刑場，首次公開舉行的追思紀念會。

五月　二十日，蔣碧玉參加「反對白色恐怖」的萬人大遊行。

六月　二十日，《幌馬車之歌》出版（時報）。

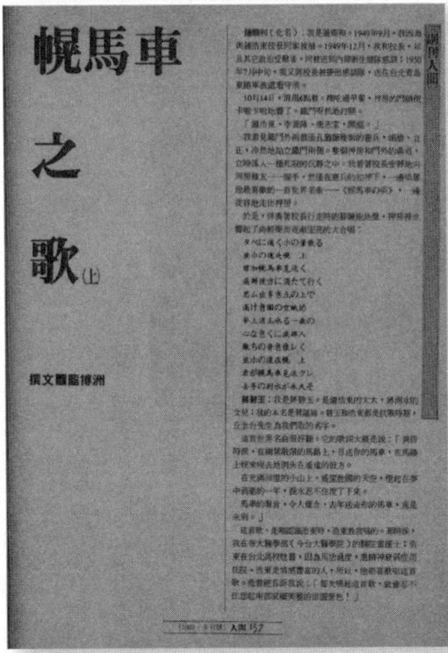

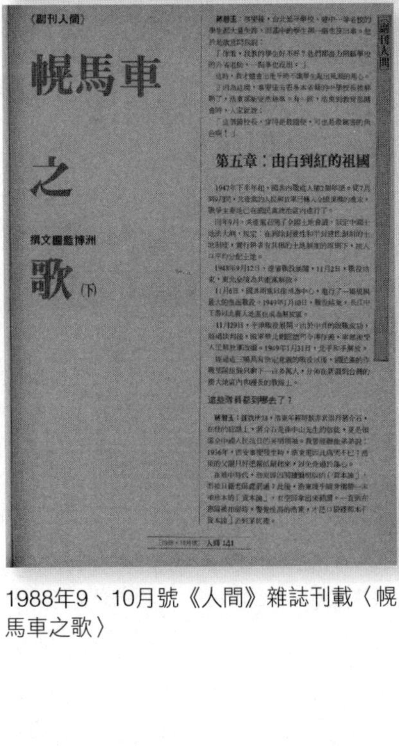

1988年9、10月號《人間》雜誌刊載〈幌馬車之歌〉

一九九二年

二月　《幌馬車之歌》榮獲《聯合文學》「八十年度十大文學好書（作家票選部分）」第一名。

四月　七日，蔣碧玉與李旺輝等難友出席高雄醫學院高醫青年社舉辦的「幌馬車之歌音樂紀念晚會」。

一九九四年

十一月　十四日，侯孝賢導演、朱天文改編《幌馬車之歌》的電影《好男好女》開鏡。

一九九五年

一月　十日，蔣碧玉病逝。

1992年4月7日蔣碧玉與李旺輝等難友出席高雄醫學院高醫青年社舉辦的「幌馬車之歌音樂紀念晚會」〔藍博洲／攝影〕

浩然光明

投奔祖國抗戰出生入死一心爲人民

闡述五〇年代無怨無悔春蠶絲未盡

我們將繼續前進

【治喪委員會全體敬書】

一九九五年元月二十六日

1995年1月26日蔣碧玉的告別式在台北第二殯儀館舉行

誰的《幌馬車之歌》

讓歷史不再有禁忌，讓人民不再有悲情

開場白

侯孝賢的電影《悲情城市》，從開拍之初即頗受文化界知識精英的注目。這有兩種主要的原因，一方面是由於侯孝賢自《風櫃來的人》以來，一直是「台灣新電影」運動的旗手；另一方面，則由於電影一直以「二二八」作為宣傳訴求。當《悲情城市》獲得國際影壇非常重視的威尼斯影展最佳影片金獅獎時，由於它不但是歷年來台灣電影在國際影展上獲得的最高榮譽，同時也因為它的海外宣傳以「二二八屠殺」作為賣點；這兩個因素，使得島內各種政治立場的媒體，都抓住自己想要的部分，以各種不同形式的文章，加以品評。那時候，似乎還聽不到一絲絲對侯孝賢個人，或者是對《悲情城市》這部電影的異議。

然而，侯孝賢捧著獎回來了；情況卻開始有了變化。問題出在那裡呢？是不是對於他的電影藝術有了見仁見智的看法呢？不是。問題還是出在複雜的「二二八」。許多人對侯孝賢及《悲情城市》開始反彈，以個人主觀的政治立場為基礎的批判性文章，開始在一些在野派的報章、雜誌，以個別撰文或者座談記錄的形式出現，為什麼會這樣呢？問題的癥結主要在於：侯孝賢的政治態度；侯孝賢說他不是拍「二二八」，他強調如果把整個電影放在「二二八」會窄化了藝術，以及最重要的關鍵——他從所謂「要拍出台灣人的尊嚴」到拍出具有「中國風格」的電影之間的「認同矛盾」。

所有這一切針對侯孝賢及《悲情城市》而來的爭議，事實上就如台灣庸俗的「統」、「獨」論爭一般，並不具有什麼客觀的進步性，只是各說各話而已！儘管這樣，恰逢一九八九年年底大選期間上片的《悲情城市》，仍然因為片中「台灣人眾人吃、眾人騎」、「我是台灣人」以及「生離祖國、死歸祖國、死生天命、無想無念」——等具有強烈「身分認同」的語言，而為各種不同政治立場的候選人，作為文宣的訴求主題，也因此造成選舉期間台灣全島「悲情」滿天的迷離現象。

選舉落幕了。電影下片了。關於《悲情城市》的話題也逐漸冷卻了，捧《悲》批《悲》的文章也因著話題的冷卻而在各種媒體逐日減少。然而，因為《悲情城市》而引起的種種關於「二二八」的爭議，並沒有因此而有一個比較清楚的澄清。究竟《悲情城市》

是在講什麼呢？有人說「這部電影是在講二二八」，有人則說「它是在講一個台灣流氓家族的故事」，也有人說「它其實是透過一個流氓家族來講一九四五至一九四九年間戰後的台灣」。問題於是就繞著「二二八」在打轉，一切非關電影的爭議也由此而來！那麼，問題的根源究竟出在哪裡呢？

影評人焦雄屏小姐在十二月十六、十七兩天的《中時晚報》時代副刊上發表的一篇題為「試賦台灣史詩——閱讀《悲情城市》」，除了在電影專業上為讀者做了很好的解析之外，並且也點出了《悲情城市》這部電影的真正議題——台灣「身分認同」。她認為「二二八事件只是本片的背景」。

就歷史的現實而言，「二二八」及其以後的「五〇年代白色恐怖」，一直是四十年來的政治禁忌與恐怖根源。也因此，對於這段荒湮的台灣戰後史，一般人可能都是震驚有餘、認識不足。《悲情城市》的震撼性與爭議性的現實基礎就在這裡。

焦雄屏小姐認真而嚴謹的影評，觸動了我寫這篇

林老師(右二)的原型是基隆中學校長鍾浩東〔攝影／陳少維〕

文章的心情；同時，也因為焦氏以及《悲》片本身在歷史認識上相對的不夠熟悉，使我深深覺得：如何還大眾以歷史的真面目，從而在歷史中記取教訓，得到啟示，應該是大家看電影之餘關心的重點。因此，本文將從電影裡的人物切入，帶出真實的《悲情城市》的歷史背景，然後再以史實還原到電影，以期通過這樣的整理，澄清有關《悲情城市》所貫穿的歷史時空，進而探討侯孝賢在電影中的「身分認同」。

林老師與鍾浩東

史實的根據，一直是《悲情城市》宣傳的重點之一；不論是歌曲、事件或者人物都有。因此，焦雄屏認為：「歷史、回憶、戲劇性、真實性混為一談，虛實之間呈現一種新的觀影經驗。」就人物而言——片中除了張大春飾演的記者是影射當時《大公報》的記者何康之外；侯孝賢也再三強調：詹宏志飾演的林老師，其實也就是已故作家鍾理和的哥哥鍾浩東（焦雄屏誤寫為鍾鐵民。鍾鐵民事實上是鍾理和的兒子；由此可見，即使是台灣頂尖的影評家，對於《悲情城市》所要呈現的戰後台灣的真實歷史與人物，也是有點陌生啊！）。

就電影而言，林老師扮演的是知識分子中的意見領袖，並不是最主要的人物。然而，在本文中，他將是我試著澄清《悲情城市》歷史時空的虛與實之間的關鍵人物；此外，我將以他切入，試著解讀《悲情城市》通過吳寬榮、林文清等知識分子的描寫所呈現的「身分認同」。

就真實的人物而言，鍾浩東與鍾理和同是生於日據時代大正四年（一九一五年）的同父異母兄弟。鍾理和是眾所周知的電影《原鄉人》的人物原型；據他的說法，他之所以自幼萌生奔赴原鄉的熱望，主要是受了鍾浩東的思想影響。少年時候的鍾浩東就因為平日閱讀《三民主義》及五四時代的作品，而初具了祖國情懷。因為這樣的愛國的民族主義的激動，正當國內抗日戰爭日益深化的一九四〇年元月，他即放棄日本明治大學的學業，帶著他的表弟李南鋒及其新婚妻子蔣碧玉，奔赴大陸，經過一番坎坷的波折後，才得以在廣東羅浮山前線，參加丘念台領導的抗日組織——東區服務隊。一九四五年八月十五日，日本天皇宣布投降。一九四六年五月，鍾浩東把滯留廣東的台胞一一送回台灣之後，自己才跟著最後一批船回到台灣，結束了在祖國土地上五年來的抗日游擊歲月，準備投入重建台灣的行列。這一年的秋天，熱心教育的他放棄從政的機會，開始接掌包含高中與初中兩部的基隆中學。

在電影中，我們看到林老師的第一次出現，是在林文清接吳寬美上山，兩人在文清的寫真工作室看照片、笑談，以字幕帶出林家老二與老三的下落之後，跟隨著吳寬榮等知識青年穿過市場，走入文清的工作室。在這場戲裡，我們看到他隨手翻了翻房間的書，然後以一種善意的口吻戲謔道：「看馬克思，很進步哦！」通過這句話，我們大致理解了這群知識分子的思想傾向。

林老師第二次與第三次出場，仍然是與吳寬榮等知識分子圍爐清談，一次是在酒館，一次則是在文清工作室。在這兩場戲裡，我們看到的林老師，依然是個意見領袖，為他們分析當前的經濟、社會、政治現象，並且預測台灣將有大亂；明示台灣人民要自己勇敢地站起來，才有出路；以此暗示日後的發展。

林老師第四次出場，是林文良以「漢奸」之名被捕入獄，應文清之請，出面協助，而出現在林家的「小上海」。這次，吳寬榮等人並沒有在場。通過這個鏡頭，我們大致可以理解林老師在當時的台北是有點頭面的人。這之後，林老師就沒有再出現了。

基本上，上面這場戲中的林老師與真實的鍾浩東，大致上是吻合的。

「二二八」發生時，我們先是通過文清與寬美的筆談得知：「林老師參加處理委員會，每天去公會堂開會。」然後，我們又通過受傷而躲到文清的工作室的吳寬榮得知：「林老師失蹤！」現實與電影的差異就從「二二八」開始。事實上，二二八發生時，鍾浩東校長也到台北瞭解狀況；一直要到三月四日傍晚，基隆市內秩序稍微恢復，交通逐漸開通時才回到基隆中學。據當時任教於基隆中學的老師回憶；「鍾校長把事件定性為偶發性質，由於情勢還不明朗，不宜涉入。他並且要求學生不要盲動，希望他們盡力保護學校外省老師的安全。」因此，事變後雖然有很多的本省籍的中學校長被解聘了，鍾浩東校長卻能安然無事。一直要到一九四九年秋天，因為《光明報》案發，鍾校長才失蹤。

就失蹤時間而言，電影中的林老師開始與歷史真實的鍾浩東出現歧異。然而，也正因為侯孝賢在敘事上把林老師的失蹤挪前至二二八事件，因此就在二二八事件的定性上出現了錯誤；同時，也因為這個錯誤，產生了後來的流亡山上的、社會主義青年被捕殺的錯誤表現。

二二八的定性

撇開史實不談，就電影的敘事而言，《悲情城市》的這段情節，在敘事上是沒有什麼可以爭議的。但是，問題在於：第一、「二二八」並不是這部電影的劇作者編寫出來的情節，它是「百年來背負著帝國主義重壓的，一個古老民族的一次無奈自戕」而流下「民族的血」和「民族的淚」的歷史噩夢。四十年來，這個噩夢因為充滿著政治禁忌而不可觸及，可是這裡的人民並沒有因此而淡忘；歷史的陰影隨著時日的消逝而日漸拉長。因此，除了侯孝賢個人累積的基本觀眾之外，事實上絕大部分的觀眾去看《悲情城市》的動機，是衝著「二二八」而去的（這個可以用侯導的票房比較而驗證）。因此，他們是要去看「二二八」大於看電影吧！

第二、時至今日，有關二二八事變的歷史定性，除了執政黨當局基於「反共國策」而刻意宣揚的「共黨煽動」論，或謂台灣人受日本「奴化」五十年而懷蔑視祖國之心的偏見之外；在反對陣營的部分台胞中，也有人將其擴大變質為「異民族侵略」的極端論調。在這次大選中，我們還看到在這個極端的基礎上，把「二二八」定性為「台灣獨立運動」論而加以宣傳者。

「奴化」論的偏見，根本就不值一談。就「共黨煽動」論而言，一般史學家的看法都認為：除了台中及嘉義由謝雪紅與張志忠各別領導的武裝民兵之外，共黨在當時是談不上什麼策動能力的。其實，就官方的資料來看，「二二八」當時，由蔡孝乾領導的「台灣省工作委員會」，黨員人數也不過七十幾個人而已。準此來看，如果區區七十幾個地下黨員就能在一夕之間策動全島的暴動；那麼，以今天民進黨的黨員人數及種種條件皆優於當時的地下黨的狀況而言，何以「五二〇」事件不能立即燎原全島呢？（今天的交通、資訊相較於四七年的台灣真是不可同日而語啊！）其實，不必奢談全島，即使連北上抗議農民的故鄉乃至於台北市其他地區也並沒有「聞風而起」。由此足見，「共黨煽動」論是沒有什麼說服性的。

至於部分台胞以「異民族侵略」的主觀意識出發而強調的「台灣獨立運動」論，只要翻翻事件當時「處理委員會」所提出的四十二條要求，即足以證明此種論調罔顧歷史事實的主觀唯心論的本質。

一般而言，較能反映歷史現實的持平論調，不外是：陳儀接收政權及駐軍的濫權貪財，擾民亂紀，再加上台灣人民由歡迎到失望，由失望到憤怒的受害者心理；兩者上下相激而通過緝煙的衝突，造成了「官逼民反」的典型事件，並逼出了「二二八」的流血悲劇。

就此而言，我們通過電影中的林老師與現實中的鍾校長的對比，而清楚地辨認出侯孝賢其實對「二二八」的認識並不夠（當然，這裡編劇應該負更多的責任）。同時，也因為他對「二二八」的認識不足，電影所要反映的歷史事件（或者是背景）就出現了「定性」的錯誤。這個錯誤因此引起電影之外的一切爭議！爭議的平息似乎還是要先釐清電影的時空，釐清了這個錯誤，我們就可以把歷史的還給歷史，把電影的還給電影。

那麼，我們繼續對照著電影的情節與歷史的真實討論下去吧！

幌馬車之歌

事變後，寬美便陪著受傷的哥哥回到老家。我們看到怕事的父親不由寬榮辯說，見面就是一個耳光打下去，然後要他到內寮躲起來，以免連累家人。然後，寬美的OS淡入：「三月十九日，院長送衣物到家裡來，並轉來阿雪的信；阿雪說，四叔（文清）因為和林老師有關係而被抓……」在OS進行中，跳到下一個鏡頭；我們看到大哥文雄在學徒開門後進入文清的照相館，感歎地四處瞧瞧「彷彿被突然打斷的室內秩序」。然後，由遠而近的腳步聲淡入，接下來的那場戲，我們先是看到一盞暈黃的囚牢通道上的燈泡的空鏡，然後又是鐵柵門打開的OS：「吳繼文、蔡東河開庭。」我們看到聽不見的文清望著押房內的兩名難友，然後肅穆的〈幌馬車之歌〉逐漸以日文發音響起（電影中沒有字幕解釋這首歌的歌名及其歌詞；一般人如果沒有讀過一些相關的新聞、評介文章的話，只能從歌聲中去感受那股赴死的「悲壯」氣氛；然而並不理解這是一首什麼歌）。然後，吳繼文、蔡東河一邊唱著歌，一邊向同房難友握手、告別。我們看到他們兩人從容地坐著穿鞋、繫鞋帶（就這個部分而言，無論是就服裝的潔白、整齊，鞋帶，乃至後來文清送回難友遺族的夾有血書的領帶……就表現而言，都嚴重的失實。其實，當兵時被關過禁閉的人就知道，無論是腰帶、鞋帶或者牙刷，一切可以用來自殺的衣飾，根本在入房前都剝得乾乾淨淨了。禁閉室如此，那麼，處在一個政治大整肅的歷史時期的牢房，其嚴厲與刑求之殘酷就不用說了。侯孝賢因為沒有就獄中的情況做過採訪、調查，因而在這裡並沒有表現出該有的悲壯！）。然後是關押房的門、腳步逐漸遠離、關鐵柵門的OS，接著，文清望著小窗口外的黎明前的天空，兩聲槍聲的OS淒厲地響起。然後，又是腳步聲，「林文清出庭」，我們看到文清怔忡不安地被槍兵押解出押房，腳步聲及他們的背影逐漸消逝……

〈幌馬車之歌〉原本是一首流行於三〇年代台灣知識青年間的流行歌曲。基本上，這是一首充滿離緒的送別歌。焦雄屏認為，侯孝賢在監獄的這場戲中選擇這首歌，「除了顯示兩位獄友將一去不返外，也映照出知識分子對國民政府的失望及幻滅」。

就藝術表現而言，這樣的選擇基本上是無可爭議的。然而，由於這首歌出現的突兀性（在此之前，不曾交代過它與劇中人物之間的生活聯繫），及其在電影中出現於事變後的死牢裡；它因而使觀眾有一個錯誤的印象，以為「二二八」事件後的赴死者大致是唱著〈幌馬車之歌〉從容赴死的。如果我們要再吹毛求疵地探討侯孝賢為什麼會有這樣的「錯誤」，那麼，問題的癥結還是在於，他對「二二八」及其以後的五〇年代政治整肅的認識不足。

就「二二八」而言，因為它的「偶發」性質，許多受害、失蹤的台灣士紳階級，大致上都是在一種無條理的政治狀況下慘死的。就目前所能看到的史料來看，似乎沒有人是經過有秩序的槍決程序而犧牲的。侯孝賢這場戲的處理，基本上是不符史實的！可是侯孝賢強調，他之所以這樣拍，主要是根據藍博洲的報告文學——《幌馬車之歌》才做這樣的安排。那麼，以〈幌馬車之歌〉切入，也許就能釐清這段史實的發生時間吧！

就現實而言，〈幌馬車之歌〉係前基隆中學校長鍾浩東（也就是電影中的林老師）赴死時所唱的一首驪歌；時間是一九五〇年十月十四日清晨。顯然地，侯孝賢的《悲情城市》在唱起〈幌馬車之歌〉時已經觸及到一九五〇年的台灣了，只是侯孝賢主觀地讓它放在二二八事件與一九四九國民黨敗退來台之間。

五〇年代的白色恐怖

就歷史的發展而言，四〇年代在大陸的國共內戰，經過一九四八年九月起展開的「遼瀋」、「淮海」及「平津」等三場具有決定意義的戰役以後，國民黨的作戰部隊組織，只剩下分布在新疆到台灣的廣大地區和漫長的戰線上的一百多萬人。

相應於大陸國共內戰的局勢演變，台灣的地位更加重要了。一九四八年九月，國民黨改組台灣省黨部，把三民主義青年團合併；丘念台請辭省黨部主委之職。十二月二十四日，國民黨華中剿匪總司令白崇禧發動逼蔣「引退」的態勢；蔣介石於是重新布置人事，在離京飛杭那天，公布陳誠為台灣省主席，蔣經國為台灣省黨部主委。

一九四九年一月十日蔣經國被派去上海，將中央銀行現金移存台灣。同月二十一日，蔣介石宣布下野。二月初，蔣經國奉命轉運中央銀行儲存之黃金、白銀五十萬盎斯，前往台灣、廈門。四月二十四日，蔣經國「決計將妻兒送往台灣暫住，以免後顧之憂」。五月二十五日晚上，上海失守。蔣氏父子退守台灣。

另一方面，隨著大陸急轉直下的局勢，經歷了「二二八」後，台灣人民反帝、反封建、反國民黨官僚資本政權的「新民主主義」運動，也在蔡孝乾（劇本中的老洪）領導的「台灣省工作委員會」有組織地推動下，急遽地展開。根據國民黨官方的資料統計，「工委會」的黨員人數，在一九四八年六月時，已經從「二二八」當時的七十餘人遽增為四百人。

一九四九年四月六日，台大學生與台北市警察局的警員發生衝突，國民黨逮捕大批學生，引起了「四六事件」；沉潛許久的學潮，再度冒出第一朵浪花。接著，在同年七月間，坐落於台北市的台灣省郵政管理局，因為郵電改組及郵電員工分班、過班的糾紛，造成怠工請願的風潮。

這樣，因為一九四九以後大陸局勢的發展狀況，再加上台灣本土的「工潮」、「學潮」洶湧展開，當時的台灣人民都很樂觀，都認為國民黨是一定會垮的。

一九四九年九月，蔡孝乾認為「解放」迫近，準備配合作戰，因而下達「在北區建立基地和成立北區武裝委員會」的指令。位於台北縣汐止鹿窟山區的基地於是開始發展。

然而，也就在這個同時，敗退來台的國民黨政權，為了消弭其潛在的統治危機，對於一個尚未發動的有形反對運動於是採取有計畫的肅清運動。

流亡鹿窟

這年秋天，《光明報》案發，基隆中學、台大、成功中學……等支部，相繼被破壞。鍾浩東及蔡孝乾等陸續被捕。「台灣省工作委員會」及其他組織被嚴重破壞，為了準備長期奮鬥，地下黨員及其他優秀的社會主義者（生死成謎的小說家呂赫若即是其中之一）於是流亡鹿窟山區；一方面在勞動中改造自己，一方面則通過勞動的過程，與群眾打

肅清山上社會主義青年之一幕其實是1952年底鹿窟事件的表現〔攝影／陳少維〕

成一片，並給予教育。在《悲情城市》中，吳寬榮離家入山的時間，應該就在這段期間。

敗退來台的國民黨政權，雖然從一九四九年秋天起展開大逮捕的行動，然而，它並沒有馬上槍決這些被捕的社會主義者；因為它剛剛在國共內戰挫敗，除了面臨人事系統大亂的內部問題之外，它還面臨著美國採取觀望態度的外部疑慮。在這樣的主、客觀條件下的國民黨政權，正處於內外危機重重的關鍵時刻，因此遲遲沒有動手槍決本省籍的社會主義青年。據一位五〇年代的政治受難者說：「到了一九五〇年的時候，國民黨可以說連台灣都快要不保了，就連獄卒也對我們這些政治犯客氣三分，每天都讓我們出來走動。甚至，有些地方的風派政客，還刻意巴結政治犯，往家裡送錢、送禮物。由此可見，當時大家都以為：台灣就要解放了。」

然而，一九五〇年六月二十五日，韓戰爆發了。這樣，原本在中國內部的階級內戰及「二二八」事件的民眾蜂起中，已經被海峽兩岸的中國人民唾棄的國民黨政權，竟而又在美國的全球反共大戰略中重新找到立足點。歷史從此改變了它的軌道。數以千萬計被關在牢裡政治受難者的命運，也有了重大的改變。大屠殺及大規模的逮捕也隨之展開。

一九五〇年十月十四日，鍾浩東及其同志被槍決。

一九五二年十二月二十八日晚上，由國防部前保密局會同台灣省保安司令部、台北衛成司令部（所屬陸軍第三十二師第九四團、九五團抽調之部隊）及台北縣警察局等有關單位的肅清，統一向汐止鹿窟的山區行動；部隊以鹿窟光明寺為臨時聯合指揮所，完成封鎖山區及搜索部署，開始展開長達兩個多月的圍剿。一九五三年三月三日，鹿窟基地終被徹底摧毀。

據當時的受難者云，此案牽連甚廣，鹿窟村凡十五歲以上的男子都難逃被捕之厄運。就官方資料而言，總計逮捕了一百一十二人，當場擊斃二人，另有一百三十人受理自首；而光是許希寬一案，處死者就多達二十一人。經此掃蕩，鹿窟從此成為在台灣戰後史上消失的村落。

《悲情城市》的時空錯置

就電影而言，侯孝賢也不否認，他在《悲情城市》中社會主義青年在山中基地被捕之情節，係根據歷史現實中的「鹿窟基地」案。依此來看，《悲情城市》一片所要敘述的歷史時空，絕對不只是片頭與片尾的字幕所涵蘊的一九四五年八月十五日日本投降至一九四九年十二月，大陸失守、國民政府遷台、定臨時首都於台北的短短四年而已！其實，它至少延續到一九五三年三月三日，乃至於更長一點的歷史時空。因為侯孝賢在歷史真實與電影之間的時空錯置，以及不斷以「二二八」作為宣傳訴求的誤導；《悲情城市》

產生了是不是拍「二二八」？乃至於「二二八」定性對錯的無謂爭議。這些爭議，其實是可以避免的！就技術上而言，只要把片尾的「一九四九……」的字幕消去，那麼，《悲情城市》所敘述的故事也就在時空上更具延展性與想像性了！

就電影本身而言，《悲情城市》的情節發展自有其本身的時間邏輯。然而，因為它所處理的是一個影響此地人民四十年的歷史事件，基本上，我認為，在真實歷史的定性上，還是要有大致正確的架構！不能因為是屬於藝術創作的電影就忽視了歷史的真實。

釐清了《悲情城市》中電影與真實在時空上的辯證關係之分，我將在這個基礎上，繼續探討《悲情城市》的主題——關於歷史身分認同的發展過程。

啊！祖國

焦雄屏認為：「《悲情城市》全片的重點即在述說台灣自日本政治—文化統治下，如何全面轉為中國國民黨的天下，而這個結構又和台灣歷史上一直頻換統治者（葡萄牙、西班牙、滿清）的複雜傳承隱隱呼應。換句話說，二二八事件只是本片的背景，真正的議題應該是台灣『身分認同』這個問題。」

基本上，焦雄屏為我們準確地點明了《悲情城市》的真正議題——台灣的「身分認同」。然而，也就在焦氏的論述中卻犯了一個不經心的歷史錯誤，因為她對史實的失察而落入似乎是此間所謂「台灣民族」論者的論調。可她的調子又與它不搭調，因而，易使讀者產生混淆。

就歷史發展的事實而言，作為當今台灣主體的漢民族，基本上是十六世紀六十年代鄭成功驅逐荷蘭後才大量移台的；因此，嚴格講起來，「台灣人」並不如焦氏所言被葡萄牙、西班牙統治過。葡、西兩個帝國是在歷史的一定階段上佔領過台灣的部分地區；然而，即使是台灣原住民也並不全然被葡、西兩國統治過（統治，基本上是指一個政權對人，尤其是民族，在政治上、經濟上和文化上的支配）。

事實上，只有日本帝國長達五十年的殖民統治，對於此間部分「漢族系台灣人」政治團體所謂的「異族壓迫」論、「外來政權」論而言，才算是具體的存在吧！然而，他們誇誇而談的所謂「葡萄牙↓西班牙↓荷蘭↓滿清↓日本」統治論，無非是要延伸至一九四五年後被國民黨「中國民族」統治的「外族壓迫論」。其實，這根本就是漢人統治漢人的階級壓迫。

在這一點上，也許因為不是焦氏的專業之故，以致出現了容易讓人混淆的論點。也正因為這種源於對歷史認識的不足，焦氏是這樣理解侯孝賢通過電影所呈現的「身分認同」的。

焦雄屏認為，「一個頻換統治者的地區，本來就會在政治、社會、文化，甚至民族層面上，產生若干認同的危機及矛盾。《悲情城市》自始至終即盯緊統治者轉換替代的過程，以蒼涼的筆調，多重敘述的觀點，追索國民黨的全面得勝——新的政治掛鉤勢力興起，舊的村里勢力消褪，知識分子對祖國（中國）的憧憬和浪漫理想，也逐漸褪色為破碎的理念，和絕望、壓抑的夢魘。」

如果我們把焦氏對於《悲》片中知識分子對「祖國」認同的理解聯繫到前面所說的「統治者頻換」的歷史悲情的話，那麼，我們就不難理解，為什麼在一九八九年選舉時，台北市會有某位市議員候選人公然宣布道：「《悲情城市》的祖國，也就是我們所要追求的台灣獨立國」的荒謬論調了！

作為一個專業的影評人，焦雄屏的〈試賦台灣史詩——閱讀《悲情城市》〉一文，不但在電影的專業部分為我們做了詳盡而細密的解讀，並且也為我們抓出了《悲情城市》的真正議題——台灣的「身分認同」。可他的結論對照於《悲情城市》後半部，經歷過「二二八」事件後，知識分子所認同的「祖國」，以及所謂「我的人已屬於祖國美麗的將來」等，顯然是無法解釋的！那麼，《悲情城市》中知識分子所認同的「祖國」究竟要如何理解呢？我想，還是讓我們再回到作品本身吧！必要的時候，我們將輔以歷史的真實來佐證。這樣，也許是解讀《悲情城市》的「身分認同」比較好的方法吧。

抵抗派的知識分子

吳濁流在《無花果》一書中為我們分析道，「二二八」事件之後演變成派系分化的結局，大體而言，本省知識階層大抵分成四個派別。即「超越派」、「妥協派」、「理想派」和「抵抗派」。

「超越派」指對當時的現實政治深表絕望。從此自行逃避，對政治採取不聞不問，也不視、不語的態度（《悲》片中的吳寬榮之父，大抵是此種「小市鎮知識分子」的典型）。

「妥協派」則立即改弦易轍，態度上做了一百八十度的轉變，不惜搖尾乞憐，作為國民黨新權力的御用人物。曾經一度屈服於日本政府的御用紳士此時再次抬頭；部分商人則見機立即改變態度，開始與腐敗的政治同流合汙，他們自嘲說：「賺賺骯髒錢，痛快地花掉算了。」（這類典型，在《悲》片中找不到恰當的人物；黑社會的金泉與上海仔的勾結，勉強可做此象徵吧！）

「理想派」在遭到國民黨沉重打擊之後仍然不屈服，一心想挽回頹勢，始終努力於批判性的誠實生活。他們以正直的言論追求自由，追求三民主義的實現。然而，當時政府卻認定一切反對都是「紅的」，不留情地逮捕；因此，當時的「理想派」知識階層，雖主觀地希望能夠實現三民主義，但除了靜觀之外，無可措手。

「抵抗派」則在政府全面恐怖搜捕下，或者流亡海外，或者潛入地下，繼續為新的民族、民主運動而鬥爭（基本上，《悲》片中的吳寬榮以及其流亡山區的同志們，都是典型的「抵抗派」的青年）。

至於一般民眾的政治態度，吳濁流認為：「因為二二八事件的犧牲者幾乎都是知識人與學生，因此一般民眾罹難的極少。一般民眾在光復當初的解放感裡陶醉，喜悅都還沒過呢，就煙消雲散了，和日本時代一樣，對政治再也不關心。只為自己的生活而專心工作。」（在《悲》片中，我們看到文清之外的林氏家族，基本上都是這樣的類型。侯孝賢在《悲》片中也準確地點出了這種態度。電影其實也就是在這種情緒中結束的。）

文清之主題

就《悲情城市》而言，通過吳寬榮這個角色來討論關於台灣的「身分認同」，基本上並不太恰當；因為他的立場那麼清楚、明顯。也許，通過又聾又啞的林文清，我們可以理解侯孝賢在電影得獎後所說的「我是要拍出台灣人的尊嚴；同時也要拍出屬於中國人自己的電影」之間的辯證統一。就《悲情城市》整部片中的敘事調子而言，它基本上宛如一首史詩式的交響樂一般，是以「光明」、「否定」、「抵抗」及「肅清」等四個主要的主題來貫穿整部電影的情境起伏。

讓我們一面回憶著電影裡林文清的際遇，一面試著再度走入《悲情城市》的時空之中，並梳理出林文清歷史身分認同的發展過程吧！

在銀幕上，我們看到：日本天皇投降、「光明」誕生後，爽朗的文清陪著正值燦爛年華的寬美走在通往醫院的山路上。我們同時也聽到新找到工作的寬美的旁白說：「想到日後能夠每天看到這麼美的景色，心裡有一種幸福的感覺。」

這是寬美在昭和二十年（一九四五年）十一月十八日的日記所敘述的，重回祖國不久後對於未來充滿美麗的期待的心情。文清雖聾且啞，可從他與寬美初識時爽朗的笑談的表情，我們也可看到他那沉浸在戰後新生中的喜悅。喜悅之中，林老師、何記者、吳寬榮等知識分子穿過市場，進入文清的寫真館；在這個時候，侯孝賢也為我們點明了文清與吳寬榮正在研讀馬克思的進步思想。

然而，戰後重回祖國的新生喜悅，也隨著陳儀接收政權的貪汙腐敗而逐漸幻滅。先是林家文良，因為戰時在上海做日軍通譯的際遇，被黑道的上海幫拿來做文章，以「漢奸」之名被捕。一直要到大哥林文雄向上海幫做了一定讓步後，才在農曆年前抱回一個已經作廢的人。這時候，「台灣人」從日據以來的「白薯的悲哀」，通過林文良的遭遇而具體呈現。「白薯」究竟是中國人？還是日本人？「台灣人」的歷史身分的認同，在這裡出現了迷離。

緊接著，戲從過年時候熱烈的舞獅爆竹聲中延伸至下一個醫院屋景的空鏡頭，然後陳儀關於「二二八」的廣播淡入……

事件發生後，寬榮與文清至醫院向寬美辭行，準備前往台北探聽林老師的下落。陳儀做第二次廣播時，文清回到醫院找寬美；文清以筆寫出此行狀況後即昏倒在地。然後，又是襯托著陳儀的第三次廣播空鏡頭，戲轉入文清的工作室，寬美追問哥哥的下落，文清於是倒敘台北行的狀況。鏡頭轉入一輛停駛的火車，寬榮沉痛地看著台灣民眾追殺「阿山仔」的混亂情況，在火車上，一群手持山刀的流氓走到緊張的文清身邊，懷疑地瞧了瞧，然後用「台灣話」問：「你叨位人？」文清遲疑了一會，然後突然以一種有音無義的「話」喊道：「我，台灣人！」……

台灣人與祖國的辯證統一

通過又聾又啞的林文清這句因為驚嚇而突然迸發的「話」，沒有人能夠否定這樣的理解：曾經一度在歷史的身分認同上迷失的「台灣人」，在二二八當時終於找到了屬於自己的「身分認同」。

焦雄屏所云：「知識分子對祖國（中國）的憧憬和浪漫理想，也逐漸褪色為破碎的理念，和絕望、壓抑的夢魘。」在這裡，也得到驗證。如果電影也就在這個時候結束的話？那麼，關於《悲情城市》的「歷史身分認同」的問題，根本就不會引起什麼爭議吧！問題是，電影還沒有結束。對於祖國的認同，從「肯定」到「否定」之後，就要進入到更加深刻的「否定的否定」階段。

事變後，文清因為林老師的關係被捕入獄。在獄中，他目睹了同房的難友為了信仰、理想，從容地唱著他聽不見的〈幌馬車之歌〉而赴死的悲壯情景（這樣的情景也點明了〈羅勒萊之歌〉的意義）。通過這場人在面對死亡時堅持著信念赴死的洗禮，林文清於是又尋回了曾經一度在「二二八」的混亂中迷失了的「祖國」。出獄後的文清，經過一段思想的苦悶後，很快找到了思想的出路。我們看到他先是把同房難友的遺物與血書，送回受難者的遺族。然後，他即奔赴吳寬榮等社會主義者流亡的山上基地。

「獄中已決定，此生須為死去的友人而活，不能如以前一樣度日，要留在此地，自信你們能做的，我都能做。」他向吳寬榮表明自己的決心。

「這裡不適合你，」吳寬榮勸他說：「只要信念不滅，真正為人民，什麼地方，什麼方式，都可以做。還有寬美……」

「人民」，是的，「人民」；「人民」不是一個抽象的、空洞的字眼；「只有人民才是國家和社會的主人」。在這裡，我們看到，文清曾經「否定」了的「祖國」，又因為他的階級立場的確立，終於通過一種新的階級認同，而在「身分認同」上達到一個「否定的

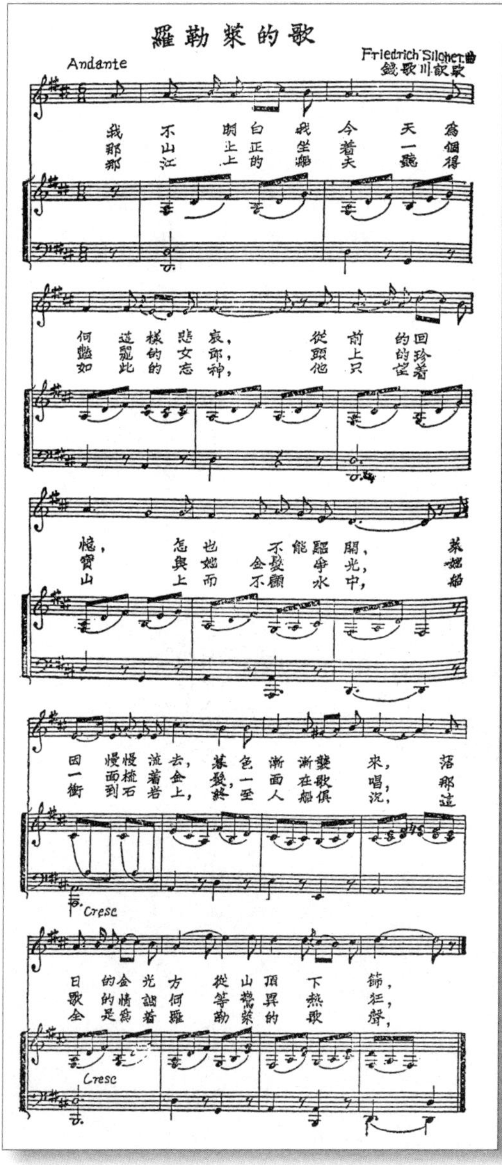

〈羅勒萊之歌〉詞譜

否定」的階段；一個原先對封建的「祖國」的認同，已經為另一種進步的「祖國」的認同所取代了。

這樣，我們也就不難理解文清難友託其轉達的「生離祖國、死歸祖國、死生天命、無想無念」，以及寬榮欲其轉達的「當我已死，我的人已屬於祖國美麗的將來」的「祖國」的意義了。這樣，事變當時的「我是台灣人」與事變後的「我的人已屬於祖國美麗的將來」之間，已是一種辯證的統一；而不是對抗性的矛盾了。

結束語

就現實上而言，我們不必懷疑侯孝賢並不理解他在這裡所說的「祖國」究竟是

林文清在獄中目睹了同房難友唱著他聽不見的《幌馬車之歌》而從容就義。〔攝影／陳少維〕

指什麼。當然，我們也不必奢求他把這裡的「祖國」講得更清楚些。儘管在敘事時空上，侯孝賢錯誤地把現實上從一九四五至一九五三年的時空壓縮為一九四五至一九四九年。然而，基本上他還是抓住了歷史的真實基調，把荒蕪了四十年的歷史、政治禁忌——五〇年代的白色恐怖，通過電影這種影響廣大的媒體，初步而樸素地呈現在台灣人民眼前。

就官方的一部分資料看來，在五〇年代的左翼肅清中，起碼槍決了三千人以上，囚禁了八千人以上的左傾知識分子、工人、農民……以此數目字來看，荒蕪的五〇年代，事實上一定蘊藏了大量而豐富不曾為人所聽的「悲情」故事，並且一定也有許多不為人所知的，例如電影中的林老師、吳寬榮、吳繼文、林文清等等，一整個世代台灣優秀知識分子的生命故事。

對台灣的各種藝術工作者而言，這樣的歷史悲情正是藝術創作的活水源頭。對台灣的文化工作者而言，通過對戰後台灣的認識，不也正是我們為各種意識形態爭論前該做的功課嗎？

侯孝賢的《悲情城市》空前地在電影媒體上碰觸了「二二八」及其以後的「五〇年代白色恐怖」。因為歷史的複雜性，電影中出現的錯誤是在所難免的，許多的爭議因此繞著「二二八」打轉。通過本文就歷史脈絡的梳理，我們也許可以這麼說：《悲情城市》作為一種商品，它販賣的是「二二八」；但它所敘述的情節卻不只是「二二八」而已，它還延伸至在現實上比二二八事件更為荒湮、為人所不知的「五〇年代白色恐怖」。就侯孝賢個人而言，作為一個電影作者，他已經跨越以往作品從個人看社會的格局，他所要處理的也不再只是他自己親身經歷過（如《風櫃來的人》、《童年往事》）的歷史經驗而已。同時，在作品的高度上，侯孝賢已經通過《悲情城市》而「直追台灣四十年來政治神話結構之癥結」了。

台灣五〇年代白色恐怖的歷史經驗對於一個有才華的電影工作者而言，事實上是蘊藏著無盡的「悲情」故事的；擺在眼前的是，侯孝賢既然已經在這個歷史禁區跨出了第一步，我們希望看到他繼續跨出第二步、第三步……如果真能這樣，首先，他必須深入民眾史的現場，就人民記憶做好更準確的採訪、調查，然後他才能拍出世界觀更加圓滿、風格更加成熟的進步電影。並且因此而讓歷史從此不再有禁忌，同時也讓人民從此不再有悲情。我們這樣期待著。

——原載一九九〇年一月二十三、二十四日《民眾副刊》

誰的《幌馬車之歌》

緣起

「在日本介紹台灣電影最力」的影評人田村志津枝小姐，在十二月十五日的《自立副刊》，發表了一篇探討從電影《悲情城市》的片段衍生的，有關流行歌曲、電影及歷史關聯性的文章；這篇文章題為〈追尋幌馬車之歌〉。

田村小姐在〈追〉文中表示，她是在《悲》片中才第一次聽到〈幌馬車之歌〉。由於這首歌的歌詞是在表達分離時哀切之情，因此，第一次聽到〈幌馬車之歌〉的旋律時，不免地生起「有如聽到一首我們父母輩所愛唱、如今也仍然為感傷年華的女學生所喜愛的日本歌曲般」的感懷。然而，田村小姐又表示道：「在感懷的同時，也不可否認地存在著畫面所傳達的景象與那旋律所醞釀出來的不協調所帶給我的怪異感。」基於這種個人主觀的怪異感，田村小姐於是在「這首歌到底是什麼樣的歌？在日本又是何時被唱著的呢？」的發問下，回到日本，展開一場追尋〈幌馬車之歌〉的歷史之旅。經過調查，田村小姐發現，〈幌馬車之歌〉是首三〇年代的流行歌曲，曾經先後於一九三二年及一九三五年由哥倫比亞公司發行。而這段期間正是日本政府向中國發動侵略，致力於帝國主義戰爭的歷史階段。因此，田村小姐感到「愕然」與「好奇」的是，「這種以驅喚前往侵略地滿洲及構築日本人之夢的〈幌馬車之歌〉，竟會在台灣二二八事件被捕、被槍殺的知識青年口中唱出來。」基於此種迷惑，田村小姐於是進一步地問道：「到底在台灣當時是那些人在唱這首歌？是在什麼狀況下唱這首歌？是在何所思之下唱這首歌？請知道當時情況的仁人君子，有以教我。」為此，田村小姐表示，她曾就這件事請問侯孝賢導演。侯導演向她表示：他曾在雜誌中看過，二二八事件當時，事實上在類似的情況之下，曾有人唱著〈幌馬車之歌〉，因此，他才在電影中如此安排。事實上，侯孝賢所看到的是刊登在《人間》雜誌第三十五、三十六兩期（一九八八年九月、十月）的報告文學——〈幌馬車之歌〉。筆者身為〈幌〉文的作者，因此，不惴淺陋，針對田村小姐的調查發現及疑問，就個人的調查過程做一個報告，並且也提出一些看法，就教於田村小姐及當時的仁人君子。

〈幌馬車之歌〉的出土

我第一次聽到〈幌馬車之歌〉，是在一九八八年夏天的某個午後。在長期而大量地採集了前基隆中學校長鍾浩東的生平資料後，我開始動筆寫這個令人敬痛的前人的生命史。然而，苦於時空、人物、事件的龐雜，我的寫作狀況進展得並不順利。因此，我又一而再的找鍾校長的太太，也就是蔣渭水先生的女兒——蔣碧玉女士，就她所知道的鍾校長的種種，更加細緻地探訪。那天午後，蔣女士告訴我說，她曾經聽一個在軍法處與鍾浩

昭和十年（1935）一月號《婦人俱樂部》的《幌馬車之歌》〔田村志津枝／提供〕

東校長同房的難友描述鍾校長赴死前的情景。這樣，我終於抓到寫作的頭緒了。

這名難友說：「一九五〇年十月十四日，清晨六點整。剛吃過早餐，押房的門鎖便喀啦喀啦地響了。鐵門呀然地打開。『鍾浩東，×××、×××，開庭。』我看見鐵門外面兩個面孔猶嫌稚嫩的憲兵，端槍、立正，冷然地站立鐵門兩側。整個押房和門外的甬道，立時落入一種死寂的沉靜之中。我看著校長安靜地向同房難友一一握手，然後在憲兵的押解下，一邊唱著他最喜歡的一首世界名曲──〈幌馬車之歌〉，一邊從容地走出押房。於是，伴奏著校長行走時的腳鏈拖地聲，押房裡也響起了由輕聲而逐漸宏亮的大合唱……」

這段情景，據侯孝賢所言，事實上也正是《悲情城市》片中，林文清在獄中送難友吳繼文「出庭」時，同房難友全體莊嚴地合唱〈幌馬車之歌〉的歷史根據。

《悲情城市》敘述的不只是一九四五至一九四九年的台灣而已！

只是，就歷史的事實而言，它並不是發生於二二八事件當時，而是發生於國民黨敗退台灣後，在美國的支持下，有計畫地肅清「以中國的民族解放」為志向的台灣社會主義者組織的五〇年代。《悲情城市》引起爭議的歷史部分，我個人認為在於它所敘述的時空並不只是一九四五至一九四九年的台灣而已；其實，它是延伸到五〇年代的左翼政治肅清。

只是在客觀的政治條件下，侯孝賢導演把它壓縮至一九四九國民黨敗退來台為止；如果片尾不打出一九四九國民黨敗退來台的字幕，那麼《悲》片的歷史問題就沒有什麼好爭議了。

其次，田村小姐所疑惑的這樣的軍國主義時期的歌，為什麼會在從容就義的、信仰社會主義的台灣青年口中唱出來？

針對這點質疑，我試著與田村小姐做幾點解釋與溝通。

首先必須釐清的是，在五〇年代為其信仰赴死的社會主義者，當其赴死時，並不是人人都唱這首〈幌馬車之歌〉的；一般說來，當時的政治受難者在送別赴死的難友之時，唱的是改編自俄國民謠的〈安息歌〉；一直到現在，五〇年代倖存的政治受難者為難友送別時，還是唱著這首〈安息歌〉。

至於〈幌馬車之歌〉，事實上就我這幾年來從事五〇年代民眾史的調查所知，到目前為止，還只有鍾浩東校長在受難時唱這首歌。為什麼他會唱這首歌而不唱〈安息歌〉呢？這又得回到他的青年時代談起。

〈幌馬車之歌〉的內容並不是軍國主義的！

蔣碧玉告訴我說：「〈幌馬車之歌〉是我在帝大醫學部（今台大醫學院）的醫院當護士，剛認識浩東時，浩東教我唱的。」

那時候，正當全台灣進入戰時體制的一九三七年。來自南部美濃笠山下的北高青年——鍾浩東，因為用功過度，患精神衰弱症而住院。

蔣碧玉說：〈幌馬車之歌〉是一首很好聽的世界名曲。它的歌詞大概是說：

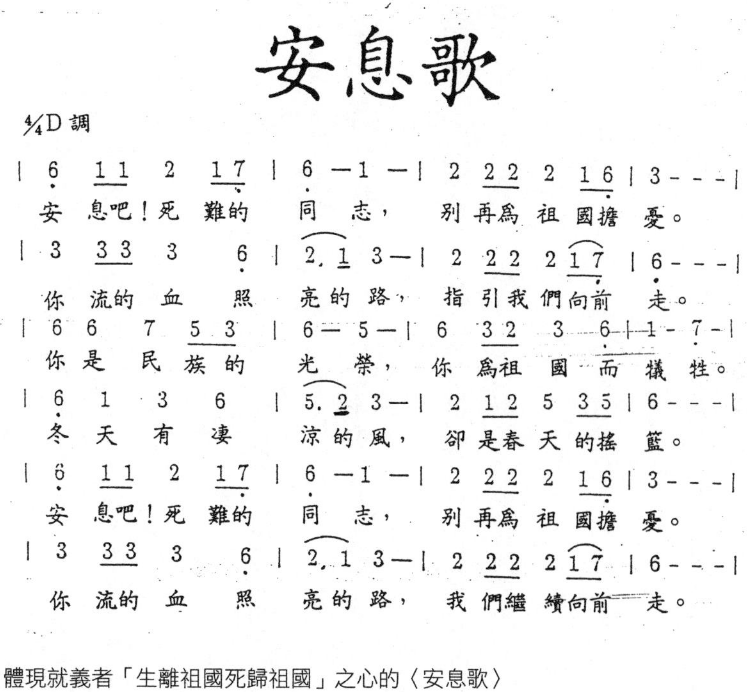

體現就義者「生離祖國死歸祖國」之心的〈安息歌〉

黃昏時候，在樹葉散落的馬路上，目送你的馬車，在馬路上晃來晃去地消失在遙遠的彼方。在充滿回憶的小山上，遙望他國的天空，憶起在夢中消逝的一年，淚水忍不住流了下來。馬車的聲音，令人懷念，去年送走你的馬車，竟是永別。

蔣碧玉又說：「浩東是個情感豐富的人，所以，他很喜歡唱這首歌。他曾經告訴我說，每次唱起這首歌，就會忍不住想起南部家鄉美麗的田園景色！」

鍾浩東是作家鍾理和的同年兄弟，讀過鍾理和作品的人，自當不會對其所描寫的笠山感到陌生。

「因為老家就在笠山山腳，」針對田村小姐的質疑，蔣碧玉解釋道：「由於故鄉的環境非常類似〈幌馬車之歌〉中『在充滿回憶的小山上』的情景；所以，浩東非常喜歡唱這首歌。」

因此，我們不難理解：為什麼鍾浩東校長在臨刑赴義時會唱起這首歌。其實，就歌的詞義與旋律而言，它根本就聽不出一絲絲軍國主義的味道。

「青年時候的浩東是個具有濃烈的祖國情懷的民族主義者，」針對〈幌馬車之歌〉是驅喚日本青年前往侵略地滿洲的歌，我請教蔣碧玉的看法時，她解釋道：「因此，當時流行的軍歌，他不但絕口不唱，也不准身邊的朋友唱，我記得有一首歌叫〈支那之夜〉，他就不准我們唱，他說這首歌是辱華的歌。此外，他的音樂素養也很好，初識他以後，我即常在下班後到他們高校生的租所聽古典音樂；因此，除了軍歌之外，當時比較粗俗的流行歌曲，他也是從來不唱的！至於〈幌馬車之歌〉，我們當時一直以為它是首西洋名曲。因為除了東北以外，歐洲才有幌馬車。」

蔣碧玉還告訴我說，當年，她一些同年紀的護士也都會唱這首歌。不久前，她參加一位五〇年代的政治難友的追悼會時，因為這位難友生前喜歡唱這首〈幌馬車之歌〉，她還特地唱這首歌為他送別。

結束語

從《悲情城市》中吳繼文「出庭」的片段來看，由於此段情節並沒有打出字幕，一般觀眾除了通過哀傷的歌聲感染到一種莊嚴赴死的心情之外，相信沒有人會知道這首歌的歌名是叫〈幌馬車之歌〉的；即使知道，也不會有人理解，這首情境淒美的送別歌，竟會是產生於一九三〇年代日本軍國主義高漲的歷史階段。如今，通過《悲情城市》的閱讀，來自日本的影評人田村志津枝小姐，追尋出它的原始意義，並且為「這樣的歷史條理」感到

「愕然」與「無限的好奇」。

我的這篇短文，主要也是針對田村小姐「到底在台灣當時是那些人在唱這首歌？是在何所思之下唱這首歌？」的發問而做的粗糙的解釋。

田村小姐有一種預感，她認為「透過這首歌對台灣與日本的各種人做訪問，應該可以道出在此之前被棄置的受歷史之浪潮翻弄的庶民的歷史，重現台灣與日本關係中令人意外的場面」。

我想，這種預感基本上是一種正確的可能。我也預期「透過銀幕看台灣社會」的田村小姐通過〈幌馬車之歌〉的追尋，必然會有歷史的新發現的。

最後，就〈幌馬車之歌〉而言，我有個人主觀的兩種看法：

第一，就像在六四天安門事件中高唱〈國際歌〉的學生們不一定是「國際主義者」一般；喜歡唱〈幌馬車之歌〉者，也不一定是「軍國主義」的信徒。

第二，儘管〈幌馬車之歌〉是三〇年代日本侵略時期的流行歌曲；然而，在殖民地台灣，通過鍾浩東及其同一世代愛唱這首歌的青年的傳唱，它先是淨化為一種純然曲調優美的送別歌；其後，在戰後台灣無條理的政治環境下，當作為基隆中學校長的鍾浩東，在一九五〇年十月十四日的那天清晨，面對著已然到臨的死刑，從容地唱著這首〈幌馬車之歌〉與同房難友告別時，這首〈幌馬車之歌〉，對鍾浩東及其同房難友而言，已經不是它原先的「軍國主義」時期的〈幌馬車之歌〉了，它已然蛻化為對於即將遺落的、滿懷記憶與眷戀卻來不及加以改造的人間世界的離情，以及別具一種對於崇高人格敬仰、學習與獲得安慰的〈幌馬車之歌〉了。也因此，在《悲情城市》中，我們看到既聾又啞的林文清通過這場難友吳繼文赴死的洗禮，在歷經二二八事變後，尋得了新的身分認同與生命的意義。也因此，出獄後的他會尋到吳寬榮等社會主義青年流亡的山上，執意參與他們的理想，因為他在「獄中已決定，此生須為死去的友人而活，不能如從前一樣度日……」。

同時，也通過《悲情城市》中押房裡合唱〈幌馬車之歌〉的鏡頭，我們看到了侯孝賢所謂的拍出「台灣人的尊嚴」與「生離祖國，死歸祖國」之間辯證統一的「決定性瞬間」。

——原載一九八九年十二月二十五日《自立副刊》

一條前行的路

一九五〇年十月十四日，前基隆中學校長鍾浩東先生，一邊用日文唱著他最喜歡的〈幌馬車之歌〉，一邊從容地走出押房，坦然就義。

一九八九年十月，整整三十九年後，通過侯孝賢的電影《悲情城市》，這一首淒美的〈幌馬車之歌〉，第一次傳入台灣人民的耳裡。

十月二十四日，晚上。由陳映真、鍾喬、范振國、韓嘉玲、王墨林、藍博洲等人籌組的「人間」民眾劇團，在台北市大同區公所的禮堂，面對數百名觀眾，非正式演出戰後第一齣以一九五〇年代左翼肅清為背景的舞台劇。

這齣戲，以幾名歷史見證者的報告為演出形式。當幕啟時，台上的第一位見證者——前基隆中學的老師鍾順和（化名）朗朗地敘述著校長鍾浩東從被捕、感訓到刑死的過程。

當鍾順和念到「我看著校長安靜地向同房難友一一握手，然後在憲兵的扣押下，一邊唱著他最喜歡的一首世界名曲——〈幌馬車之歌〉，一邊從容地走出押房」時，台上的燈光暗了下來，全場落入一片沉靜。然後，伴隨著其他幾名報告者從觀眾席後緩緩走上舞台的腳鏈拖地聲，劇場裡也響起了蔣碧玉女士唱的高亢而哀戚的〈幌馬車の唄〉。

蔣碧玉女士的歌聲一下子就抓住全場觀眾的心，隨著她的歌聲時而激越、時而感傷、時而有一股面對訣別時說不出的悲情……

是的，「時間太久了，不義的殺戮已消失在歷史的煙霧裡，但它卻在人類的良心上留下可恥的記憶……」（艾青：〈古羅馬的大鬥技場〉）四十年來，在「反共國安戒嚴體制」下，五〇年代的「白色恐怖」留下來的不只是「可恥的記憶」，而且是人人自危的「政治恐懼」。

終於，戰後五〇年代台灣人民反帝、反封建、反官僚資本政權的勞動人民民主運動的風雷，得以通過調查、採訪，以報告文學、小說、電影、舞台劇的方式，逐漸重現。父祖一代為了理想而無私奉獻的人格，也因此一一呈現。

就歷史的發展規律來看，五〇年代「白色恐怖」時代的那些人與那些事，在歷史的塵埃下湮埋四十年之後，終於通過電影《悲情城市》與報告劇《幌馬車之歌》，得以初步呈現在台灣人民眼前的事實，並不是一種偶然！

據粗略地估計，那個年代，在美國支持下長達五、六年的「肅清」，起碼有三千人以上遭到槍決；而受囚者則高達八千人以上。這個非正式的統計數字，對台灣年輕一代的文學、藝術工作者有什麼意義呢？

有的！它不是要我們大聲高喊：「血債血還」！通過這個數字顯示的歷史事實，給我們指出了先人走過的並且應該繼續走的路。

這一條前行的路，對年輕一代的文學工作者來說並不孤獨，在這之前，陳映真在小說上為我們寫出了〈鈴鐺花〉、〈山路〉與〈趙南棟〉等三篇傑出的作品。在敘事詩上，進步的青年詩人鍾喬也寫出了優美的史詩〈范天寒〉。在報告文學上，藍博洲已經從歷史的塵埃下挖掘了郭琇琮、鍾浩東……等前行並為理想而犧牲的社會主義青年。

這些粗淺的工作成果，相應於電影《悲情城市》的國際佳評，顯得微不足道。但是，它卻明白地為我們指出：一條前行的路！

——原載一九八九年十一月五日《民眾副刊》

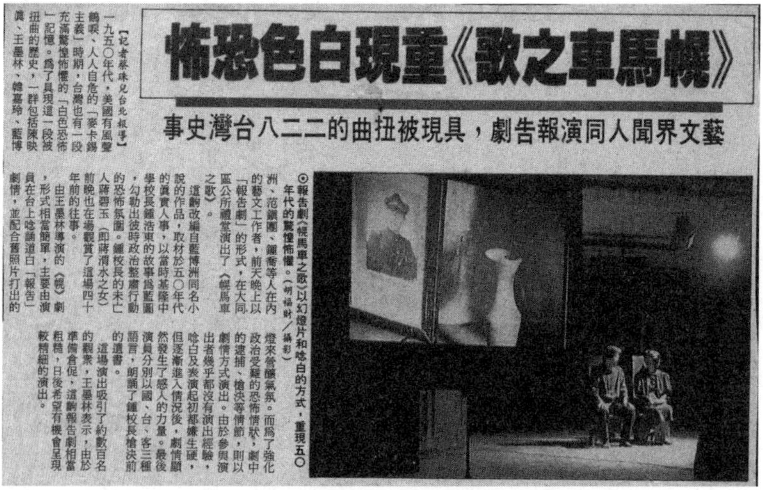

《幌馬車之歌》重現白色恐怖

藝文界聞人同演報告劇，具現被扭曲的二二八台灣史事

【記者蔡珠兒台北報導】一九五〇年代，美國有風聲鶴唳、人人自危的「麥卡錫主義」時期，台灣也有一段充滿驚惶怖懼的「白色恐怖」記憶。為了具現這一段被扭曲的歷史，一群包括陳映眞、王墨林、韓嘉玲、藍博洲、范巽綠、鍾喬等人在內的藝文工作者，前天晚上以「報告劇」的形式，在大同區公所禮堂演出了《幌馬車之歌》。

這齣改編自藍博洲同名小說的作品，取材於五〇年代的眞實人事，以當時基隆中學校長鍾浩東的故事為藍圖，勾勒出彼時政治整肅行動的恐怖氛圍。鍾校長的未亡人蔣碧玉（即蔣渭水之女）前晚也在場觀賞了這場四十年前的往事。

由王墨林導演的《幌》劇，形式相當簡單，主要由演員在台上唸誦道白「報告」劇情，並配合舊照片打出的燈來營醸氣氛。而為了強化政治受難的恐怖情狀，劇中的逮捕、槍決等情節，則以劇情方式演出。由於參與演出者幾乎都沒有演出經驗，唸白及表演起初都嫌生硬，但逐漸進入情況後，劇情顯然發生了感人的力量。最後演員分別以國、台、客三種語言，朗誦了鍾校長槍決前的遺書。

這場演出吸引了約數百名的觀眾，王墨林表示，由於準備倉促，這齣報告劇相當粗糙，日後希望有機會呈現較精細的演出。

⊙報告劇《幌馬車之歌》以幻燈片和唸白的方式，重現五〇年代的驚惶怖懼。（胡福財／攝影）

1989年10月27日《中國時報》有關《幌馬車之歌》報告劇的報導

序錄

隱沒在戰雲中的星團

林書揚

台灣的組織性左翼運動發端於日本殖民地時代的一九二〇年代初期。當時的大環境是：全球性的資本主義戰後危機、民族自決的風潮，和十月革命成功後出現的世界性左翼運動的大匯聚——第三國際的成立。一般的時代思潮中，被稱為馬列主義的科學社會主義，和巴枯寧、克魯泡特金等人的無政府主義，同時佔有重要位置。這些新思潮不僅在先進資本主義國家內，更在資本帝國主義支配圈內的殖民地、半殖民地社會中迅速地佔取了陣地。當年在殖民地的有形無形限制下，一般的台灣人子弟在島內的教育機會不多，稍有經濟條件的家庭便不得不讓子弟留學海外。而留學的目的地則大致有兩個。一為殖民本國日本，另一為民族的母體：中國大陸。而這兩地的社會情況，包括經濟政治和思想方面，則激烈的階級鬥爭正席捲著全社會的庶民生活。在日本，號稱大正民主的政黨制代議制甫上軌道，左翼人民陣線的運動也急速地膨脹中。中國則處在半殖民地半封建的困境中，民族民主革命的推動和社會革命的預警也已經形成了時代的主流。來自民族壓迫和階級剝削雙重負荷下的殖民地台灣的青年們，很快便接受了社會主義和民族主義的兩大思想武器，由學習啟蒙到組織性的實踐，由海外而島內，終於有了第一期的人民左翼運動。運動的周期約十年。農民、工人、學生，及文化界的團體成員四萬餘，曾經主導過台灣的反帝殖民地鬥爭。然而，在內外危機的逼迫下日本結束了尚未成熟的議會制度，於三〇年代走進了軍閥政府備戰體制的時期。本國的民間政治團體特別是左翼團體全面受到了取締。殖民地的反抗運動和團體更遭到了徹底的彈壓。陣線瓦解、運動人士或被捕入獄或亡命出走，台灣左翼運動的第一期於此告終。

帝國主義戰爭一直持續到一九四五年。因為戰災嚴重戰力枯竭，日本終於無條件投降。而嘗盡了多重壓榨的殖民地台灣，也終於獲得了復歸祖國，擺脫異族統治的機會。當時的中國，名義上是新建制的聯合國安全理事會的五常任理事國之一，取代戰前日本在國際聯盟中所佔的位置，成為東方世界中唯一擁有舉足輕重的國際影響力的強權。但實際上長期的混亂落後，國內矛盾正繼續惡化中。執政的國民黨早已喪失了「國民革命」的動力，民心多離反、大眾生活疾苦。構成民族抗戰體制的基礎的國共合作在理論上尚未破裂，但兩黨之間在政治上組織上思想上，甚至軍事部署上的明爭暗鬥正孕育著爆發性的危機。

在這樣的情況背景下，那批由亡命地趕回故鄉，或由監獄被釋放出來，或在群眾間潛身一段時期的第一期運動的鬥士們，對於當年招致取締而已經瓦解了的組織架構，在新的政治處境下可否加以重建並重振運動，一般說來都抱有審慎的態度。因為這些屬於第一期的運動人士的政治警覺度比較高。雖然日帝已經退出台灣，台灣已經復歸於戰勝國的中國，但左翼理念中的社會觀和歷史觀，使他們對一個半殖民地半封建社會所內含的階級對抗的嚴重性不敢輕忽。更因為他們都是已經身分暴露、登記有案的政治異端分子，在日據時代如此，在國民黨政權統治下亦將如此。因而光復初期雖然有過少數舊農組、舊台共系統人士的試探性的重建活動，但因為不久爆發出二二八事件，一些雛形組織和初步建立的人脈聯繫一舉而被打散。在國民黨方面，則經過這一次嚴重的民變後，對於日據時代潛留下來的台灣左翼的傳統（雖然當局也清楚瞭解事件本身並非左翼人士的計畫性發動）十分警覺，事件後，針對第一期運動人士的追蹤調查建檔工作也相當深入。這份警覺心隨著大陸上國共兩黨武力對抗情勢的日益尖銳，台灣當局的恐左意識也就益形嚴重。在這樣的政治情況下，第二期左翼運動所面臨的困難甚至超過第一期的反日帝鬥爭。運動始終停留在非公開的宣傳教育和組織的階段。

至一九四九年國民黨政權全面潰敗退出大陸後，台北國府的重建完全以政治安全為第一。把大陸時期的特務系統加以一元化的集中加強，準備以恐怖手段來推行軍法統治。到了韓戰爆發，美國對華政策的全面改觀，使台北國府轉危為安。於是發動了籌措已久的全島規模的軍法大肅清。

採錄在藍博洲《幌馬車之歌》裡面的幾位台灣青年，便是無數犧牲者中間的一小部分。他們大都因年齡關係和第一期運動沒有直接的關聯。但在社會主義和民族主義的思想脈絡上，毫無疑問是台灣左翼傳統的承襲者。不過他們在客觀環境上和主觀條件上都有異於前期的運動者。第一期和第二期相比，在大環境方面反而比較有利。有世界性的反資反帝潮流和殖民本國的一定的議會民主的體制和運作。雖然殖民地在有關的政治禁令方面比本國還嚴厲得多，但比起內戰頻繁的中國，還是有一定的正常的公開活動空間。戰後第二期的台灣左翼卻處在日益熾烈化的內戰環境下始終沒有公開化的機會。在半殖民地半封建的社會體制下，政權的暴虐性和脆弱性注定產生特務政治。國府在新收復地的台灣建立起一套違背民意不顧大眾利益的收奪機構，令復歸祖國的台灣民眾嘗到了期待破滅的精神痛苦，和現實生活中的困苦。這一代的青年們大致受到比較完整的日式教育。但他們的成長期大都已進入軍國主義教育時代，在思想素養上本來比較單純。不過處此激烈的歷史轉換期，青年們的自動學習蔚成風氣。他們以有限的國文閱讀能力如饑如渴地涉獵中文書籍，特別是有關的思想經典和中國現代史。在不間斷的動亂已經成為時代的主要特性的社會中，並在相當特殊的歷史條件下，青年們大致還能正確地反映出戰後帝國主義宰制下的東方社會的具體情況——政治混亂、經濟衰竭和精神的頹廢。他們曾經是殖民地教育制度下的精英，卻也備嘗過二等國民的恥辱和抑鬱。他們在戰後的身分變換過程中，體驗出那不過是純殖民地與半殖民地之間的一次轉換，是由二等國民的身分轉到二等國家的國民。此外諸如帝國主義霸權下的民族壓迫和階級壓迫的連貫性，歷史科學上的民族形式與階級制內容的相關關係；資本主義經濟的發展原理在帝國主義時代的失效，國家暴力的異化，資產階級民主的虛假性等，也都是此一時期的台灣左翼青年所必須面對的意識形態問題。他們大都具有悲愴的本土情操，但更有歷史唯物論的理智的世界觀。對於被凌辱的中國現代史的展現，以多項症候群——已經無分大陸與台灣——為註腳，也使台灣青年們深深認識到所有的解放努力只有一個戰場，那是跨越海峽的。據此，他們對於民族利益的階段性肯定，和階級解放在反帝民族運動中的終極目標化等，都有了一應的思想處理。台灣社會的歷史特殊性，包括政經人文現象方面，也都在社會主義的發展理論中統一融合於全中國新民主主義的變革觀念裡。向來常常出現在台灣史評論文章中的一句話，台灣青年「因對白色祖國絕望而轉向紅色祖國」云，如果肯定確有這樣的現象，那麼它在思想層面的含義就如上述。

他們對本土台灣的熱愛原本就非常真摯。因為那是處在異族帝國主義的欺凌和汙辱下的本能的自衛和自尊。但他們借助於歷史唯物論的結構論的反映，和帝國主義論的世界剖析，看出了同時涵蓋大陸與台灣的一條戰略規律——新民主主義變革論。至此，台灣左翼的第二期運動有了運動目標和任務規定。在時間上，大約自光復到一九五〇年代，軍事戒嚴令的全面制壓為止。

當然，本期運動的出現，也不單是一批知識青年在思想學習中自行達成的結果。他們所信奉的思想體系已經是人類的公產，在客觀的社會現實中經過一定的反映過程而自然變成部分社會成員的主觀意識，這也是社會實踐中的意識化過程的常態。但具體現實中的地緣人脈、社會的共同記憶等，也正是一種思想和行為模式的傳播途徑。五〇年代台北國府的白色恐怖大整肅，它的政策目標，不僅企圖消滅特定的思想動態，同時也針對具有媒介作用的一切群眾性的有形無形的關係。因為這樣的目標牽連到大眾生活的範圍甚廣，所以才出以「恐怖政策」，圖以最原始的恐懼效應來補充法令有形規定之不及。

恐怖政策的最大效果是產自恐懼感的自我抑制甚至自我麻醉。使人人非但不敢行，也不敢想，更無處可以窺知事情的真妄是非。在那一段沉悶恐懼的歲月中，究竟捐軀者有多少人，因何事而受處刑，事件之真相如何等等，更是無人敢問，敢寫，敢探求。一段歷史的空白中絕，如果其中隱含的真實和意義和這個社會的未來走向具有密切關係，那麼如何把這一段缺落填充起來，應該是有良知的研究者、文筆工作者的責任了。本書中所提到的名字，都是曾經在這一段缺落的歷史中活過、死去，而不被一般世人所知，卻也被少數的知人所遺忘的人。但他們的生與死，卻透過各種不同的形跡和那一段湮沒的歷史直接聯繫著。這一點不能不說具有無可替代的史料價值。

前面已經說過，他們的名字長年來沉埋在歷史的黑暗底層，是深沉的政治企圖所致。說來也是中外階級鬥爭的無情的常態。統治者都知道，貫串一世代的濃重的恐懼會把真實虛無化，把價值無聊化。恐怖政策之恐怖所在，也許就在這裡。

這些人不是一般公式中的英雄聖賢，而是尋常有骨有肉、有血有淚的人。只不過熱愛鄉土和祖國，固執於造福全人類的真理，相信未來，更相信為了未來必須有人承擔現在的代價，而自願以生命來承擔這份代價的人。

這時候，我們還不知道有過多少這樣的人。書中的他們只是一小部分比較有端緒可尋的人。

最後，作為書中人物的舊知，本人要感謝作者的用心和努力。

美國帝國主義和台灣反共撲殺運動

陳映真

悲情孫中山所奠定的國共合作體制以反對帝國主義和封建主義、扶助中國工農階級，振興中華的政策，在一九二七年由國民黨聯合當時中國的封建勢力、買辦資產階級和大資產階級的軍事恐怖政變中破裂，屠殺、酷刑和囚禁了大量愛國知識分子、學生和共產黨人，並從此展開了長期的內戰。第二次世界大戰爆發，美國的政治、軍事和經濟力量，隨著世界抵抗法西斯軸心的戰爭之發展，迅速伸向中國。抗日戰爭結束，國共內戰轉烈，美國在軍事、警察、反共情報作戰等方面和國民黨進行密切的合作，協助國民黨對中國的政治異議者進行殘酷的逮捕、拷問、監禁和屠殺。四川紅岩監獄，就是由美國與國民黨在特務、警察工作上的巨大合作組織——惡名昭著的「中美合作所」逮捕、拷問、囚禁和屠殺共產黨人、民主人士、愛國分子的大本營。

一九四七年以後，中國大陸的內戰形勢急轉直下。美、蘇在全球範圍內的冷戰對峙不斷增強，美國開始全面在它勢力範圍——所謂「自由世界」——創造和支持「次法西斯蒂」（Subfascist）右翼、反共、獨裁政權做美國的扈從國家（U. S. Client states）。

原來在二次大戰過程中，在亞洲和拉美、非洲等舊殖民地、半殖民地區域，共產黨人和其他反對帝國主義、力爭民族解放和民族獨立的勢力，在反軸心國法西斯侵略的戰爭中，迅速壯大了自己的力量，形成第三世界一股堅強的反帝、反封建，追求民族解放和國家獨立的民族民主革命潮流。二次大戰結束，軸心國資本主義各國固無論矣！即同盟國資本主義／前殖民主義國家如英法，也在大戰的損耗中精疲力竭。因此，二次大戰甫告結束，亞非拉大地上的民族主義和民主主義革命的風潮不斷高漲。這股新的民族民主革命運動，特別在戰後許多社會主義國家紛紛成立之後，使得戰後力圖恢復二次戰前舊殖民體制和利益的一切鎮壓和努力失去效力。因此，以美國為首的西方霸權主義，開始發展一個新的戰略，即新殖民主義的戰略：由前殖民主義國家允許和同意其各殖民地取得形式上的「獨立」，卻以繼續保持舊殖民母國對新「獨立」的前殖民地各國的經濟、軍事、政治、文化和意識形態的支配性影響力作為交換條件。

當然，這些新「獨立」的、作為舊殖民地母國之代理統治的扈從政權，是不得民心的。為了確實地保護美國在各前殖民地的經濟、軍事和戰略利益，美國遂採取創造和支持各前殖民地國家的軍事獨裁政權，對其國民施行殘酷破壞人權的獨裁而腐敗的統治。這些「次法西斯蒂」「美國扈從政權」，以下述的各種犯罪手段，廣泛而嚴重地加害於各族人民：

挑動內戰：

以武器和金錢支持舊殖民地非民族（denationalized）勢力，買辦資產階級和封建地主階級，對抗當地一切工農改革勢力，激起長期艱困的民族內戰，分化民族團結，顛覆民族民主革命，企圖使當地政權長期扈從化，維持其帝國主義的各種利益。

干涉內政：

阻止當地政府經濟獨立自主政策，以顛覆、政治暗殺手段瓦解當地政府將外國企業在合理條件下收歸國有，壓抑外來資本、培植本地資本的政策。干涉當地外匯、物價；干涉對外採購自由，干涉選舉；干涉一國的對外政策；在一國內部支持親美的政治、經濟、軍事和文化勢力，等等。

嚴重破壞人權：

美國「策動」和支持親美「軍事政變」。「政變」後，支持對一切反美民族自主勢力進行廣泛徹底的非法逮捕、拷問、監禁和屠殺。

為了扈從國家的「穩定」以鞏固美國在當地的政治經濟利益，美國歷來廣泛「支持」各扈從國的「恐怖政治」，支持反共軍事獨裁政府的一切肅清異己的殘酷屠殺和拷問。

一九八九年十二月二十七日，《波士頓地球報》（*Boston Globe*）一篇文章中這樣描述拉美許多親美軍事獨裁政權：

「在沒有任何罪名下，政治異己分子在槍尖下被成批帶走。軍人把無數的平民從他們的家中拉走，卻把糖果塞到被捕者小孩的手中。脆弱的文人政府必須向軍方請教政府的下一步該怎麼走。

「如果這像是諾瑞加（Manuel Antonio Noriega）專制統治下的巴拿馬，事實並不然。在中南美洲，上述的軍人全穿著美軍式的制服。這些軍人支配著這些向大國交付了主權的國家。」

一九四七年，美國在希臘、土耳其屠殺「共產黨人」多達千餘人。

一九四八年，美國協同李承晚屠殺八萬名韓國濟州島起義農民。

一九五四年，在瓜地馬拉的美國中央情報局推翻反美的阿爾本茲（Arbenz）政權，建立親美軍事獨裁政權，並對瓜地馬拉土著印地安人進行滅族性屠殺。

一九五五年，美國支持的軍人推翻阿根廷裴隆政府，屠殺、監禁無數。

一九六〇到六三年，美國抵制迦納的傑干反美政權，唆使當地親美右翼反對和抵抗政府。

一九六四年，美國用槍打死二十一個企圖在運河區豎立巴拿馬國旗的巴拿馬愛國學生。

一九六四年，美國「推翻」巴西文人政府，並「支持」成立一個統治巴西二十年的「軍事獨裁政權」。

一九六五年，美軍「入侵」多明尼加共和國，殺害了兩千八百名以上的多明尼加軍民。

一九六五年，美軍「出兵」鑿平反美蜂起。

一九六七年，美國領導的軍隊在玻利維亞「鎮壓」共軍，逮捕並殺害拉美革命英雄切・格瓦拉（Che. Guevara）。

一九六五到七三年，美國調訓烏拉圭特務和警察，協助政府對異己分子進行廣泛的非法逮捕與拷問，促成一九七三年烏拉圭軍事親美獨裁政權的成立。

一九七三年，美國支持的智利軍方推翻了民選的阿顏德（Allende）左翼政府，造成二萬智利人死亡，使皮諾契特軍事獨裁政府在智利維持了十六年統治。

一九七四年，美國干涉牙買加曼萊（Manley）的反美民族主義政權。

一九八三年，美國出兵侵略格瑞那達。

一九八六年，美國出兵玻利維亞「消滅古柯鹼製造工廠」。

一九八九年，美國軍隊入侵巴拿馬，逮捕巴拿馬總統諾瑞加回美偵訊。

一九八〇年，美國批准韓國軍隊鎮壓韓國光州學生運動，殘酷虐殺學生和市民數百名。

一九八〇年，美國介入尼加拉瓜內戰，造成二萬九千人死亡。

必須從這整個戰後美國霸權主義、擴張主義和新殖民主義罄竹難書的犯罪背景中，才能更為深刻地瞭解，美國支持國民黨在一九五〇年韓戰爆發以後以迄一九五四年，在台灣進行持續性、廣泛而殘酷的政治撲殺運動的深刻意義。

韓戰爆發以後，中國大陸成了美國頭號假想敵。為了取得大陸的各項情報，美國中央情報局（ＣＩＡ）在台大肆活動，一方面支持國府在台進行對真假「匪諜」的廣泛逮捕、拷問、監禁和虐殺，一方面迫使當時極端孤立的國民黨與ＣＩＡ合作，進行大量反中國和反中共的行動。作者藍博洲在這本書中所報告的五〇年到五四年國府的「異端撲殺」運動，便是當時美國改變方針，決定選擇國府為其反共戰略上的扈從國家，從而在台建立一個蔣氏高度獨裁的「次法西斯蒂・反共國家安全國家」（Subfascist-ahticomunist-national security state）過程中必然的產物。

在這個巨大的「恐怖政治」中，國民黨在台灣殺害了四千至五千個本省和外省的「共匪」、愛國主義知識分子、文化人、工人和農民，也將同樣數目的人投入十年以上到無期徒刑的牢獄之中，一直到一九八五年，最後一個五〇年代的政治終身監禁犯才被釋放出獄。

藍博洲，一個台灣客籍工人的兒子，在一九八六年的尚未「解嚴」的時代，開始了探索、發現和揭露台灣戰後史上這一段長期被暴力湮滅的歷史的工作。其中頭兩部作品，〈美好的世紀〉和〈幌馬車之歌〉都曾分別在一九八七年和一九八八年發表在今已休刊的《人間雜誌》上，而震動了讀者。

《人間雜誌》的休刊，並沒有使藍博洲停下他的筆。他繼續揭發這沉埋在謊言與陰謀的荒蕪中長達四十年的、悲壯而又悽慘的萬人之塚，把五〇年代國際霸權主義和內部對外扈從、對內進行凶殘的次法西斯蒂鐵腕統治的暴力和恐怖下，對生與死，對意義和虛無做了最艱難而勇敢的選擇，在激烈的壯懷中，為民族和階級的自由與解放，打碎了自己，向不知以恐怖與暴力為恥的國內外法西斯主義和帝國主義做出了震撼山谷的怒吼和抗議的一代最耀眼的形象，重新建構和顯現出來。這是一九五〇年大恐怖以來台灣史學界、言論界、文藝界和文化界近於絕無僅有的重大貢獻。

一九五〇年以來，台灣的歷史學界、社會科學界和文藝界，長期受到美國意識形態的「洗腦」，對於台灣戰後充滿了「歪曲」、「謊言」、恐怖和暴力的歷史毫無批判的研究和創作能力，從而在四十年間，為美國「塗脂抹粉」，把美帝國主義裝扮成人權、民主和自由的推進者、守護者。

今天，當美國叫囂以中共「改善其人權條件」交換使中共取得「最惠國待遇」，以便大陸得以向美輸出廉價勞力密集的輕工產品時，人們早已遺忘，甚至不知道，在國民黨自一九五〇年迄一九六五年間在台灣進行反共反民主逮捕、拷問和虐殺、監禁時，美國持續以十六億美元的經援、四十餘億美元的軍援給予台灣，並且截至八〇年代才停止台灣的「最惠國待遇」的事實。

美國對韓國軍事獨裁政府付出了六十五億美元的軍事援助。對六〇年代屠殺百萬「共產黨人」的印尼，美國支付了二十餘億美元的軍援。美國對中南美洲軍事獨裁政府烏拉圭、委內瑞拉、智利、尼加拉瓜、多明尼加、巴西、玻利維亞、阿根廷和歐洲親美反共獨裁政權西班牙、希臘、土耳其……從來也沒有因為它們「殘暴至極」的「人權蹂躪」而「停止」過「援助」和什麼「最惠國待遇」。

藍博洲的這本集記錄和文學於一體的《幌馬車之歌》，是台灣年輕一代作家對美帝國主義及其「次法西斯扈從」者的謊言一記強有力的反駁！

一九八八年，世界冷戰以蘇聯戈巴契夫的對美投降和東歐的解體結束了。國共內戰的形勢也在不以美國扈從者主觀意願為轉移地趨向於終結。

在這「冷戰—內戰」雙重體制的衰亡歷史中，如果沒有台灣內部有意識地在歷史學、社會科學、文藝和文化上對荒廢、黑暗、充滿「歪扭」、「暴力」、「謊言」與「恐怖」的台灣戰後史進行深刻的反思與清算，則冷戰與內戰的幽靈、美國扈從主義和次法西斯蒂的亡靈，就不會自動消失。

在這意義上，藍博洲這本《幌馬車之歌》的出版，便是激烈地刺向冷戰和內戰歷史的惡魂厲鬼的桃花木劍，值得喝采。

一九九一年六月

後記

二〇〇四年版

一九八七年初夏，在尋訪二二八及五〇年代白色恐怖民眾史的過程中，偶然得知作家鍾理和的同年兄弟、前基隆中學校長鍾浩東的名字與傳奇之後，隨即在被湮滅的歷史現場展開「尋找鍾浩東」之旅。

一九八八年九月，歷經長達年餘的尋訪之後，關於鍾浩東校長生命史的報告，以〈幌馬車之歌〉為題，在《人間雜誌》連載刊出。一九九一年六月，時報出版公司又以《幌馬車之歌》為書名，出版了包括鍾浩東、郭琇琮、簡國賢……等幾個前行代台灣知識精英的報告文學集。

儘管〈幌馬車之歌〉在發表後便獲得前所未料的熱烈反響，可我一開始就清楚地認識到：自己的身分與立場不過是一個客觀記錄歷史的人而已。所有來自各種不同意識形態的文字工作者的反響，不管是正面的肯定或負面的批評，其實只是客觀反映了人們對待那段長期被湮滅的台灣史與台灣人的態度而已。因此一直能夠冷靜地面對這樣那樣的批評，不做辯解。

我的寫作態度很簡單——在尊重歷史事實的原則下，根據力所能及而採集到的史料，去敘述描寫我所認識到的歷史與人物，如此而已。然而，在客觀的政治禁忌與受訪者白色恐怖受害陰影的雙重限制之下，全面重建歷史的事實是需要一定的時間的。因為這樣，我的「尋找鍾浩東」之旅並沒有因為〈幌馬車之歌〉的發表而停止。相反地，隨著兩岸關係的相對緩和，我的尋訪足跡得以跨越海峽，深入廣東惠陽、梅縣、蕉嶺、韶關、南雄、始興、羅浮山區，以及桂林、北京等地，進行歷史現場核實與進一步採集史料的工作。隨著島內政治禁忌的相對寬鬆，一些受訪者也才有空間就原本有所保留的內容做出更全面的證言；而一些原本尋訪不到或不便露面的歷史見證人及加害者也通過不同的方式，就他們親歷或所知的歷史做了直得重視的補充。

絕版多年後重新出版的《幌馬車之歌》增訂版，就是在這樣的基礎上，重新核實史料、豐富史實，從原本三萬多字、四個樂章，擴充為六萬多字、八個樂章的內容。為了歷史的可信與文學的可讀，它也在原有的敘事結構上，增加了史料、證言出處的註解，一些歷史背景的說明與大事年表。這也是針對歷來有關《幌馬車之歌》究竟是小說還是歷史之爭的回答。

總之，《幌馬車之歌》既是歷史，也是具有小說形式的非虛構的文學作品；準確地說，它應該還是以具有理想主義的歷史與人物為素材的報告文學吧！

在兩岸依然分斷的此時此地，「台灣人」已經在野心政客的長期操弄下，因為不同的出身、意識形態或政治立場而處於撕裂的狀態。我想，真誠地面對那段曾經真實存在過卻被刻意湮滅或扭曲的台灣史與台灣人，應該可以幫助我們比較全面地認識台灣近現代歷史的發展過程，進而讓我們清楚地知道自己究竟在歷史的長河當中所站的時空位置，做出自我反省與批判。這樣，前人的歷史才能夠起到殷鑒作用；民族內戰下所產生的歷史悲劇，也才可能通過我們的共同努力，避免重演。

這就是重新出版《幌馬車之歌》增訂版的時代意義吧！

最後，我要謝謝協助這本書出版的所有前輩與朋友們，並以此書獻給五〇年代白色恐怖的犧牲者、受難人及其遺族。

——二〇〇四年九月二十九日於苗栗五湖

二〇一五年版

二〇一五年，是我出生那年孤寂無聲地告別人間的鍾理和先生（一九一五—一九六〇年）的百年誕辰。高雄美濃鍾理和文教基金會舉辦了一些即使在文學界也沒有太大反響的紀念活動。我也意外地應邀在七月五日到鍾理和紀念館給他們每年暑假例行的笠山文藝營講了一堂課，講題是「鍾理和作品難以言說的二哥」。

讀過鍾理和先生作品或〈幌馬車之歌〉的人應該都知道，一九五七年，離世三年前，鍾理和參加《自由談》雜誌徵文的自述——〈我學習寫作的過程〉中透露：

我少時有三個好友，其中一個是我異母兄弟，我們都有良好的理想。我們四個人中，三個人順利地升學了，一個人名落孫山，這個人就是我。這事給我的刺激很大，它深深地刺傷我的心，我私下抱起決定由別種途徑趕上他們的野心。這是最初的動機，但尚未成形。

有一次，我把改作後的第一篇短文（雨夜花——描寫一個富家女淪落為妓的悲慘故事）拿給我那位兄弟看。他默默看過後忽然對我說，也許我可以寫小說。我不明白他這句話究竟出於無心抑或有感而發，但對我來說，卻是一句極可怕的話。以後他便由台北，後來到日本時便由日本源源寄來世界文學及有關文藝理論的書籍（都是日文）給我。他的話不一定打動我的心，但他這種做法使我繼續不斷和文藝發生關係則是事實。我之從事文藝工作，他的鼓勵有很大的關係。

人們也應該都知道，鍾理和所說的那個「異母兄弟」就是他終其一生無法公開言說的本名鍾和鳴的〈幌馬車之歌〉的主人公鍾浩東。

上世紀七〇年代中葉以後，隨著鄉土文學論戰對五〇年代白色恐怖後台灣文藝思潮的「撥亂反正」，長期被時代主流埋沒的鍾理和及其作品也終於穿透暗黑而迎來陽光。然而，那個鼓勵他走上寫作之路的「異母兄弟」依然不被整個處於「反共」病態的社會意識允許言說。

一九八八年，年輕無知的我偶然遇見了他兩兄弟乃至於四個少時好友的歷史，而且通過〈幌馬車之歌〉，一度在文化圈死水般的湖面上揚起一些些乍現的小小的水花。但瞬間即逝。多年以來，那個「異母兄弟」依然是鍾理和周遭的親友及那些自稱的「親密文友」

們避而不談的名字。其中應該沒有什麼不能言說的道理，就是眾所周知的不是道理的道理而已。但「存在就是事實」。你可以假裝看不見。海會枯石也會爛。只要鍾理和的文字沒有被徹底湮滅，它依然靜靜地躺在那裡，等著你去閱讀與對話。

時間似乎快到了。

這之後，兩兄弟老家屏東縣高樹鄉的大路關文教基金會又策畫了一場鍾浩東先生的百年追思紀念會，並且邀請我去做主題演講。遺憾的是，因為時間不湊巧，我最終無法南下。儘管如此，這些訊息也提醒我應該在此時此地做些什麼才是。於是我在取得以五〇年代白色恐怖受難者及其家屬為主組成的台灣地區政治受難人同意與支持之後，向景美人權博物館籌備處提出了題為「幌馬車之歌——鍾浩東與蔣碧玉亂世戀曲」的「鍾浩東百年展」企畫案，並在案子通過後，展開了長達幾個月的重新閱讀與蒐集、編輯圖文的勞動。就在這段期間，因為搜索一些忘記了的訊息，偶然在網路上看到一九九一年版的《幌馬車之歌》竟然在拍賣市場上是以新台幣一萬五千元起價。我知道，它當然是「有行無市」。但這則訊息也讓我想到是該在二〇〇四年增訂版也絕版多時之後設法重新出第三版了。於是我一面向時報出版公司交涉拿回出版權，準備交給另一長期支持我的寫作的出版社，一面在準備展覽材料的同時進行文本的修訂寫作。結果，因為時報責編表示這本書曾經對他的成長有過重要影響而不願割愛，並且替作者再生產的物質基礎努力爭取了能夠爭取到的條件，向來不奢求的我，也很難再多說什麼了。

時隔十年，我又根據後來陸續採集的歷史見證人的口述、未曾發表的回憶錄與出土的文獻及官方公布的檔案，再次重新做了長達數月的核實、潤飾與增補的書寫而完成了第三版的《幌馬車之歌》文本。因此，它的主文也從增訂版的六萬多字擴充到近九萬字。以前不能說的現在都說了。與此同時，考慮到多年來許多文友與讀者的反映，為了閱讀的順暢，又把增訂版增加的出處註解統統拿掉。雖然它曾經得過年度小說獎，但終究不是虛構的小說。我想，如果還有誰不願意相信它的歷史真實性，就請回頭去查看增訂版的註解吧。

這裡，我要再次謝謝曾經協助我做調查、寫作的所有前輩與朋友們；尤其是先後為這本書寫序的：已經過世的林書揚先生、猶在鬥病的陳映真大哥、侯孝賢導演與趙剛老師；以及收錄了不同時期評論文章的詹宏志、須文蔚與陳建功先生；當然還有久無音訊卻不曾淡忘的促成它能夠公開出版的吳繼文兄。

二〇一五年十月十四日，也就是鍾浩東犧牲六十五週年的那天。「幌馬車之歌——鍾浩東與蔣碧玉亂世戀曲」圖文展終於在景美人權園區舉行開幕式。現場來了許多主人公的家屬、親友及同案受難人的遺屬，更有十幾位政治立場與主人公不盡相同的政治受難人。通過靜靜地觀看侯導《好男好女》的電影片段與聆聽各自的憶述，大家都重新認識了鍾浩東與蔣碧玉走過的道路，也虛心面對了它留給後來者對未來的省思。

我想，個別的看法仍然不會一致，但那延續日據以來台灣理想主義的火苗是不會被忽視、扭曲乃至熄滅的。這應該也是《幌馬車之歌》還值得重新出版的意義所在吧！我相信，十年後，當它有機會再出第四版的時候，生活在美麗之島上的人們應該也已揚棄歷史的悲情糾葛，走在陽光普照的大路上了吧。

二〇一五年十二月十二日於綠島綠洲山莊

二〇二三年版

十月十四日

一九五〇年十月十四日，被捕當時的身分是省立基隆中學校長的鍾浩東先生，在幾聲槍響劃過台北市新店溪畔的天空之後，終於仆倒在馬場町刑場一片血紅的泥地上。現在，已經無法確切地記得，自己究竟是在什麼時候什麼情況下知道鍾浩東這個人及其悲劇故事的。也許是在採集二二八及五〇年代白色恐怖民眾史的過程中，就不時地會聽到那些政治受難人提到他的名字吧！畢竟，從歷史的發展來看，一九四九年秋天，鍾浩東校長及其他教職員陸續被捕的基隆中學事件，的確也堪稱國民黨流亡政權在台灣拉開的白色恐怖統治的序幕。

然而，印象中，這個基隆中學事件，在小說家陳映真一九八七年發表的《趙南棟》中還是以「K中學事件」代稱。除非是歷經那個恐怖年代的老一輩，像我們這樣的年輕人，在讀小說的當時是無從理解它竟然是曾經發生在台灣的一場具體事件。

其實，我們早就通過閱讀鍾理和先生的作品而碰觸到鍾浩東這個人的生命了。我們都記得鍾理和所寫的那句名言——「原鄉人的血必須流返原鄉，才會停止沸騰！二哥如此，我亦未能例外！」關於「二哥」，鍾理和還提到：「真正啟發我對中國發生思想和感情的人，是我二哥。我這位二哥，少時即有一種可說是與生俱來的強烈傾向——傾慕祖國大陸。……」在一篇關於「學習寫作的過程」的自敘中，他也提到，他之所以「從事文藝工作，他（二哥）的鼓勵有很大的關係。」可是，對台灣近現代史無知的我們卻一直不知道，作家鍾理和背後的二哥，竟然隱藏著一段不為我們所知的豐富而曲折的歷史情節。

一直要到一九八七年的春夏之交吧！採訪了曾經在基隆中學擔任數學老師，也是鍾浩東美濃同鄉的李旺輝先生之後，我才對鍾理和筆下的二哥及基隆中學事件有了初步的瞭解。其實，在岡山服兵役期間，我就已經在左營彭瑞金先生家裡見過李先生了。記得，那是當時《文學界》雜誌針對陳若曦作品的一場討論會，通過李喬先生的介紹，我得以列席旁聽。而李先生是與鍾理和的長子鍾鐵民先生一起出席的。處在戒嚴時期，沒人介紹，我也不知眼前這位尋常的台灣歐幾桑（大叔），竟會是一個坐過十五年牢的政治犯。再見到李先生，是八七年春天，南下採集二二八事件的歷史證言時，介紹人是老政治犯林書揚先生。而李先生也放下手邊的工作，開著車，載我在高屏地區，四處採集歷史的證言。

做完李先生的採訪後不久，我接到他的長途電話，說是已經聯絡上鍾校長的遺孀，她也答應接受我的採訪，時間就約在他下次北上時，由他陪我去。在電話中李先生並沒有告訴我校長夫人的姓名，更沒有詳細告訴我她的近況。我也沒有多問，只等他上台北時帶我去拜訪。就在等待期間，我聯絡上蔣碧玉女士，她也答應接受我的採訪。可我當時的採訪動機只因為她是蔣渭水先生的女兒，通過她，也許能夠對渭水先生及其時代，有更具體而生動地理解。如此而已。

這樣，就在一個秋冬之交的某個有陽光的午後，我依約來到台北寧夏路，蔣女士當時居住的一棟老式洋樓的陰暗的二樓，就著桌前一盞暈黃的檯燈，進行訪談。談了一會之後，我發現她竟然就是李先生要幫我引見的鍾校長的遺孀，於是我就把採訪的主題，從蔣渭水轉移到她和鍾校長共同走過的時代。當訪談進行到鍾校長於一九五〇年十月十四日犧牲的情況時，也許是為了轉移內心的悲痛吧！她站了起來，走到緊鄰客廳的房間，久久之後，拿了一本封面老舊泛黃的相本，按序展開，一邊指著相本裡頭的老照片，一邊向我解釋那照片有哪些人，是在什麼時候什麼場合拍的。

我看著眼前這位滿頭銀髮的老太太，再看看她那英挺、漂亮的少女時代與鍾和鳴等青春飛揚的俊秀青年們登山、郊遊的一張張照片，當下即具體地感到一種難以描述的歷史的滄桑。最後，就在相本的封底裡，夾著兩頁發黃的信紙。那是鍾浩東寫於一九五〇年十月二日深夜的遺書。經她允許，我仔細地讀了一遍，並且注意到，整篇遺書的思緒，基本上是流暢無礙的，只有中間一段，似乎是考慮如何向她暗示即將面臨的死亡而有幾個字的塗改。通過這樣的塗改，我在當下就可以理解，在軍法處押房裡偷偷地寫著遺書的鍾浩東，內心深處正在起著多麼激烈的波動啊。

十二天後的十月十四日清晨，鍾浩東為了實現社會主義理想，終於付出了他正值青壯的生命。同一天，因為肺病而動了手術的鍾理和，卻走出死亡的陰影，「再一次的獲得了生命」。

就在「天高氣清」的一九五〇年十月十四日，鍾理和在當天日記的最後兩行，先是感慨萬千地寫著：「這是我的新生！」然後，再用粗黑的筆觸寫著：「和鳴死」。

十月十四日，一死一生的兩兄弟，真正感人的歷史與文學，就在這個極具象徵意義的尋常日子裡。

失眠

二〇一六年十月十四日。醒來已是早上九點多了。有睡像沒睡一樣，頭昏昏的。昨晚十一點就關燈了。但一直無法入睡。凌晨一點多，起來，拿《幌馬車之歌》來讀。讀了半個鐘頭，勉強自己再次躺下。依然無法入睡。腦袋裡一直浮現未曾見過的鍾浩東校長在跟我喃喃說著什麼。於是想到一九九〇年四月陪蔣碧玉回廣東看望他們為了抗戰而送養的長子的情景。同行的還有一個當時尚未成名的紀錄片團隊，以及正在拍攝白色恐怖受難者肖像的攝影家何經泰。廣東的拍攝活動結束了。紀錄片團隊繼續去他省拍攝一個國民黨老兵的故事。我和何經泰陪同蔣碧玉繼續前往桂林，踏查他們當年被關押審查的軍事委員會舊址。是清明那天的早晨吧，我們利用空檔在市內一座公園散步，於是來到一座烈士紀念碑前。陵園廣場聚集了陸續前來肩頸上繫著紅領巾的小學生，一團一團地有序排列著，然後在司儀的引領下齊向為了革命而犧牲的眾無名英雄鞠躬獻花。我們自然地佇足觀看眼前正在進行的這個簡單而隆重的儀式。蔣女士突然打破沉靜的氛圍輕聲向我交代說以後我們的事情你一定要幫我辦。我轉向她，看到她的眼眶是濕潤的。三點多了。我再次起床。吞了一顆藥。再次躺下。然後迷迷糊糊聽清楚鍾校長跟我說的話了。他說，知道多少就說多少，是什麼就是什麼，不閃躲，不扭曲。最重要的是不能媚俗，不能被「轉型正義」掉了。

無罪

二〇一八年十月十四日。一個自稱是《幌馬車之歌》讀者的年輕臉友傳來一則報導，內容是說促轉會於同月五日舉行「刑事有罪判決撤銷」公告儀式，根據「促轉三字第1075300110B號」，撤銷了在一九四九至一九五三年間於馬場町刑場遭到槍決的鍾浩東等一千兩百七十名政治受難人的刑事有罪判決。現場同時播放了鍾浩東就義時其他難友為他送行的〈幌馬車之歌〉。

原鄉情

二〇二〇年十月十四日，我在潮汕車站搭上剛通車不久的潮梅鐵路線動車，再次來到台灣客家人的原鄉梅州。第二天早上，懷著期待之情，我又應邀來到白渡鎮崗溪村，尊敬的台灣作家鍾理和與革命家鍾和鳴（浩東）兩兄弟的祖家祠堂，出席「台灣鄉土文學傑出奠基人鍾理和生平事蹟展」揭幕儀式。

七十周年前的一九五〇年十月十四日，是前台灣基隆中學校長、中共台灣省工作委員會基隆市委書記鍾浩東犧牲的日子。那也是得了肺病的鍾理和從手術台成功下來而新生的日子。

鍾和鳴跟鍾理和是同年兄弟，日據時期的一九一五年出生於台灣南部客家庄，兩個人差了沒幾天。雖然同父異母，兩人感情卻最好。鍾理和強調之所以有他這個作家，是因為有和鳴這個兄弟長期的鼓勵、支持與照顧。也因為有鍾和鳴在一九四〇年與幾個朋友組團冒險回到祖國參加抗戰，才讓他有感而發寫出了「原鄉人的血要歸返原鄉才會停止沸騰」的經典名言。這也具體反映了日本殖民時代台灣同胞的祖國情懷。

鍾理和的原鄉情懷，按照他自己所講，是因為他在接受日本殖民教育，上地理課的時候，就開始聽到他們的日本老師一直口口聲聲說「支那」、「支那」。他不理解「支那」是什麼意思。回到家裡，老人家才講，「支那」就是中國，日本人說的「支那」就是一個貧窮、落後、骯髒的民族，我們就是日本人講的「支那人」。但老人家跟他講，我們不是「支那人」，我們是原鄉人，我們的原鄉在海峽的對岸，在大陸，所以我們要回原鄉。他的原鄉情懷就是這樣來的。

當年抗戰時候，鍾和鳴曾經趁著跟丘念台回梅州招生的時候，帶著他太太蔣碧玉特別回來過祖家。我一直在想，當時交通這麼困難，他們怎麼從梅州來到這裡？如果是乘車的話是搭什麼車？而且車費一定是很貴的。但兩夫妻還是回到已經沒有認識的人的原鄉，走走看看，留下他們的腳印。鍾理和雖然一生並沒有機會回到原鄉，卻用他的作品給我們兩岸的民眾寫下了原鄉情懷。

鍾和鳴還有另外一個故事。我自己是寫作的人，所以我知道，這個故事，本來是作為一個作家的鍾理和最寶貴的創作資產，應該是他最最想寫的一個題材。可是他從一九五〇年十月十四日活下來，一直到一九六〇年，寫作寫到吐血而死在一個簡單的書桌上為止，都沒有機會，沒有那種社會的輿論空間，沒有那種心理條件，讓他把這些一生最珍貴的生命經驗寫下來。這是我們後人最大的遺憾。為什麼這樣？因為他的兄弟鍾和鳴赴大陸參加抗戰以後，看到國民黨的腐敗，他的思想就走向了共產黨。台灣光復以後，他回到台灣，繼續革命，參加了中共地下黨，在一九五〇年十月十四日這一天犧牲。

從一九五〇年一直到今天，台灣整個社會氛圍都沒有改變，到今天還是反共的。我們看到，表現在現實生活上就是從李登輝以降到蔡英文的「去中國」現象。而「去中國」的本質就是反共意識。在長期反共教育、反共宣傳的台灣社會，像鍾和鳴這樣的共產黨人，到今天都無法翻身。雖然民進黨當局所謂的「轉型正義」給他所謂的「平反」，說當年的鍾浩東「無罪」。可是，與此同時它又刻意製造兩岸對峙的緊張關係，另立所謂「反滲透」等法條，可以因應政治鬥爭需要而把包括像台商、台師、台生等等往來大陸的台灣人扣上「紅帽子」，說是「涉共」或「親共」的「人民公敵」，從而強化鞏固台灣民眾恐共、反共的社會心理。

來到白渡，我想到，鍾和鳴、鍾理和兩兄弟一生沒有完成，留給我們這一代繼續去完成的遺願，就是要解決歷史形成並遺留下來的「台灣問題」，要讓「原鄉人的血流返原鄉」。可是，我們看到，「台灣問題」不只是至今沒有解決，台灣的年輕一代甚至已經沒有原鄉情懷了。我們看到，從所謂的「太陽花」到什麼反對修改歷史教科書的所謂運動裡，卻有很多台灣的青年學生認為「日本殖民有功」，「慰安婦是自願的」，甚至在街頭拿著「支那賤畜，滾回中國」的標語。現實告訴我們，鍾和鳴的捐軀實踐與鍾理和的文字所努力的反殖民的歷史問題，到今天不只是政治上沒有解決，在意識上更沒有根本的清理與揚棄。因此這也是他們兩兄弟留給我們後人最大的歷史課題吧。

我希望，下次再來白渡鍾家祖祠，看到的不只是鍾理和的文學基地而已，而是包括鍾和鳴的，兩兄弟的故事，也就是完整呈現的台灣去殖民的歷史與文學，從而真正體現鍾和鳴與鍾理和兩兄弟的原鄉情。

INK PUBLISHING
文學叢書 710

幌馬車之歌（2023典藏版）

作　　者　藍博洲
圖片提供　藍博洲
總 編 輯　初安民
責任編輯　陳健瑜
美術編輯　黃昶憲
校　　對　呂佳真　陳健瑜　藍博洲

發 行 人　張書銘
出　　版　INK 印刻文學生活雜誌出版股份有限公司
　　　　　新北市中和區建一路249號8樓
電　　話　02-22281626
傳　　真　02-22281598
　　　　　e-mail : ink.book@msa.hinet.net
網　　址　舒讀網http://www.inksudu.com.tw

法律顧問　巨鼎博達法律事務所
　　　　　施竣中律師
總 經 銷　成陽出版股份有限公司
電　　話　03-3589000（代表號）
傳　　真　03-3556521
郵政劃撥　19785090 印刻文學生活雜誌出版股份有限公司
印　　刷　海王印刷事業股份有限公司

港澳總經銷　泛華發行代理有限公司
地　　址　香港新界將軍澳工業邨駿昌街7號2樓
電　　話　852-27982220
傳　　真　852-31813973
網　　址　www.gccd.com.hk

出版日期　2023年 6 月　初版
ISBN　978-986-387-660-1
定價　550元

國家圖書館出版品預行編目資料

幌馬車之歌（2023典藏版）／藍博洲著. --
初版. –新北市 : INK印刻文學, 2023.06
面；　公分. -- (印刻文學 ; 710)
ISBN 978-986-387-660-1(平裝)
1.CST: 臺灣史 2.CST: 白色恐怖 3.CST: 報導文學
733.2931　　112007130